国際機構論

［活動編］

吉村祥子・望月康恵 編著

国際書院

International Organizations:
A Practical Study
Edited by
Sachiko Yoshimura & Yasue Mochizuki
Copyright © 2020 by Sachiko Yoshimura & Yasue Mochizuki
ISBN978-4-87791-305-2 C3032 Printed in Japan

はしがき

　本書は、2015 年に国際書院から刊行された『国際機構論（総合編）』に続く『国際機構論』の概説書3巻セットの2巻目となる「活動編」である。このシリーズは、間もなく出版が予定されている第3巻「資料編」をもって完結することになる。この3冊を1セットとする国際機構論概説書出版企画の趣旨とその活用法については、「総合編」の「はしがき」で詳しく書いたのでここでは省略する。ただ1点お断りしておきたいことは、この企画では「総合編」、「活動編」、「資料編」の3巻でひとまとまりとなることを想定しているが、同時にそれぞれを独立の書物として、目的に沿って利用できるように配慮しているということである。この活動編も、今日各分野で活動する国際機構の紹介と解説に焦点が当てられているが、同時に各機構の歴史的発展や組織上の特徴についても必要に応じて取り上げ、総合編で扱った共通の問題点である「国際機構と国家の関係」や「国際機構の内部構造」などにも適宜言及することによって、1冊の国際機構論の概説書として使えるように工夫してある。

　本書は、総合編刊行後、それぞれの分野を専門とする研究者が各章を分担して執筆した。その過程では、何度も会合を重ねてお互いの原稿を検討し、編者が全体に目を通して表現や内容の統一を図った。この作業に 2-3 年の年月を要し、このたび刊行のはこびとなった。この「活動編」については、「総合編」の執筆者代表であった横田洋三は代表を退き、各機構の活動に精通している研究者に執筆を委ねた。活動編における横田の役割は、執筆者や編者から提起された疑問点に対して意見をのべ参考に供するという範囲に留まった。したがって、この「はしがき」も、「執筆者一同に代わって」ではなく「執筆者一同のために」とした。本書の執筆者は、これまで 25 年以上続いてきた国際機構論研究会のメンバーとして、人により期間の長短はあるが、私とともに、国連を中心とする国際機構の研究に携わってきた人たちである。そのほとんどは、大学で国際機構の研究や教育に従事し、またそのうちの何人かは特定の国際機構の活動を担った経験をもつ

人である。その人たちがこのような力作を分担執筆し刊行にまで漕ぎつけことを心より誇りに思う。また同時に、この間研究会の会合において、それぞれの専門の立場から貴重な情報や意見を提供して議論を活発にし深めてくれたことに対しても、心より感謝したい。

今日国際機構の活動の範囲は大きく拡大し、国際紛争の解決や戦争の防止、軍縮・軍備管理などの政治的分野から貿易・開発・通貨金融などの経済的分野、さらには人権・人道・犯罪取締り・環境資源・学術文化・スポーツ、交通通信・情報などの社会的・技術的分野など、私たちの生活全般に及んでいる。私たちの生活のなかでいずれかの国際機構が関わらない問題を見つけることのほうが難しいというのが現実である。これは、グローバル化が急速かつ不可逆的に進行している今日の世界の姿を、如実に表している。今日においては、私たちの安全、安心、豊かさ、教育、福祉、健康、労働、文化、環境、資源すべてについて、国連、国際通貨基金（IMF）、世界貿易機関（WTO）、国連教育科学文化機関（ユネスコ）、世界保健機関（WHO）、国際労働機関（ILO）などの国際機構の存在と活動を抜きに考えることはできなくなっている。本書を通して、世界は狭くなり、相互依存関係がかつてなく深まり、個々の国家のみでは対処できない問題、つまり地球的規模の問題がその存在感を大きくし、そうした現象に対処する最善の方策が国際機構を通しての問題解決であるということが理解されることを願っている。

また、本書は、現存の国際機構が必ずしも期待された目的実現に適切に対応していない現実にも目を向けている。加盟各国から提供されている財政的、人的、知的資源が、必ずしも効率的、効果的に活用されていない事実も率直に指摘している。そしてそうした課題克服の方策にも言及する。読者には、本書をとおして、今日国際機構が私たちの生活を潤し充実させるために果たしている重要な役割を知ると同時に、その問題点にも目を向け、どうしたら国際機構が私たちの生活をより良くするために今以上の働きができるかを一緒に考えていただきたいと思う。そして、さらに、そのために自分たちが何ができるかを考え、できれば行動に移していっていただきたいと考える。それが国際機構の研究でもよいし、国際機構の活動を支える各国の政策や財政的支援に影響を及ぼす活動であってもよ

い。また、実際に国際機構の職員となって国際機構の活動にみずから参加することであってもよい。要するに、世界と人類の将来が、国際機構の効率的、効果的な活動の成否にかかっているということを、この書物をとおして理解していただければ幸いである。

　本書の刊行にあたっては、「総合編」に引き続き国際書院の石井彰社長に全面的ご協力をたまわった。心より感謝申し上げる。

2018 年 9 月 1 日

　　　　　　　　　　　　　　　　　執筆者一同のために

　　　　　　　　　　　　　　　　　　横　田　洋　三

国際機構論［活動編］

目　次

第1章　紛争の解決と安全保障

はじめに

　国連憲章前文に、「戦争の惨害から将来の世代を救い、…善良な隣人として互いに平和に生活し、国際の平和及び安全を維持するためにわれらの力を合わせ…」と述べられているように、国際社会全体を平和で安定したものとし、国際紛争を法と正義に基づいて解決するための制度を構築することは、国連をはじめとする国際社会組織化の最大の目的である。

　広く考えれば、すべての国際機構は全体として、直接の武力衝突を防止するのみならずその原因となる貧困や人権侵害なども存在しない、いわゆる積極的平和（positive peace）を目指すものであるということができる。その内容とそれぞれを主として担う国際機構は大きく次の2つに分けることができる。すなわち第1に、人類が長い間待ち望んだ「集団安全保障」のシステムを国際社会に導入し、直接的に武力紛争の削減や抑止を任務とするのが、国際連盟とそれに続く国連である。第2に、国連システムの各国際機構は、経済・社会分野での国際協力の進展が永続する平和につながるものでもあることを意図して創設された。国連憲章第55条に定められているように、「諸国間の平和的且つ友好的関係に必要な安定及び福祉の条件を創造するために」経済的・社会的国際協力を促進しなければならないとする国連は言うまでもなく、たとえば国際連合教育科学文化機関（ユネスコ）も、「国際連合の設立の目的であり、且つ、その憲章が宣言している国際平和と人類の共通の福祉という目的を促進するために」創設されたのである（ユネスコ憲章前文）。また、国際労働機関（ILO）憲章前文の最後は、「締約国は、正義及び人道の感情と世界の恒久平和を確保する希望とに促されて、且つ、この前文に掲げた目的を達成するために、次の国際労働機関憲章に同意する」（傍点は筆者）として、締めくくられている。

　単に国際社会の行動規範（国際法）が存在するというだけでは、永続する平和

は実現できない。民主的な手続きで法秩序を制定し、履行させ、また、それに反するか否かを認定するための国際的な制度が必要となる。国連をはじめとする国際機構の各機関は、国内社会におけるような意味での「立法機関」や「行政機関」ではないが、国際社会において立法的機能、行政的機能、司法的機能を担う機関の役割を担っているのである。

第1節　武力行使の違法化と国際社会の組織化による平和の維持

1　広義と狭義の「集団安全保障」

国連は、国際社会のすべての国と人々の平和と安全を守るために国際社会を組織化して、加盟国間で相互に次のような法的義務を負うことを定めている。その内容は、①武力の行使の一般的禁止（国連憲章第2条4項）、②国際紛争の平和的解決（同3項）、③平和を破壊したり脅かしたりした国家に対する共同制裁（第2条5項、第7章）を含むものである。この全体を広義での集団安全保障と呼び、通常はこの広い意味で用いている。他方で、個別的安全保障と対比させて集団安全保障を考えるときや「集団安全保障の発動」などと言うときには狭義の意味であり、③の平和「強制」行動のみを意味している。

2　国際社会の組織化による「国際社会の平和と安全」の実現

国際社会が国連を創設した第1の「目的」は、「国際の平和及び安全を維持すること」（国連憲章第1条1項）である。そのために国連や国連加盟国がとる行動を、本書では、国連憲章第6章に関わる「紛争の平和的解決」、同じく第7章に関連する「強制措置（強制行動）」の2つと、憲章に直接の根拠をもつものではなく、現実の活動の積み重ねのなかで発展してきた「平和維持活動」（PKO）と「平和構築」の2つに類型化し、以下この4項目を説明することにしたい。

　第 1 に、すべての加盟国は、「国際紛争を平和的手段によって」（第 2 条 3 項）解決しなければならない。憲章第 6 章は「紛争の平和的解決」の見出しのもと、後で述べるさまざまな手段を掲げている。また、憲章は国連の側の義務および権限として、「平和を破壊するに至る虞のある国際的の紛争又は事態の調整又は解決を平和的手段によって且つ正義及び国際法の原則に従って実現すること」（第 1 条 1 項）を掲げている。

　第 2 は、「平和に対する脅威の防止及び除去と侵略行為その他の平和の破壊の鎮圧とのため有効な集団的措置をとる」（同項）国連の活動である。すなわち、いずれかの国が「平和に対する脅威、平和の破壊又は侵略行為」を行なったと安全保障理事会が判断した場合には、国連は、その侵略行為などを行なった国に対して、非軍事的または軍事的強制措置をとることができる。憲章第 2 条 7 項と第 50 条では「強制措置」（enforcement measures）、第 2 条 5 項、第 5 条、第 45 条、第 53 条などでは「強制行動」（enforcement action）、また、第 1 条 1 項と 2 項や第 39 から第 42 条などでは、「措置」（measures）という用語が使われている。

　第 3 の「平和維持」活動（PKO）は、国連憲章に直接の根拠規定は置かれてないものの国際社会の平和を維持するという憲章上の国連の目的に沿った活動として、国連の実践のなかで生み出され発展してきた。この活動は、強制的なものではなく、すべての紛争当事国の合意を前提とするという点では、憲章第 6 章における国際紛争の平和的解決のための諸活動に類似し、交戦当事者間の停戦・撤退の促進や休戦ライン・国境などの監視などのために軍事組織を派遣するという点では第 7 章に重なる。したがって、第 6 章半の活動であるとされることがある。軍事組織が関わるので（PKO 型）「国連軍」と呼ばれることもあるが、強制行動のための国連軍とは異なり、関係国の同意を得て国連のプレゼンスを目的として現地に派遣されるもので、武力の行使を目的とする部隊ではない。

　第 4 の「平和構築」は 2 つの意味を含んでいる。①広い意味の平和構築は、特定の紛争を解決するための直接的な活動ではなく、平和な世界を構築するための主に憲章第 9 章で述べられている「経済的及び社会的国際協力」の活動全般を言う。②近年の国連で用いられている「平和構築」という用語はもう少し狭く、ある国や地域において特定の紛争が終結した後の「紛争後の平和構築」（postconflict peacebuilding）の意味で、言い換えれば、戦争から平和への移行期における国づくりへの支援活動の意味で「平和構築」という言葉を用いているため、次章においてはその意味で解説することとする。

　広い意味の平和構築は、文字通り、平和な世界（の基礎）を構築するための諸活動である。憲章第55条は、「諸国間の平和的且つ友好的関係に必要な安定及び福祉の条件を創造するために」（1項）、経済的および社会的国際協力（1項b）を促進しなければならないと定めている。これら憲章第9章に関わる国連の活動は、長期的に国内および国家間の緊張状態・不安定状態を緩和することで永続する平和に貢献している。経済的協力も、人権・社会問題の解決も、文化・教育・保健などの分野での国際協力も、もとよりそれ自体が人類の重要課題であるとともに、国際の平和と安全の構築・維持の基礎として不可欠な活動である。

　なお、1992年に第6代国連事務総長ブトロス・ブトロス＝ガリがまとめた報告書「平和への課題」では、上記の4つに加えて「予防外交」（preventive diplomacy）をとりあげ、5つに類型化している。ただし、予防外交の具体的活動は、交渉、仲介、調停などの紛争の平和的解決や平和維持活動に関連するものであり、信頼醸成措置などの平和構築や軍縮などに関わることもある。2000年に「国連平和活動に関するパネル」が提出したいわゆる「ブラヒミ報告書」は、国連による、①紛争予防と平和創造、②平和維持、③平和構築を、包括的に「平和活動」（peace operations）と総称している（→第2章参照）。

第2節　国際社会の組織化による紛争の平和的解決

1　国際紛争の平和的解決の類型

　国家間においても意見のくい違いなどを含む広い意味での「紛争」が起こることはやむを得ないが、生じた紛争をできる限り平和的に解決できるようにするため、国連や国際法では様々な制度を整えている。国連憲章第2条3項は、「すべての加盟国は、その国際紛争を平和的手段によって国際の平和及び安全並びに正

義を危くしないように解決しなければならない」と義務づけている。その手段として、憲章第6章において、交渉（negotiation）、審査（enquiry）、仲介（mediation）、調停（conciliation）、仲裁裁判（arbitration）、司法的解決（judicial settlement）、地域的機関または地域的取極の利用が例示されている（第33条1項）。国連の各機関がそれらの機能を果たすほか、審査に関しては国際審査委員会（国際紛争平和的処理条約第3章）および調停に関して国際調停委員会（後述の国際紛争平和的処理一般議定書第1章）があり、地域的国際機構も同様の機能を遂行する場合がある。また、国連事務総長も仲介（周旋と呼ばれることがある）を行う。

　平和的解決のための諸手段は大きく分けると、国際裁判（司法的解決）によるものと、裁判以外の諸手段（非司法的解決）とに分けることができる。多くの場合、各国は裁判以外のさまざまな手段を活用して、国家間の紛争を解決している。この2つの類型の最も重要な相違は、結論に至った解決条件（裁判であれば判決）が当事国を法的に拘束するのか、あるいはそうではなく単に勧告にとどまるかにある。

2　非司法的解決（裁判によらない紛争解決）

　第1に、紛争が生じたときに各国がまずとるべき解決手段は、「交渉」（直接交渉、外交交渉も同じ意味）であり、これは両紛争当事国が直接に外交によって調整を図り、紛争を解決するものである。国際司法裁判所（ICJ）の判決や各種の条約によって交渉義務が課せられる場合もある。交渉以外の解決手段は、すべて、何らかの形によって第三者（紛争当事国以外の国や国際機構など）が介在することによって解決を図るところが共通する。

　第2の手段は「仲介」である。憲章上「仲介」と呼ばれる手段について、国際紛争平和的処理条約第2章などの伝統的な条約は、周旋（good offices）と居中調停（mediation）に形式的に区別している。その場合、「周旋」は、紛争当事国が直接交渉によって解決を図るための場所・施設を提供するかまたは日時や連絡手段などを斡旋するなどの便宜を図ることで、当事国間の交渉を促進することを

言う。具体的な紛争の内容にまでは介入しない。これに対し、「居中調停」は、当事国間の交渉の中に立ち入り、両者の意見の調整をしたり、あるいは、調停者自ら具体的解決案を提示したりする。現実にはこの両者の区別はほとんど意識されることはないため、国連憲章では、両者を合わせて「仲介」（mediation）としている。

　第3に、「審査」（国際審査）と呼ばれる手段がある。審査は、国際紛争平和的処理条約において制度的に確立された。国際紛争の原因の多くが事実についての見解の相違にあるので、中立的な立場にある国際的機構によって客観的事実が明らかになれば、紛争が解決する可能性が高い。そのため、国際紛争について、個人の資格で選ばれた委員で構成される非政治的、中立的な国際審査委員会（International Commission of Inquiry）が事実を審査し、明確にすることによって解決をはかる手続きとして「審査」の制度が定められた。

　国際紛争平和的処理条約は国際審査委員会についても定めている。国際審査委員会は、公平誠実な視点で事実関係を明らかにすることで、当事者が紛争を解決しやすくする機能を担っている（第9条）。構成は常設仲裁裁判所と同じく（第12条）、紛争当事国各2名（計4名）および第三国より1名の合計5名の委員からなり、そのほかに特別代理人、顧問または弁護人を審査委員会に派遣することができる（第14条）。別段の指定がない限りハーグを開会地とする（第11条）。同委員会は非公開であり、いっさいの決定は多数決でなされる（第30条）。ただし、その結論には拘束力がなく、審査の結論をどのように扱うかは、紛争当事国に委ねられている（第35条）。

　第4の「国際調停」とは、中立的な国際的機構が、事実審査に加えて、紛争の内容まで検討することによって当事国間の理解や妥協を図り、必要に応じて具体的な解決案を両当事国に勧告する手段である。この国際調停は、審査と仲介の両機能を結合した手続きで、国際紛争平和的処理一般議定書において制度的に確立された。国際調停は、裁判に類似した重要な役割を果たしているが、裁判とは異なり調停の結論には法的拘束力は無い。

　国際調停委員会の構成は、当事国間に別段の協定がない限り、紛争当事国が各1名および合意により第三国の国民から選任する3名（この中から委員会議長を

選任する）の合計5名の委員による。任期は3年で再任可能である（一般議定書第4条）。委員会への付託は、両当事国の合意によるか、または合意のないときは当事国のいずれか一方の議長への請願書の方法でなされる（第7条）。この点が裁判手続との大きな違いである。開会地は、他の合意がなければ、国連所在地または議長の指定する場所である（第9条）。同委員会の決議は、別段の合意がないかぎり多数決で行われ、紛争の実質についての決定は全委員の出席がなければできない（第12条）。

　国連の機関は以下のような紛争解決の手段を備えている。第1に、安全保障理事会は、国際の平和および安全の維持に関する主要な責任を負う機関として、平和と安全を危うくする紛争であるか否かを決定するために調査をし（国連憲章第34条）、必要と判断する場合には、紛争当事国が選定すべき解決方法について勧告するか適当と認める解決条件を勧告する（第33、37条）。第2に、総会は、一部の例外（第12条）を除き国際の平和および安全の維持のため一切の問題について討議と勧告を行う（第10、11条）ほか、重大な事態について安全保障理事会の注意を喚起する（第11条3項）。また、平和的調整を行う（第14条）。第3に、事務総長も、国際の平和および安全の維持を脅威すると認める事項について、安全保障理事会の注意を促す（第99条）ほか、仲介（周旋）活動を行うことがある。

　これらの平和的解決方法の選定にあたっては、次に述べる裁判も含めて、原則として紛争当事国間の合意によるものとされ、特定の手段に付託すべき義務が一般的に確立されているわけではない。

3　司法的解決（裁判による紛争解決）

　裁判による紛争解決は、国際的な裁判機関により、国際法にのみ基づいて審議され、その結論である判決は当事者を法的に拘束するという形で国際紛争を解決する。裁判は本来、紛争解決としては最適かつ合理的な方法と考えられている。しかし、国際裁判は、国内裁判とは異なり、強制的な裁判管轄権をもたない。そのため、紛争両当事国間の合意がなければ裁判は行われない。国家が裁判管轄権

を受け入れる（受諾）手続としては、何らかの条約を作成する際に、あらかじめ、その条約について紛争が発生したときは裁判で解決することを義務づける条項（裁判条項）も含めておくか、一般的に自国の関わる国際紛争についての強制管轄権を受け入れる約束（選択条項〔Optional Clause〕、国際司法裁判所規程第36条2項）をするか、具体的な紛争が発生した後で、紛争当事国間で裁判付託合意（特別合意、Compromis）を締結することや実際に裁判手続へ参加するなどの方法がある。

　裁判による紛争解決は、仲裁裁判（arbitration）と司法裁判（国連憲章第6章では、司法的解決〔judicial settlement〕と呼ぶ）に分かれる。仲裁裁判と司法裁判には、一般的に、①裁判準則（判断の基準となる規範・ルール）と、②裁判所が常設されているか否か、の2つの違いがあるとされる。しかし、①については、仲裁裁判では、当事者が合意すれば国際法のほかに衡平および善なども裁判準則となりうるとされるが、現実には国際法にのみ従って裁判されるのが一般的である。逆に司法裁判でも、たとえば国際司法裁判所（ICJ）では「当事者の合意があるときは、…衡平及び善（ex aequo et bono）」（ICJ規程第38条2項）を裁判準則として採用することも可能となっている。したがって、裁判準則については、仲裁裁判と司法裁判に実質的な違いはない。両者の違いは②「常設性」の有無であり、司法裁判の場合は裁判官があらかじめ選任されて、裁判所が常設されているのに対し、仲裁裁判の場合は、原則として事件毎に各裁判当事国が裁判官を指名することで具体的な裁判所（法廷）が構成される。いずれにしても、仲裁裁判も司法裁判も「裁判」であることには変わりはなく、それらの下す判決は裁判の当事国に対して等しく法的拘束力を有する。

（1）　仲裁裁判所

　仲裁裁判は、アド・ホック（事件毎）仲裁裁判所と常設仲裁裁判所（PCA）の2つに分けられる。ただし、PCAは「常設」という名称がついているものの、実際に「常設」されているのは数百名の仲裁裁判官の名簿のみであって、やはり事件のたびごとに、裁判官名簿の中からそれぞれの当事国が裁判官を指名する。

　PCAは国際紛争平和的処理条約によって、1900年にハーグに開設された（第

43条）。同条約に加わっている国がそれぞれ4名以内の裁判官（任期6年）を任命し（第44条）、数百名に及ぶその全体の名簿がハーグに常備されている。事件を付託する各当事国は原則としてそれぞれ2名ずつ裁判官を指定し、指定された計4名の裁判官が共同で上級仲裁裁判官1名を選定することで、5名からなる法廷すなわち仲裁裁判部が構成される（第45条）。PCAには、もう一つの重要な役割がある。それはICJ裁判官の候補者指名手続である。ICJ裁判官の独立性を確保するために、各国政府が直接にICJ裁判官候補者を指名するのではなく、PCAの各国「国別裁判官団」が指名する（ICJ規程第4条）。国別裁判官団は、指名に際しては、自国の最高司法裁判所、法律大学、法律分野の学士院などの意見を参考にする（第6条）。たとえば日本では、最高裁判所長官、国立・私立各2大学の学長、学士院院長、国際法学会理事長の意見を求めるのが慣例である。後述するように、ICJ裁判官は、PCA国別裁判官団の指名した候補者の中から、国連の総会と安全保障理事会で選出される。

（2）　司法裁判所

①　国際司法裁判所（ICJ）

国連の主要機関でもあるICJは、「潜在的な世界の最高裁判所（a potential World Supreme Court）」であり、英語での通称はWorld Court（世界裁判所）とされている。しかし、ICJを「世界」裁判所と呼ぶには既述のように強制管轄権（義務的管轄権）を有しないという問題がある。あらかじめICJの強制管轄権を受け入れる、いわゆる選択条項の受諾宣言を行った国は、同一の義務を受諾した他国との関係で、「当然に且つ特別の合意なしに」裁判所の強制管轄に服する（ICJ規程第36条2項）。受諾宣言を行うかどうかは各国の裁量であるため、この手続をとっている国はICJ規程当事国の半分以下の73カ国のみにとどまっている（2019年9月現在）。また、受諾宣言を行っている場合でも、多くの国は、それに有効期限を設定するか、または国内管轄事項を除外するなどの留保を付している。

ICJの場合、同規程第34条によれば、裁判の当事者となりうるのは（すなわち、裁判所に訴えることができるのは）、国家のみである。ただし、国連の総会

および安全保障理事会と、総会が認めた国連のその他の機関および国連専門機関は、国際法の解釈などについて勧告的意見（advisory opinion）を要請することができる（国連憲章第96条）。ICJ による勧告的意見は、形式的には法的拘束力を有しないとされているものの、国際社会において事実上、裁判の判決と同等の機能を果たしている。特に国連内部では、ICJ の勧告的意見は国連の主要機関が行った法的決定として、法的拘束力を有するものとして扱われている。

ICJ は国連の主要機関であるから、国連加盟国は当然に ICJ 規程当事国となり（第93条1項）、同時に、国際社会全体の裁判所（＝世界裁判所）としての位置付けから、国連非加盟国でも「安全保障理事会の勧告に基づいて総会が各場合に決定する条件で」ICJ 当事国となることができる（同2項）。国連加盟国となる前のスイスとナウル共和国がそうであった。さらに、ICJ の当事国でなくとも、「安全保障理事会が定める」条件に従って ICJ を利用することが可能である（ICJ 規程第35条2項）。これらのどのような立場の国であっても、訴訟の当事者としてはまったく平等の地位にあることはいうまでもない。

ICJ は、9年の任期（第13条1項）を有する15名の裁判官で構成され（第3条1項）、3年毎に5名ずつ改選される（第13条1項）。裁判官は「徳望が高く」かつ「各自の国で最高の司法官に任ぜられる資格を有する者」または「国際法に有能の名のある法律家」の中から、「国籍のいかんを問わず」選挙される（第2条）。日本からはほぼ常に裁判官が選出されており、2018年6月からは、東京大学の国際法教授であった岩澤雄司氏がその任にある。

ICJ 裁判官は、「独立の」（同条）立場として、国家性をもたずに、個人的資格で行動し、「付託される紛争を国際法に従って」裁判することを任務としている（第38条1項）。したがって、本来は、裁判官の国籍を問題にする必要はないはずである。しかし、現状の国際社会では裁判官の国籍をまったく無視することは現実的ではない。また、ICJ は強制管轄権を有しないから、各国に積極的に活用してもらうためには紛争当事国の信頼を得る必要があり、一定の配慮を残しているのはやむをえないであろう。その結果、第1に、一つの国から複数の裁判官を選出することはできない（第3条1項）。第2に、「国籍裁判官（national judge, ad hoc judge）」という制度を有している（第31条）。第3に、裁判官の選出は、

「裁判官全体のうちに世界の主要文明形態及び主要法系が代表される」ことを留意して行わなければならない（第9条）。選挙は国連総会と安全保障理事会においてそれぞれ絶対多数を得る必要がある。安全保障理事会の絶対多数は8名であり、安全保障理事会において9名ではなく8名以上の同意によって意思決定を行うのはICJ裁判官の選挙のみである。

　ICJは通常は15人全員が出席して開廷するが（第25条1項）、定足数は9人である（3項）。そのほか、「特別裁判部」は3人以上（第26条1項）、「簡易手続部」は5人（第29条）で開廷する。開廷地は原則としてオランダのハーグであるが、裁判所が認める場合には他の場所でも開廷できる（第22条）。裁判の判断基準となる裁判準則は「国際法」とされ、条約、国際慣習法、法の一般原則がその内容であり、補助手段として判例および学説を用いる（第38条1項）。国際法のほかに、当事者の合意があれば「衡平および善」を裁判準則に含めることも排除はしていないが（2項）、きわめて例外的であることを想定した規定であり、実際には用いられたことはない。

　判決は「当事者間においてかつその特定の事件に関して」拘束力を有する（第59条）。その履行を確保するために、安全保障理事会が勧告その他の措置をとることができる（国連憲章第94条2項）。それは、ICJが国際連盟とは異なり国連においては、主要機関に位置付けられたことの帰結のひとつである。

② 国際海洋法裁判所（ITLOS）

　国連海洋法条約は、海洋に関わる法的紛争をとり扱う裁判所として、「国際海洋法裁判所（ITLOS）」（同条約附属書VI「国際海洋法裁判所規程」）、「海底紛争裁判部」（同規程第4節）、「仲裁裁判所」（同条約附属書VII「仲裁」）および「特別仲裁裁判所」（同条約附属書VIII「特別仲裁」）の4種を定めている。本章第2節「2」の裁判によらない紛争解決手続で解決できない紛争は、管轄権を有する上記の裁判所のどれかに付託しなければならない（第286条）。すなわち国連海洋法条約をめぐる紛争については、強制管轄権が生じるのである。それは国際紛争においては画期的なことである。紛争を付託するための裁判所の選択については、紛争当事国の事前または事後の合意があればそれにより、合意がなければ仲裁裁判所に付託される（第287条）。また、国連海洋法条約に定められた上記の

各紛争解決手続においては、ICJ とは異なり、国家以外の国際機構などの主体も限定的ながら訴訟当事者となることができる（第 291 条）。

③　欧州連合司法裁判所およびその他の地域的司法裁判所

欧州連合司法裁判所（Court of Justice of the European Union）（EU 司法裁判所、欧州司法裁判所）は、1952 年に当時の欧州石炭鉄鋼共同体の司法裁判所として設置され、1958 年より欧州三共同体共通の司法裁判所となった。裁判所は各加盟国ごとに 1 名の裁判官で構成される（EU 条約第 19 条）。裁判官は「構成国政府全体の合意により」6 年の任期で任命され、再任可能である（同条、EU 運営条約第 253 条）。3 年ごとに一部の裁判官が任命される。裁判所長の任期は 3 年で、再選も可能である（EU 運営条約 253 条）。

訴訟を提起することができるのは、各加盟国、欧州議会、理事会、委員会であり、自然人と法人も自己に関係する場合にのみ訴訟を提起することができる（第 263 条）。それは EU が、加盟国のみならず直接国民に効果を及ぼす規則および決定を採択できるからであり、したがってその場合に限って訴訟を提起できる。

その他の地域的司法裁判所として、中米司法裁判所、ベネルクス司法裁判所、EFTA 裁判所、欧州原子力裁判所、EU 公務員裁判所、アンデス共同体司法裁判所、カリブ司法裁判所、東部カリブ上級裁判所、東アフリカ司法裁判所、南部アフリカ開発共同体裁判所、独立国家共同体経済裁判所などがある。また、地域的人権裁判所として、欧州人権裁判所、米州人権裁判所、アフリカ人権裁判所などがある。

第 3 節　集団安全保障—国連憲章第 7 章を中心に—

1　国連による集団安全保障

（1）　集団安全保障システムの枠組み

国連憲章は、国際連盟規約や不戦条約（戦争放棄に関する条約、ケロッグ＝ブリアン条約）などのそれまでの諸条約のように「戦争」という表現を用いてそ

れに当たる行為を規制するのではなく、個別国家による「武力の行使」そのものを一般的に禁止した。憲章は、個別国家による武力行使および武力による威嚇を原則として禁止した上で（第 2 条 4 項）、自衛のための武力行使については例外的に条件付きで許容しているが（第 51 条）、国連の目的にそった武力の行使（集団安全保障の発動）は、最初から禁止されていない（第 2 条 4 項後段）。前述した、平和的解決の諸手段によって、紛争が解決されず、平和が脅かされる事態となったときには、憲章第 7 章によって、非軍事的または軍事的な強制措置が発動される。

　強制措置（enforcement measures）の実施については、安全保障理事会が、「平和に対する脅威、平和の破壊又は侵略行為の存在を決定」した上で、「勧告」または「いかなる措置をとるかを決定」することで行われる（第 39 条）。ここでいう「措置」とは、「強制措置」すなわち第 41 条の非軍事的強制措置および第 42 条の軍事的強制措置、または、第 39 条の「暫定措置」を意味する。非軍事的強制措置には、「経済関係及び鉄道、航海、航空、郵便、電信、無線電信その他の運輸通信の手段の全部又は一部の中断並びに外交関係の断絶」が含まれる。一般に、「経済制裁」と言われ、武器禁輸や金融規制が実施されることが多い。近年の経済制裁の例として、アフガニスタン、北朝鮮、エリトリア、エチオピア、ハイチ、イラン、イラク、リベリア、リビア、ルワンダ、シエラレオネ、ソマリア、スーダン、旧ユーゴスラビアなどに対するものがある。軍事的強制措置は、「第 41 条に定める措置では不充分であろうと認め、又は不充分なことが判明したと認めるとき」にとられる。安全保障理事会が、非軍事的強制措置では不充分であろうと「認め」たり、不充分であることが「判明したと認める」ことになる。軍事的強制措置の代表的事例については、後述の（3）およびコラムで触れる。

（2）　国連憲章による集団安全保障システムの特徴と問題点

　安全保障理事会は、その「国際の平和及び安全の維持に関する主要な責任」を基礎として、「加盟国に代って」（第 24 条 1 項）行動する。きわめて特徴的なのは、その「決定」が国連加盟国を拘束することで（第 25 条）、このような権能は安全保障理事会のみが有し、総会にはない。また、国際連盟の総会や理事会にも

なかったものである。ただし、加盟国が安全保障理事会の決定を実施する法的義務については、非軍事的強制措置と軍事的強制措置に異なる面がある。

すなわち、非軍事的強制措置に関する決定については、すべての加盟国がそのまま実行する義務があるが、軍事的強制措置の決定については、安全保障理事会と各加盟国（または各加盟国群）との間での特別協定の締結がなければ、その実施のために必要な兵力などの提供は義務的とはならない（第43条）。国連の創設後に安全保障理事会は、第47条で定められた「軍事参謀委員会」に国連軍編成の一般原則の策定を要請したが、合意が得られず、軍事参謀委員会は、1948年8月に安全保障理事会にその旨を報告し、その後現在まで進展がない。特別協定が不存在である現在は、勧告によって必要な部隊の提供を受けての軍事的強制措置しか行うことができない。したがって、1950年の朝鮮動乱に関する事例や、1991年のいわゆる湾岸戦争の事例などにおいても、各国からの兵力などの提供は義務ではなかった。

また、軍事的強制措置の行使については、第1に事実上の問題として、上述した特別協定が不存在であることと、紛争当事国であっても投票権を有することによって拒否権を行使される可能性があることがある。拒否権については、第6章に基づく平和的解決の場合には、紛争当事国は投票を棄権しなければならないのに対し（第27条3項）、第7章に基づく強制措置の採択に際しては、紛争当事国たる理事国でも棄権する義務がないため、事実上、常任理事国に対する制裁は行い得ないという問題がある。軍事的強制措置の第2の問題は、国連が武力を行使するという点であり、本来国連が救うべき人命を国連の制裁対象にしてしまうことの倫理的、人道的な問題が指摘されることがある。

（3）　朝鮮動乱と安全保障理事会決議

安全保障理事会の決議に基づく軍事的強制措置の一例として、朝鮮動乱（いわゆる朝鮮戦争）における国連の対応を、同決議に基づいて整理してみる。なお、常任理事国のひとつであるソ連（現在のロシア）は中国代表権問題に絡んで、その当時、安全保障理事会を欠席していた。

1950年6月25日、北朝鮮軍が北緯38度線を越えて韓国内に武力侵攻したため、

安全保障理事会は、安全保障理事会決議 82 によって、北朝鮮軍による行動が「平和の破壊（a breach of the peace）」を構成すると認定した上で、北朝鮮に対し敵対行為の即時停止と 38 度線までただちに撤退させることを求めた。また、国連加盟国に対し、この決議の履行に当たって国連にあらゆる援助を与えることを求めた。

　6 月 27 日には、北朝鮮が同決議に従わなかったため、安全保障理事会決議 83 が採択され、国際の平和と安全を回復するために「緊急な軍事的措置」が必要であり、「武力攻撃を撃退」し、この地域における国際の平和と安全を回復するために必要と思われる援助を韓国に与えることを国連加盟国に対して「勧告」した。この決議に応じた加盟国から提供された要員によって構成された部隊を、一般に「国連軍（朝鮮国連軍）」と呼ぶ。この「国連軍（朝鮮国連軍）」は、特別協定によって義務的に提供された部隊ではないなど、国連憲章第 7 章のすべての条項に対応した形での国連軍ではないものの、憲章第 39 条と第 42 条に基づいた、強制措置（集団的措置）のために国連によって編成された部隊である。

　7 月 7 日には、安全保障理事会決議 84 が採択された。同決議によって安全保障理事会は、この地域における兵力などをアメリカ指揮下の統一司令部に置くことを勧告し、また、統一司令部が「国連旗」を使用することを許可した。このような手続を経て、軍事的強制措置が発動されたのである。

（4）　強制措置の国連軍と PKO 型国連軍

　国連の活動において、「国連軍」という用語が使われる際には、次の 2 つの異なった意味で使われることがある。すなわち、軍事的強制措置のための「国連軍」と、第 2 章で説明する PKO の活動に関わる「国連平和維持軍」（PKO 型国連軍）の 2 つである。もっとも、国連憲章においては、「国連軍（United Nations Force）」という用語はそもそも使われていない。一般的には、国連軍とは、国連の目的のために利用される部隊（軍隊）、または国連の指揮下に置かれる部隊（軍隊）をいう。PKO に関する包括的な研究を行った香西茂は、国連軍を組織と活動目的の 2 つの要素に基づいて分類している。すなわち、組織の面では、①国連が独自に保有する兵力で構成する場合（常備軍）、②加盟国が提供し

た各国の部隊（国別部隊）で編成されるものに大別され、国別部隊は、さらに、i）必要あるごとにそのつど編成される部隊（アド・ホックのもの）と、ii）加盟国が事前の取り決めに従って国連のために用意した部隊（待機軍）で編成するものにわかれる。活動目的の面では、国連の強制行動のためのものと、「平和維持活動（PKO）」のためのものの2つの型に大別している。

湾岸戦争（Gulf War）と湾岸多国籍軍

　1990年8月2日未明、イラク軍がクウェートに侵攻し、ほぼ全土を制圧・占領した。同日にクウェートとアメリカの要請により開催された安全保障理事会で、国際の平和と安全の破壊を認定し、即時無条件撤退を求める安全保障理事会決議660を採択した。憲章第7章の下の暫定措置である。6日には、経済制裁を決議した（安全保障理事会決議661）。また、アメリカは、国連の動きとは別に7日にサウジアラビア防衛を目的とする砂漠の盾作戦（Operation Desert Shield）を発動して軍を派遣し、その後、英、仏、ソ、サウジアラビア、エジプトなど他の諸国も参加した。その後もイラクは国連の撤退要求決議を無視してクウェートの占領・併合を続けたため、11月29日、安全保障理事会は外相級会合を開催し、1991年1月15日をクウェートからの無条件撤退の期限とし、それまでに撤退しなければ、加盟諸国が「必要なあらゆる手段」をとる権限を認める安全保障理事会決議678（いわゆる対イラク武力行使容認決議）を採択した。

　撤退期限後の1991年1月17日未明、多国籍軍はクウェートだけではなく、直接イラクに対する空爆、ミサイル攻撃を開始した（砂漠の嵐作戦、Operation Desert Storm）。また、2月24日には空爆を停止して、地上戦（砂漠の剣作戦 Operation Desert Saber）に突入した。その結果、2月26日にイラク軍はクウェートから敗走し、27日にイラクの国連大使が決議678を受諾して、翌2月28日午前8時に戦闘が停止され、3月3日に暫定休戦協定が締結された。その1カ月後の4月3日に、「クウェートへの賠償、大量破壊兵器（すべての生物化学兵器 および射程150kmを超えるすべての弾道ミサイル）の廃棄、国境の尊重などを内容とする安全保障理事会決議687が採択された。4月6日にイラクが同決議を受諾して正式に停戦合意となり、4月11日に687号決議は発効した。

2　地域的集団安全保障と協調的安全保障

　地域的集団安全保障は、国連による一般的集団安全保障を前提として、その中に含まれる地域的な集団安全保障の制度である。個別的安全保障が自国または自国を含む同盟国家群の外に敵対する国家（群）を置くのとは対照的に、地域的集団安全保障は敵対する国家（群）も含めて、地域内のすべての国家をメンバーとする体制を構築する。一般的集団安全保障体制は国際社会のすべての国家をメンバーとして想定し、地域的集団安全保障体制は当該地域のすべての国家をメンバーとして、相互に武力の行使を控え、地域内の紛争は平和的手段で解決し、その合意に反した行為をとる国家に対して、地域内のその他のすべての国家が制裁措置をとる。国連憲章第 53 条によれば、強制行動を用いるときには安全保障理事会の許可を必要とする。また、当該地域の外部からの武力攻撃に対しては地域的集団安全保障のメカニズムで対応することはできず、地域外の武力攻撃国を含む一般的集団安全保障のメカニズムで対応することになる。もしも当該地域で対応すると、外部の攻撃国と当該地域諸国との間での個別的安全保障に基づく対抗行動となってしまうからである。

　一方、冷戦時代の 1970 から 1980 年代に、東西両陣営の緊張緩和と欧州全体の安全を確保するための仕組みが、協調的安全保障として模索されるようになる。1975 年 7 月 30 日から 8 月 1 日にフィンランドのヘルシンキにアルバニアを除く全欧州とアメリカおよびカナダの首脳が参集した欧州安全保障協力会議（CSCE、ヘルシンキ会議）においては、両陣営の相互の武力不行使、領土保全、紛争の平和的解決、人権尊重などにより信頼醸成を推進することが合意された。そこで採択された合意文書は、ヘルシンキ宣言またはヘルシンキ合意と呼ばれ、参加した 35 カ国の首脳が署名した。その後、冷戦終結後の 1994 年 12 月にブダペストで開催された同会議において、CSCE を常設の国際機構とすることが決定され、1995 年 1 月に、紛争予防および平和的解決の機能をもつ欧州安全保障協力機構（OSCE）が誕生した。

　協調的安全保障は、（仮想）敵対国ないし脅威がシステムの内部にあることが

集団安全保障と共通する。ただし、協調的安全保障では、依然として仮想敵対国などを前提とした上で、対立する国々の間での信頼醸成を促進しようとするものである。

第4節　安全保障概念の拡大と国連の機能

1　安全保障概念の総合化（包括化）・多元化

　従来からの「伝統的安全保障」は、国家に対する（とりわけ国家の領土や政治的独立に対する）外部からの脅威（主として他国）に対して、軍事的手段による防衛措置を想定したものである。国家の安全を保障する手段として、個別的安全保障（今日では個別的および集団的自衛権）と集団安全保障を位置付けるものであった。しかし、1948年に国連総会で採択された世界人権宣言は、その前文で、すべての人々の基本的人権を保障することは、世界の自由と正義の基礎であるとともに、世界の「平和の基礎」でもあることを宣言している。

　現在では、安全保障という概念は、単に国家の安全に関わるのみでなく、個々の人間の安全も保障する意味も含むものとなっている。それに伴って、上記のような伝統的安全保障に加えて、「非伝統的安全保障」と呼ばれる諸手段も用いられるようになった。非伝統的安全保障とは、①国家以外の脅威すなわち非国家主体（越境犯罪組織、テロ、海賊など）からの、②非軍事的脅威（国家による非軍事的脅威も含む）、すなわち人権侵害、貧困、気候変動、感染症、金融危機、サイバーテロなどに対抗するために、③非軍事的対策、すなわち政治的、経済的、社会的対策をとることを含む。今日では、安全保障の概念と具体的方策が包括化、多元化してきているのである。

　以上のような具体的な対応である諸活動に加えて、国際社会の平和と安全の維持に関して研究・教育する関連施設のひとつとして、たとえば1980年12月5日の国連総会決議35/55により、国連平和大学（UPEACE）がコスタリカの首都サンホセに近いシウダード・コロン（Ciudad Colón）に設置された。この大学は

国連の機関ではないが、国連総会の認可した憲章に基づくいわゆる大学院大学であり、シウダード・コロンのほかジュネーブとニューヨークに分校がある。また、ワシントン D.C. のアメリカン大学国際関係学部やマニラのアテネオ・デ・マニラ大学との間で共同の修士課程（Dual Campus Master's in International Peace Studies）を置いている（→第12章参照）。

2　人間の安全保障と保護する責任

　人間の安全保障（Human Security）という概念は、国連開発計画（UNDP）の1990年版人間開発報告書で、飢餓・疾病・抑圧などの恒常的な脅威からの安全の確保と、日常の生活から突然断絶されることからの保護の2点を含み、包括的に個々人の生命と尊厳を重視するものとして初めて提示された。同じくUNDP の1994年版人間開発報告書の「第2章 人間の安全保障の新次元」において、人間の安全保障の概念がより明確にされた。そこには、①経済安全保障、②食糧安全保障、③健康安全保障、④環境安全保障、⑤個人の安全保障、⑥コミュニティの安全保障、⑦政治安全保障が人間の安全保障に含まれるとされている。もっとも、この7側面は個々に切り離すことができるものではなく、重複し、相互に密接な関係を有している。すなわち、人間の安全保障という概念は、人間の視点から、上記のような多様な問題の相互関係を重視し、それらに包括的に対処しようとする考え方である。

　その後、1999年には、国連に「人間の安全保障基金（UNTFHS）」が創設された。この基金の目的は、現在の国際社会が直面する貧困・環境破壊・紛争・地雷・難民問題・麻薬・HIV/エイズを含む感染症など、多様な脅威に取り組む国連関係の諸機関の活動のなかに人間の安全保障の考え方を反映させ、実際に人間の生存・生活・尊厳を確保していくことである。外務省によれば、主要な拠出基準（事業への拠出基準）として、①具体的かつ持続性ある利益をもたらすこと、②トップダウンの保護手段とボトムアップの能力強化手段の両者を包括的に含むこと、③市民社会組織、非政府機関（NGO）およびその他の地域団体・組織などが活動主体である事業の実施を奨励していること、④事業の立案および実施に際し複

数の国際機機が参画することが望ましく、これにより各機構の取組みの統合が推進されること、⑤複数の分野にまたがる人間の安全保障の要請を視野に入れ、相互関連性のある課題に幅広く取り組むものであること、⑥人間の安全保障に関する問題のなかで、現在取り組みが十分とは言えない分野に焦点を当て、既存のプログラムや活動との重複を避けること、を挙げることができる。このような拠出基準などに基づいて、各国連機関は申請を行い、審査は、ドナー（日本政府）とともに国連事務局内の「人道問題調整事務所」（OCHA）に設置されている「人間の安全保障ユニット」（Human Security Unit）によって行われる。

　2001 年から 2003 年にかけて「人間の安全保障委員会」（CHS）の会合が、2001 年 6 月にニューヨーク、同年 12 月に東京、2002 年 6 月にストックホルム、同年 12 月にバンコクで開催された。2003 年 2 月の東京における最終会合で報告書がまとめられ、「人間の安全保障委員会最終報告書」（Human Security Now）として、2003 年 5 月 1 日に、緒方貞子、アマルティア・セン両共同議長から第 7 代国連事務総長コフィ・アナンへ提出された。同委員会が解散した後、その最終報告書を受ける形で、2003 年 9 月に「人間の安全保障諮問委員会」（Advisory Board on Human Security：ABHS）が設置され、人間の安全保障基金のガイドラインの承認と見直しなどの作業を行っている。

　冷戦後に、国家間の武力衝突ではない、国内での部族間（ルワンダなど）、民族間（旧ユーゴスラビアなど）の大量虐殺などの事例が目立ってきており、このような場合、当事国の合意なしで行動できるとする「人道的介入」の考え方が出てきた。さらに一歩踏み込んで、介入を義務づけようとする理論として、「保護する責任（Responsibility to Protect, R to P または R2P）」論がある。いずれも、国際社会で一定の理解はなされているものの、具体的適用については問題も多い。結局、武力を行使するための「手続」としては安全保障理事会決議によるべきとされ、武力行使についての伝統的な国連憲章の理解をはみ出すものではない。「保護する責任」論とは異なり、「人間の安全保障」の場合には、武力の行使を含まない。また、「人間の安全保障」は広範囲にわたる内容を含み、「保護する責任」は、一般に、ジェノサイド（genocide）、戦争犯罪（war crimes）、民族浄化（ethnic cleaning）、人道に対する罪（crimes against humanity）からの人々

の保護に限定されると考えられている。

おわりに

　2017 年 12 月 20 日の安全保障理事会公開討論の席上で、第 9 代国連事務総長アントニオ・グテーレスは、「17 の持続可能な開発目標（SDGs）の実現に向けて講じる措置は、平和な社会を構築することにも役立つ」と述べた。国連をはじめ、すべての国際機構は、全体として、直接の武力衝突を防止するのみならず、その原因となる貧困や人権侵害などを防止し、また、人道支援や公正で自由な貿易を発展させることで、すべての国家と人間が平和のうちに生存することを目指すものである。そのなかにあって、とりわけ国連は、国際社会のすべての国と人々の平和と安全を守るために国際社会を組織化して、武力行使を一般的に禁止し、国際紛争を平和的手段で解決し、平和を破壊したり脅かしたりした国家に対しては共同制裁することについて、加盟国に法的義務を負わせている。

　本章では、国連憲章の第 6 章と第 7 章を中心にしつつ、やや広い視野で国際機構による国際紛争の平和的解決および安全保障について考えてきた。国家間の紛争や武力衝突などに対しては、安全保障理事会が責任を果たす憲章上の制度が一定の役割を果たしている。ただし、国連憲章は、国家間の安全保障や平和の維持を念頭において起草されており、今日の安全保障概念の拡大や平和についての考え方の深化には必ずしも合致しない面がある。そこで、たとえば国家ではなく個人の責任を追及する組織化のひとつとして、国際刑事裁判所（ICC）が創設された。ICC は、「集団殺害（ジェノサイド）犯罪」、「人道に対する犯罪」、「戦争犯罪」、および「侵略犯罪」に関して責任がある個人を訴追することで、このような人類に対する最も深刻な犯罪（コア・クライム）の発生を防止し、すべての人々の平和と安全を維持することを目的としている。また、次章で考察するように、国連自体による平和と安全のための諸活動についても、国際社会の状況変化に対応して、平和維持活動や平和構築など様々な広がりを見せている。

〔参考文献〕

秋月弘子「朝鮮国連軍司令部」横田洋三編著『国連による平和と安全の維持－解説と資料』
　国際書院、2000 年

大泉敬子「ソマリアにおける国連活動の『人道的干渉性』と国家主権のかかわり―『人間
　の安全保障型平和活動』への道―」『国際法外交雑誌』第 99 巻 5 号、2000 年

尾崎重義「国際連合憲章第 41 条の注解（その 1）（その 2・完）」『二松學舍大学国際政経論
　集』第 16 号・17 号、2010 年・2011 年

外務省パンフレット『人間の安全保障基金－21 世紀を人間中心の世紀とするために』2007
　年

香西茂「集団安全保障の新しい枠組み－ハイレベル委員会の国連改革案を中心に」日本国
　際連合学会編『持続可能な開発の新展開』国際書院、2006 年

佐藤哲夫「国連安全保障理事会機能の創造的展開－湾岸戦争から 9・11 テロまでを中心と
　して」国際法学会編『国際法外交雑誌』第 101 巻第 3 号、2002 年

佐藤哲夫『国連安全保障理事会と憲章第 7 章－集団安全保障制度の創造的展開とその課題』
　有斐閣、2015 年

庄司真理子「国連における人間の安全保障概念の意義－規範としての位置づけをめぐって
　－」『国際法外交雑誌』第 105 巻第 2 号、2006 年

日本平和学会編『国際機構と平和』早稲田大学出版部、2008 年

人間の安全保障委員会『安全保障の今日的課題－人間の安全保障委員会報告書』朝日新聞
　社、2003 年（Commission on Human Security, *Human Security Now*, Commission on
　Human Security, 2003）

則武輝幸「国連と地域的機関の協力による平和と安全の維持」『新防衛論集』第 26 巻 3 号、
　1998 年

東大作編著『人間の安全保障と平和構築』日本評論社、2017 年

船尾章子「湾岸多国籍軍」横田洋三編著『国連による平和と安全の維持－解説と資料』国
　際書院、2000 年

松隈潤「保護する責任と国連」『新たな地球規範と国連』国際書院、2010 年

三菱 UFJ リサーチ＆コンサルティング株式会社『安保理決議による経済制裁：制裁に至る
　事情・内容・効果等の横断的比較分析（外務省委託調査報告書）』2013 年

村瀬信也編『国連安保理の機能変化』東信堂、2009 年

弓削昭子「日本外交の機動力として－なぜ人間の安全保障なのか」『外交フォーラム』2003
　年 12 月号

横田洋三編著『国連による平和と安全の維持－解説と資料・第 2 巻』国際書院、2007 年

吉村祥子『国連非軍事的制裁の法的問題』国際書院、2003 年

渡部茂己「国連事務総長報告『平和への課題』の理論的検討」『外交時報』1994 年 3 月号
　（1306 号）、1994 年

渡部茂己「国際機構の存在意義としての世界正義（その 2）―「生きる権利」と「人間ら
　しく生きる権利」を保障するための国際社会の組織化―」『常磐国際紀要』第 20 号、
　2016 年

United Nations Development Programme（UNDP）, *Human Development Report* 1994,
　Oxford University Press,1994

第2章　平和維持と平和構築

はじめに

　この章では、国連を中心にした国際機構による平和維持（Peace-keeping, Peacekeeping）および平和構築（Peacebuilding）についてみていくことにする。

　1992年の第6代国連事務総長ブトロス・ブトロス＝ガリによる報告書「平和への課題」は、国際社会の平和と安全の維持のための国連の活動を、予防外交、平和創造、平和維持、平和強制、平和構築の5つに分類した。このうち、平和維持と平和構築は、国連の目的を実現するための活動ではあるが、国連憲章には詳細な規定は置かれていない。これらは、国際社会の状況の変化に対応するために、新たに発展してきた活動なのである。

　冷戦時代、国連憲章において予定された集団安全保障制度が機能不全に陥ったため、国連は、主に国家間の武力紛争終結後の停戦監視や兵力撤退の検証などのために、平和維持活動（PKO）を設立した。冷戦後のPKOは、主に内戦の当事者間で締結された和平合意の履行の支援のために設立され、その活動の内容はきわめて多岐にわたるようになった。

　平和構築は、冷戦後に新しく登場した取組みである。紛争終結後の移行期に、人権が尊重され、法の支配、民主主義、腐敗汚職のない「良い統治」（good governance）が確立し、武力紛争が再発しないような国家の構築を支援することが、国連などの国際機構の重要な課題となっている。この課題に取り組むため、国連は、2005年に総会と安全保障理事会の共通の補助機関として平和構築委員会（PBC）を設立した。なお、自然災害後の復興支援や、国家間の信頼醸成の支援も、広い意味では平和構築の支援に含まれるが、本章では、紛争終結後の平和構築に限ることにする。

第1節　平和維持活動（PKO）

1　国連 PKO の成立と発展

（1）　成立

国連憲章の予定する集団安全保障制度は、第二次世界大戦中の連合国側の五大国、すなわち、アメリカ、イギリス、フランス、ソ連および中国が、安全保障理事会の常任理事国となり、国連を通じて戦争後の国際社会の平和と安全のために一致団結し、協力することが前提となっていた。しかし、東西冷戦により、その前提が崩れ、安全保障理事会で常任理事国が拒否権を濫用したため、国連の集団安全保障制度は機能不全に陥った。

このような状況のなか、1956 年 10 月、エジプトのスエズ運河地帯に英仏イスラエルが進攻して、第二次中東戦争（スエズ動乱）が勃発した。安全保障理事会で英仏が拒否権を行使したため、「平和のための結集決議」に基づいて開催された第 1 回国連緊急特別総会は、第 2 代国連事務総長ダグ・ハマーショルドの提案に基づき、停戦監視・兵力撤退の検証のために、国連緊急軍（UNEF、第 2 次国連緊急軍（UNEF II）の設立後は第 1 次国連緊急軍（UNEF I）と呼ばれる）を設立した。それまでにも、安全保障理事会が、第一次中東戦争後に国連パレスチナ休戦監視機構（UNTSO）、第一次印パ戦争後のカシミール地方に国連インド＝パキスタン軍事監視団（UNMOGIP）という小規模な非武装の軍事監視団を派遣したことはあったが、大規模な部隊が派遣されたのは、これが最初であった。UNEF I は、国連憲章第 7 章が本来予定していた軍事的強制措置のための国連軍とも、安全保障理事会の勧告に従って加盟国が武力を行使した朝鮮国連軍とも異なり、軍事要員は用いるものの、強制的な活動を目的とはしていない。同活動は、受入国の同意に基づいて派遣された。また、いずれの紛争当事者からも不偏の立場をとり、自衛の場合以外には武力を行使せずに、停戦や兵力撤退の検証にあたった。この UNEF I 以後、国連憲章に詳細な規定のない新しい活動、PKO

が本格的に始まった。

　UNEF I が活動を開始した当初は、加盟国のなかに「違法な活動である」との批判もあり、加盟国が、PKO の経費を賄うために国連総会が割り当てた分担金の支払いを拒否したため、総会は、国際司法裁判所（ICJ）に勧告的意見を求めることになった。ICJ は、1962 年、「国際連合のある種の経費事件」に関する勧告的意見で、PKO は、国際社会の平和および安全の維持という国連の主要な目的を達成するための活動である、との判断を示した。以後、PKO は徐々に加盟国に受け入れられ、国連における主要な活動として確立していったのである。

　PKO は、軍事要員を使用する点で、また、紛争の根本的解決を目的としない点で、国連憲章第 6 章の規定する紛争の平和的解決手続（交渉、仲介、調停、仲裁裁判、司法的解決など）とは異なる。しかしこれは、第 7 章の規定する軍事的強制措置を目的とするものではない。このため、比喩的に 6 章半の措置などと呼ばれることもある。国連憲章では、国際紛争は、第 6 章に従って平和的に解決するか、さもなければ、第 7 章に従って制裁と称される強制措置をとるかのいずれかが予定されていた。ここに、軍事要員は用いられるものの強制措置は遂行しない PKO が成立していった。

（2）　東西冷戦時代－「線の PKO」

　1958 年、国連事務総長ハマーショルドは、UNEF I と国連レバノン監視団（UNOGIL）での経験に基づき、報告書「研究摘要」を発表した。以後、同報告書を指針として、国連の PKO は実施されるようになった。

　東西冷戦時代に確立した PKO の主な基本原則は、以下のようなものである。

　①　不偏性（impartiality）の原則

　PKO は、紛争当事者のいずれか一方を支持し、他方に制裁を加える強制措置ではないので、いかなる当事者に対しても不偏性、公平性を維持しなければならない。この当時は、不偏性という用語は、紛争当事者の正不正を問わず中立を守るという中立性（neutrality）と同義で用いられることが多かった。

　②　同意の原則

　PKO は軍事的強制措置ではないので、派遣にあたっては受入国の同意がなけ

ればならない。UNEF I の場合、1967 年に受入国のアラブ連合共和国（エジプト）の同意が撤回されたため、撤収を余儀なくされた。東西冷戦後では、1996 年に、国連ルワンダ支援団（UNAMIR）が、受入国ルワンダの同意撤回のために撤収した例や、2008 年に、国連エチオピア＝エリトリアミッション（UNMEE）が、両国の受け入れの同意撤回のために撤収した例がある。UNEF I の教訓から、その後の PKO では、突然に撤収を迫られることのないように、受入国の同意を得て、まず 3 カ月や半年などの任期を定めて派遣し、期限が近づいたら改めて同意を取付け、任期をさらに延長する、という方法をとるようになっている。また内戦時に PKO が派遣される場合には、内政干渉とならないように、対抗勢力も含めすべての紛争当事者の同意を得る必要がある。

　また、活動の実効性を高めるためにも、すべての紛争当事国の同意を得ることが望ましい。なぜなら、国家間の武力紛争では、一方の当事国が自国の領域内への PKO の受け入れを拒否することがあるからである。たとえば、一連のアラブ＝イスラエル紛争では、イスラエルは、非武装の UNTSO を除いて、一切の PKO を受け入れていない。そのような場合に、同意を表明した国において PKO が展開されても、受け入れを拒否する側が、当該 PKO の正統性を認めず、活動を妨害する可能性がある。そのため、受け入れを拒否した当事国に対しても、少なくとも PKO の実施については同意を取付けておくことが必要となる。「受入国の同意は法的に、受入国以外の同意は政治的に不可欠である」といわれる所以である。

　③　武力行使自制の原則（自衛の原則）

　原則として、PKO は、自衛の場合を除き、武力行使を禁止されている。たとえ停戦違反があっても、PKO は武力を先制使用して、これを強制的に鎮圧するような権限は与えられていない。ただし、実際には「自衛」の概念はやや広く捉えられている。たとえば、PKO 要員に対する直接の攻撃の他に、部隊の任務遂行のための移動の自由が武力によって妨害された場合も、PKO は「自衛」として武力により反撃することができる。

　④　内政不干渉の原則

　国連憲章第 2 条 7 項は、国連が、加盟国の国内事項に対する不干渉の原則を規

定し、その但し書きで、「この原則は、第七章に基く強制措置の適用を妨げるものではない」と規定する。一方、PKO は経済制裁や軍事制裁と異なり強制措置ではないので、内政不干渉原則が遵守される。

⑤　国際性の原則

PKO は、通常、事務総長の勧告に基づき、安全保障理事会あるいは総会が設立を決議し、事務総長に指揮命令の権限が付与される。要員提供国は、事務総長が紛争当事者と協議の上で選定し、提供された要員は事務総長の指揮命令に服する。PKO の要員は、受入国で国連職員に準じた特権を認められる。

⑥　利害関係国の排除・大国の排除

活動の中立性を高めるため、PKO 派遣の対象となる紛争に利害関係をもつ国や世界中に利害関係がある大国は、要員派遣国から排除されていた。東西冷戦時代には、カナダ、北欧諸国、オランダ、アイルランドなどの欧米諸国や、インド、パキスタン、バングラデシュ、フィジーなどの途上国が、主に PKO の要員を提供していた。

⑦　公平な地理的配分

PKO の活動の中立性を確保するためには、要員派遣国が特定の地域に片寄らないことが望ましい。そこで、各地域から要員が派遣されるように配慮する。

⑧　経費の共同負担

PKO の経費は、国際の平和と安全の維持という国連の目的を実現するための支出であり、加盟国が共同で負担する。今日、PKO の経費は、通常予算とは別枠の特別予算として編成され、加盟国に割り当てられる。

PKO に対して確立された以上の原則のうち、①から④が最も基本的な原則と考えられている。たとえば、1960 年代前半のコンゴ動乱では、コンゴ国連軍（ONUC）が、政府側を支持して、独立を求める反政府勢力に対して自衛を超える武力を行使し、これらの原則に反したとして、厳しい批判に晒された。⑤は「国連による」PKO としての原則である。⑥から⑧の原則は、従うことが望ましいものではあるが、当事者の合意によって変更される例もしばしばみられた。

冷戦期の PKO は、主に国家間の武力紛争について設立されており、紛争当事

者間に展開して、停戦の監視や兵力の撤退の検証をする、「線のPKO」だった。指揮命令系統がはっきりした正規軍による停戦の維持は、比較的に容易で、おおむね成果を上げたと評価された。1988年には、国連のPKOはノーベル平和賞を受賞した。

（3）　東西冷戦後－「面のPKO」

　東西冷戦終結後には、国際秩序の担い手として期待されるようになった国連に、地域紛争が多数持ち込まれるようになり、1990年代前半に、PKOの件数は激増した。新たに設立されたPKOのほとんどは、内戦の解決のために締結された包括的和平協定の履行を支援するためのものだった。そのため、従来のPKOにおける中心任務だった停戦の監視、兵力撤退の検証だけでなく、人権状況の監視、人道援助の支援、難民・国内避難民（IDP）の帰還の支援、警察・司法制度の再建の支援、元戦闘員の武装解除・動員解除・社会復帰（DDR）の支援、自由で公正な選挙の実施の支援・監視など、平和構築の支援もPKOの任務に含まれるようになった。冷戦後に設立されたPKOのなかには、国連カンボジア暫定統治機構（UNTAC）のように、加盟国を暫定統治した例や、国連東ティモール暫定統治機構（UNTAET）や国連コソボ暫定統治ミッション（UNMIK）のように、司法機関の運営、立法、行政について権限を付与され、一定の領域を直接管理する例も出てきた。また、旧ユーゴスラビア紛争の拡大を予防するために、マケドニアに国連予防展開軍（UNPREDEP）が派遣される、という新たな試みもみられた。

　任務の拡大、多機能化に伴い、PKOの規模は拡大し、軍事要員だけでなく、警察要員、選挙監視要員などの文民要員も役割を果たすようになった。また、東西冷戦時代に主に要員を提供していた欧米諸国や途上国だけでは、要員を賄うことができなくなった。そのため、大国や地域内の利害関係国もPKOに参加するようになり、大国排除・利害関係国排除の原則や公平な地理的配分の原則は、薄れつつある。多機能型のPKOは、内戦の解決を支援するために受入国全土に展開する「面のPKO」であり、また、停戦の監視から自由で公正な選挙の実施に至るまで、時間の経過により任務が変化する「立体的PKO」ということができ

る。

　さらに紛争の平和的解決プロセス、PKO、平和構築の支援が同時並行で行われるようになった。第7代国連事務総長コフィ・アナンは国連平和活動に関するパネルを任命し、同パネルは2000年に「ブラヒミ報告書」を提出した。そこでは、紛争予防と平和創造、平和維持、平和構築を「平和活動（peace operations）」と総称し、以後、国連ではこの表現が多く使われるようになる。

　東西冷戦時代から続いていた米ソの代理戦争型の紛争の多くは、1990年代前半に、多機能型のPKOの支援により解決をみた。国連エルサルバドル監視団（ONUSAL）、国連モザンビーク活動（ONUMOZ）、UNTACなどは、その例である。一方、東西冷戦後に多発した、いわゆる民族紛争や宗教紛争については、紛争当事者の側に停戦を遵守し、国連に協力する意思が乏しく、旧ユーゴスラビア、ソマリア、ルワンダなど、大規模な国連PKOを派遣しても、停戦の維持すらできない場合があった。

　このような状況のなかで、独裁政権崩壊後に、武装勢力が割拠する無政府状態に陥っていたソマリアでは、1993年から、憲章第7章に基づいて停戦や武装解除を武力で強制する権限を与えられた、第二次国連ソマリア活動（UNOSOM II）が展開した。事務総長ブトロス＝ガリは、「平和への課題」のなかで、PKOより重武装で、憲章第7章に基づいて停戦を強制する権限をもつ平和執行部隊（peace-enforcement unit）の設立を提言しており、UNOSOM IIは、この構想をソマリアで実行に移したものであった。しかし、武装解除を拒否する紛争当事者とUNOSOM IIおよびこれを支援する米軍との間の戦闘によって、かえって事態は悪化し、UNOSOM IIは1995年に撤収することになった。

　また、ルワンダでは、和平合意の履行の支援のためにUNAMIRが展開していたにもかかわらず、ジェノサイドを阻止することができなかった。さらに、ボスニア・ヘルツェゴビナでも、国連保護軍（UNPROFOR）が展開していたものの、スレブレニツァでのジェノサイドを阻止できなかった。

ルワンダとスレブレニツァの悲劇

ルワンダでは、多数派のフツ族主体の政府と少数派のツチ族の反政府勢力との間で内戦が繰り返されていたが、1993年に和平合意が結ばれて、履行の支援のためにUNAMIRが展開していた。しかしながら、フツ族の政府・軍の強硬派と民兵組織は、和平合意を遵守する意思がなく、ツチ族とフツ族穏健派を虐殺する準備を進めていた。1994年、フツ族の大統領が搭乗した航空機が何者かによって撃墜される事件が発生すると、これをきっかけに内戦が再発し、フツ族強硬派によるツチ族とフツ族穏健派に対する虐殺が始まった。この時、安全保障理事会は、維持すべき平和が失われたので、UNAMIRの規模を縮小して撤収するという決定を行った。結局、ツチ族の反政府勢力が内戦で勝利を収め、新政権を樹立して内戦が終結するまでの約3カ月間に、国連の推計で約80万人が犠牲となった。

旧ユーゴスラビア連邦では、カリスマ的な指導者だったチトー大統領の死亡後、排他的なナショナリズムが吹き出し、1991年にはスロベニアとクロアチアが独立を宣言し、セルビアを中心とするユーゴスラビア連邦とクロアチアとの対立は、武力紛争に発展した。さらに、1992年には、ボスニアにも紛争は拡大した。ボスニアは、ムスリム人（ボシュニャク人）・クロアチア人・セルビア人の三民族混住の地であったが、ムスリム人は独立を、クロアチア人は独立を宣言したクロアチアとの統合を、セルビア人は連邦への残留を望むようになり、対立は三つ巴の武力紛争へと発展し、「民族浄化」と称する残虐行為が繰り返された。

UNPROFORは、当初は、クロアチアでの停戦監視を目的として設立されたものであったが、紛争が拡大すると、サラエボ空港の警護、人道援助活動の警護のために、ボスニアにも展開するようになった。その後、職務権限は次々と拡大され、停戦合意の監視、軍用機飛行禁止区域の監視、さらには安全保障理事会がムスリム人の安全地区に指定した、スレブレニツァなど6都市の防衛までも任務とするようになった。しかし、紛争当事者の側に、停戦を遵守し、国連と協力する意思が乏しく、また、UNPROFORの要員も不足し、任務の遂行は思うに任せなかった。1995年7月、セルビア人の武装勢力がスレブレニツァを攻撃すると、PKOに従事していたオランダ軍部隊は抵抗することができず、同市を占領したセルビア人勢力によって、約8,000人のムスリム人男性が殺害された。

このように、紛争当事者に停戦を遵守し、国連に協力する意思が乏しく、PKOが失敗に終わる例が相次いだため、事務総長ブトロス＝ガリは、1995年報告書「平和への課題・追補」において、現時点では、国連は、強制措置を行う十分な能力がないこと、PKOの成功には、紛争当事者による同意の存在、不偏性、自衛の場合以外の武力不行使が不可欠であることを確認した。2000年の「ブラヒミ報告書」においても、PKOと強制行動との区別を強調し、国連憲章第7章

のもとで強制行動が必要な場合には、安全保障理事会の決議に基づく多国籍軍に
よって行われるべきであると指摘した。

2 「強化された」平和活動

　PKO の実行を通じ、紛争当事者の同意の存在、不偏性、自衛の場合以外の武
力不行使という原則が確立されてきた。一方、内戦下では、停戦の維持が困難で
あった。さらに、ルワンダとスレブレニツァでの虐殺を阻止できなかったことへ
の反省から、それ以降は、平和破壊者（spoilers）を抑止するために、重装備の
「強化された（robust）」PKO が展開されるようになった。1999 年以降に新設さ
れたほとんどの国連 PKO では、国連の不偏性や当事者による同意の存在を前提
としながらも、国連憲章第 7 章に基づく安全保障理事会の決議によって、一般市
民の保護、人道援助要員の保護など、一定の任務を遂行するために、自衛の限度
を超えた武力行使が許可されるようになっている。
　「ブラヒミ報告書」は、国連 PKO の「不偏性」という言葉の意味を、紛争当事
者の正不正を問わずに中立を守るということから、いかなる紛争当事者であっ
ても国連憲章の原則に違反すれば公平に抑止するということへと読み替えた。
2008 年に当時の国連平和維持活動局（DPKO）のフィールド支援局（DFS）が
提出した報告書、「国連平和維持活動：原則と指針」（キャップストーン・ドクト
リン［Capstone Doctrine］）では、紛争当事者の同意の存在、不偏性、自衛と任
務の防衛の場合以外の武力不行使を原則としながらも、すべての紛争当事者の同
意は必要ではなく、主な紛争当事者の同意で足りる、としている。
　2011 年には、前大統領派と新大統領派との間で内戦が再発したコートジボ
ワールで、国連コートジボワール活動（UNOCI）の部隊が、一般市民の保護の
ために前大統領派の部隊を攻撃し、前大統領が新政権に身柄を拘束されて内戦が
終結した。2013 年には、国連コンゴ民主共和国安定化ミッション（MONUSCO）
に、介入旅団が設けられ、反政府勢力の無力化と武装解除を行った。2016 年に
は、国連南スーダン共和国ミッション（UNMISS）でも、同様の機能を有する部
隊が設けられている。

また2015年の、平和活動に関するハイレベル独立パネルによる報告書は、国連の義務の中心として文民の保護を挙げ、持続可能な平和の実現のためには政治的解決が最重要であることを指摘する。

自衛隊の国連PKO参加

　1992年に、国際連合平和維持活動等に対する協力に関する法律（PKO協力法）が制定されて以降、日本の自衛隊は以下の国連PKOに参加してきている。

1992年-1993年　国連カンボジア暫定統治機構（UNTAC）※
1993年-1995年　国連モザンビーク活動（ONUMOZ）
1996年-2013年　国連兵力引き離し監視軍（UNDOF）
2002年　　　　　国連東ティモール暫定統治機構（UNTAET）
2002年-2004年　国連東ティモール支援団（UNMISET）
2010年-2012年　国連東ティモール統合ミッション（UNMIT）※
2010年-2013年　国連ハイチ安定化ミッション（MINUSTAH）
2011年-2020年　国連南スーダン共和国ミッション（UNMISS）
　※文民警察要員も参加。

　参加にあたっては、
1. 紛争当事者の間で停戦合意が成立していること。
2. 当該PKOが活動する地域の属する国および紛争当事者が当該PKOの活動および当該PKOへの日本の参加に同意していること。
3. 当該PKOが特定の紛争当事者に偏ることなく、中立的な立場を厳守すること。
4. 上記の原則のいずれかが満たされない状況が生じた場合には、日本から参加した部隊は撤収することができること。
5. 武器の使用は、要員の生命等の防護のために必要な最小限のものに限られること。

　以上の参加5原則に従うものとされてきたが、2016年には、いわゆる安保法制整備の一環としてPKO協力法が改正され、国連職員、NGO職員、他国軍の要員等を助けるために、自己保存を超える武器の使用をする、いわゆる駆け付け警護が可能となった。

3　国連と地域的機構による連携の模索

東西冷戦時代には、1965年のドミニカ内戦の際の米州機構（OAS）による米州平和軍、1982年のチャド内戦の際のアフリカ統一機構（OAU）による平和維

持軍など、地域的機構による PKO が実施されたことはあった。しかし、国連と地域的機構との間で積極的な連携の試みはとられなかった。

東西冷戦後は、特にアフリカ地域、旧ソ連東欧地域、中米カリブ地域で、国連と地域的機構が、連携を模索する事例が多数みられるようになっている。連携の形態は、以下のようにケース・バイ・ケースである。

第 1 に、地域的機構が PKO を実施し、国連がそれを監視する方式である。旧ソ連のジョージア（グルジア）とタジキスタンでは、独立国家共同体（CIS）が平和維持軍を展開し、国連は、それぞれに小規模な監視団、国連ジョージア（グルジア）監視団（UNOMIG）と国連タジキスタン監視団（UNMOT）を派遣した。また、西アフリカのリベリアとシエラレオネでは、西アフリカ諸国経済共同体（ECOWAS）が ECOWAS 停戦監視団（ECOMOG）を展開し、国連は、それぞれに小規模な監視団、国連リベリア監視団（UNOMIL）と国連シエラレオネ監視団（UNOMSIL）を派遣した。

第 2 に、地域的機構が実施した PKO を国連が引き継ぐ形式である。西アフリカでは、ECOWAS が実施した PKO を国連が引き継いだ。シエラレオネでは、UNOMSIL の後に、国連シエラレオネミッション（UNAMSIL）が設置された。PKO が撤収した後に内戦が再燃したリベリアでは、ECOWAS リベリアミッション（ECOMIL）を国連リベリアミッション（UNMIL）が継承した。コートジボワールでも、ECOWAS 平和維持ミッション（ECOMICI）を国連コートジボワール活動（UNOCI）が引き継いだ。また、ブルンジでは、アフリカ連合（AU）が展開していたアフリカ・ブルンジミッション（AMIB）の後継として、国連ブルンジ活動（ONUB）が展開された。これらの事例では、地域的機構の PKO 要員は、国連の要員と入れ替わることなく、そのまま国連の要員へと配置換えをして、引き継がれている。

第 3 に、国連が実施した PKO を地域的機構が引き継ぐ方式がある。ボスニア・ヘルツェゴビナでは、1995 年に和平合意が締結された後に、UNPROFOR の後継活動として国連ボスニア・ヘルツェゴビナミッション（UNMIBH）が設立された。法執行機関の改革や法の支配の確立を任務とした UNMIBH は、2002 年末に活動を終了し、欧州連合（EU）の警察ミッション（EUPM）に引き継がれた。

第4に、国連と地域的機構が合同でPKOを実施する方式である。セルビア共和国コソボ自治州を暫定統治したUNMIKでは、国連が文民統治、EUが復興・経済開発の支援、欧州安全保障協力機構（OSCE）が民主化・制度構築の支援と、それぞれが役割を分担して、PKOを実施した。また、スーダンのダルフール地方では、国連とAUが合同で、ダルフール国連・AU合同ミッション（UNAMID）を展開している。

表 3-1　実施中の国連平和維持活動（2020 年 4 月 1 日現在）

I　アフリカ

名　　称	授権機関	活動期間	根拠決議	派遣地域
国連西サハラ住民投票監視団（MINURSO）	安全保障理事会	1991.4-	S/RES/658（1991）S/RES/690（1991）	西サハラ
ダルフール国連・AU 合同ミッション（UNAMID）	安全保障理事会	2007.7-	S/RES/1769（2007）	スーダン・ダルフール地方
国連コンゴ民主共和国安定化ミッション（MONUSCO）	安全保障理事会	2010.7-	S/RES/1925（2010）S/RES/2053（2012）S/RES/2417（2014）	コンゴ民主共和国
国連アビエ暫定治安部隊（UNISFA）	安全保障理事会	2011.6-	S/RES/1900（2011）S/RES/2024（2011）S/RES/2104（2013）	スーダン＝南スーダン国境のアビエ地区
国連南スーダン共和国ミッション（UNMISS）	安全保障理事会	2011.7-	S/RES/1996（2011）S/RES/2155（2014）	南スーダン
国連マリ多面的統合安定化ミッション（MINUSMA）	安全保障理事会	2013.4-	S/RES/2100（2013）S/RES/2164（2014）S/RES/2227（2015）	マリ

国連中央アフリカ共和国多面的統合安定化ミッション（MINUSCA）	安全保障理事会	2014.4-	S/RES/2149（2014）	中央アフリカ共和国

Ⅱ　中　東

国連パレスチナ休戦監視機構（UNTSO）	安全保障理事会	1948.6-	S/RES/50（1948）S/RES/54（1948）S/RES/73（1949）	中東
国連兵力引き離し軍（UNDOF）	安全保障理事会	1974.6-	S/RES/350（197	シリア・ゴラン高原
国連レバノン暫定軍（UNIFIL）	安全保障理事会	1978.3-	S/RES/425（1978）S/RES/426（1978）S/RES/1701（2006）	南部レバノン

Ⅲ　欧　州

国連キプロス平和維持軍（UNFICYP）	安全保障理事会	1964.3-	S/RES/186（1964）S/RES/355（1974）	キプロス
国連コソボ暫定統治ミッション（UNMIK）	安全保障理事会	1999.6-	S/RES/1244（1999）	コソボ

Ⅳ　アジア・太平洋

国連インド＝パキスタン軍事監視団（UNMOGIP）	安全保障理事会	1949.1-	S/RES/39（1948）S/RES/47（1948）S/RES/91（1951）S/RES/210（1965）	ジャム・カシミール地方のインド＝パキスタン停戦ライン

（出典：国連広報センター HP に基づき作成）

第2節　平和構築

1　平和構築の支援

　平和構築は、武力紛争後の移行期に、「良い統治」を確立し、紛争が再発しないような国家を構築することを指す。事務総長ブトロス＝ガリが、「平和への課題」で用いてから、平和構築という用語は一般的に用いられるようになった。武力紛争で国家が崩壊状態になり、治安の維持も国境の管理もできなくなれば、テロ組織や国際犯罪組織の根城になってしまう。紛争が再発しないような国家の構築は、国際社会の平和と安全の維持に欠かせない。

　平和構築の主体は、あくまでも国家と国民であり、それを支援するのが、国連などの国際機構の役割である。平和構築の支援の内容は、人権状況の監視、人道援助、難民・国内避難民（IDP）の帰還の支援、治安を回復するための警察・司法制度の再建の支援、武装解除・動員解除・社会復帰（DDR）プロセスの支援、自由で公正な選挙の実施の支援・監視、復興援助、開発援助、真実和解委員会による和解の促進など、きわめて多岐にわたる。ことに重要なのは、元戦闘員から武器を回収、管理、廃棄し、武装組織を解体し、除隊した元戦闘員に職業訓練を施し、当座の生活に必要な日用品や現金を給付するなどして、社会復帰を促す、というDDRプロセスに対する支援である。

　平和構築の支援は、多機能型の国連PKOの一環として行われる場合もあるが、主に文民で構成される特別政治ミッション（SPM）により、現地で行われることもある。後者の場合、PKOを引き継いで平和構築支援のための事務所が設立されることもあれば、国連アフガニスタン支援ミッション（UNAMA）、国連イラク支援ミッション（UNAMI）、国連ネパールミッション（UNMIN）、国連リビア支援ミッション（UNSMIL）などのように、平和構築を担う特別政治ミッションが新たに設立されることもある。

　また、平和構築の支援に携わっているのは、国連のPKOや特別政治ミッショ

ンだけではない。国連開発計画（UNDP）、ユニセフ、国連難民高等弁務官事務所（UNHCR）、世界食糧計画（WFP）などの国連の補助機関に加えて、世界銀行、国際通貨基金（IMF）などの専門機関もまた、それぞれの分野で、平和構築支援に関連する活動に従事している。

2　平和構築委員会

リベリア、ハイチ、東ティモールなど、PKO 終了後、数年で武力紛争が再発した例も、しばしばみられ、武力紛争の根本的な原因の除去を試みる平和構築として、中長期的な取り組みが必要となる。PKO と平和構築の支援を円滑に行うために、2005 年に、国連世界サミット成果文書に基づき、総会と安全保障理事会双方の決議によって、平和構築委員会（PBC）が設立された。その主要な目的は、平和の持続のため、紛争状態の解決から復旧、社会復帰、復興に至るまで、一貫したアプローチに基づき、紛争後の平和構築と復興のための統合戦略を助言および提案することである。同委員会は、① 31 カ国から成る意思決定機関としての組織委員会（安全保障理事会理事国から 5 常任理事国を含む 7 カ国、経済社会理事会（ECOSOC）理事国から 7 カ国、国連 PKO への主要財政貢献国 5 カ国、国連 PKO への主要軍事・警察要員派遣国 5 カ国、総会から 7 カ国）、②平和構築に関する最良の実践（ベスト・プラクティス）を検討し、組織委員会に報告する、教訓作業部会、③支援対象国（シエラレオネ、ブルンジ、ギニア、中央アフリカ共和国、リベリア、ギニアビサウ、2019 年 1 月現在）ごとに統合戦略を討議するために開催される国別会合で構成されている。平和構築委員会は、あくまでも諮問機関であり、自らプロジェクトを実施したり、資金を提供したりするものではない。

平和構築委員会を支援するために、国連事務局内に、事務総長直属の平和構築支援事務局（PBSO）が設けられている。また、2006 年に、平和構築の資金を提供するために、PBSO が管轄する平和構築基金（PBF）が設立された。

日本は、平和構築委員会の創設当初から構成国となっており、平和構築の支援に積極的にかかわってきた。

おわりに

第1に、平和維持の機能と規模の拡大への対応が、課題として挙げられる。2019年8月31日現在、14の国連PKOで約9万9,000人の要員が展開しており、2019〜2020年のPKO予算は、国連の通常予算をはるかに超える、約65億米ドルに上る。このように拡大したPKOの要員、装備および資金を確保することが、今後の大きな課題となっている。

第2に、平和構築支援が、必ずしも持続的な平和の達成に結びつかないことがある。平和維持から平和構築への円滑な移行と持続した平和への達成の取り組みが求められる。

国連では、平和構築の過程で一部の国民が政治的に排除されたことが紛争再発の原因となっているのではないかとの反省から、できるだけ多くの国民が平和構築に参加する包摂性の確保が必要である、と認識されるようになってきた。第9代事務総長アントニオ・グテーレスは、2018年に提出された報告書「平和構築と平和の持続」において、この包摂性が平和構築で最も重要であると強調している。

〔参考文献〕

石塚勝美『ケースで学ぶ国連平和維持活動－PKOの困難と挑戦の歴史－』創生社、2017年

井上実佳・川口智恵・田中（坂部）有佳子・山本慎一編著『国際平和活動の理論と実践－南スーダンにおける試練』法律文化社、2020年

上杉勇司『変わりゆく国連PKOと紛争解決－平和創造と平和構築をつなぐ』明石書店、2004年

上杉勇司・藤重博美編著『国際平和協力入門国際社会への貢献と日本の課題』ミネルヴァ書房、2018年

長有紀枝『スレブレニツァ－あるジェノサイドをめぐる考察』東信堂、2009年

川端清隆、持田繁『PKO新時代―国連安保理からの証言―』岩波書店、1997年

軍事史学会編『PKOの史的検証』錦正社、2007年

香西茂『国際連合の平和維持活動』有斐閣、1991 年

篠田英朗『平和構築入門－その思想と方法を問い直す』筑摩書房、2013 年

庄司真理子「紛争予防規範と平和構築規範の複合と交錯」西谷真規子編著『国際規範はど
　う実現されるか－複合化するグローバル・ガバナンスの動態－』ミネルヴァ書房、2017
　年

神余隆博『国際平和協力入門』有斐閣、1995 年

ロメオ・ダレール著（金田耕一訳）『なぜ、世界はルワンダを救えなかったのか－ PKO 司
　令官の手記』風行社、2012 年

柘山堯司編著『集団安全保障の本質』東信堂、2010 年

則武輝幸「国連とソマリア内戦－平和執行部隊構想の挫折」『外交時報』1994 年 3 月号
　（1306 号）、1994 年

則武輝幸「国連と地域的機関の協力による平和と安全の維持」『新防衛論集』第 26 巻 3 号、
　1999 年

長谷川祐弘『国連平和構築紛争のない世界を築くために何が必要か』日本評論社、2018 年

東大作編著『人間の安全保障と平和構築』日本評論社、2017 年

福田菊『国連と PKO　第 2 版』東信堂、1994 年

藤原帰一・大芝亮・山田哲也編『平和構築・入門』有斐閣、2011 年

星野俊也「国連・平和構築・日本－国連平和構築委員会の活動を中心として」『国際公共政
　策研究』第 13 巻第 1 号、2008 年

村瀬信也『国連安保理の機能変化』東信堂、2009 年

山田哲也『国連が創る秩序―領域管理と国際組織法』東京大学出版会、2010 年

横田洋三編著『国連による平和と安全の維持－解説と資料』国際書院、2000 年

横田洋三編著『国連による平和と安全の維持－解説と資料　第 2 巻』国際書院、2007 年

第3章　武器・兵器の国際的規制

はじめに

　世界各国が自由に様々な武器や兵器を開発し、生産し、購入し、保有することに、国際的に何の制限も設けないとすれば、きわめて危険な兵器類が世界中に氾濫し、国際社会での緊張が高まることは容易に想像できる。そして、そのような国家間の緊張が、ひとたび武力衝突に発展すれば、各国が保有する大量の各種兵器が実際に使用され、多くの犠牲者が出ることは明らかである。また、仮に武力紛争が発生しない場合でも、軍備の拡充に多大な人的、資金的な資源を費やすことは、社会や経済の健全な発展にとっても大きなマイナスとなる。これらのことを考えるならば、国際的な交渉により、各国の保有する軍備に一定の制限を設けようとする試みが繰り返されてきたことは、むしろ当然であろう。

　このような試みは、一般的に「軍縮」と呼ばれてきたが、厳密には、これらは、軍備を実質的に削減し撤廃を目指す「軍縮」、必ずしも削減を伴わなくとも各国の保有する軍備に一定の制限を加えて規制する「軍備管理」、および兵器やその関連技術が各国に流出し、拡散することを規制する「不拡散」、の3つの側面をもっている。また、武器や兵器そのものに加えて、その使用方法を国際的に規制する試みもある。広い意味ではそのような規制も武器・兵器に関する国際的な取組みの一部とみなすことができる。

　しかし、現実の国際社会では、他国と均衡のとれた軍事力を維持することによって国家間のバランスを保とうとするパワーバランスの考え方と、他国からの攻撃に対して十分な反撃を行い、攻撃が引き合わないほどの損害を与えることができる能力を誇示し、他国からの攻撃を未然に防ごうとする抑止戦略が、依然として各国の中心的な政策となっている。そこで、他国の軍備や周辺の状況に合わせて自国の軍備の水準を決めたり、自国が単独で十分な軍備を保持することが困難な場合には同盟を結ぶことで複数の国が共同で対外的な脅威に対抗しようとし

たりする安全保障政策が国際社会では一般的になっている。

　1990年代に入ると、冷戦の終了という国際情勢の変化に伴い、国際社会の緊張緩和を背景として、国際機構が軍縮の促進においてより積極的な役割を果たすことを期待する声が高まり、いくつかの具体的な成果もみられた。ところが、地域紛争の頻発、国際的なテロの脅威、大国間での新しい緊張の発生など、近年軍縮の促進にとって逆風ともいえるような状況の変化も続いており、軍縮における国際機構の貢献が拡大しているとは必ずしも言い難い。ここでは国際機構が軍縮の促進において果たしてきた役割とその現状および展望に関して考えてみたい。

第1節　交渉の場としての国際機構

1　国際連盟の成立

　大きな危険とコストを伴う軍備の拡張競争を回避するために、他国の軍備のレベルに合わせて自国の軍備を拡充するのではなく、各国が保有する軍備のレベルを相互に規制することにより、バランスを保つ方が合理的である、という発想は古くから存在した。しかし、実際に国家間の対立を解決する方法として武力行使が一般的であり、また、国際的な問題の解決が実質的に当事国間での直接交渉に委ねられていた時代には、国際的な軍縮を進めることは困難であった。特に20世紀はじめ頃までは、国家の安全保障に直接関わる軍事力の制限のように主権に密接に関係する問題を多国間の交渉を通して、国際的に管理するような発想そのものに乏しかった。

　軍縮の分野で国際機構がはじめて積極的な役割を与えられたのは、国際連盟（連盟）においてである。連盟は国際の平和と安全のために設立された世界で最初の普遍的な国際機構であった。第一次世界大戦の背景として、イギリスとドイツの間の軍備拡張競争、とりわけ海軍の拡張競争があった。それが国際社会に対立と緊張をもたらし、戦闘の規模を拡大したとの反省を踏まえ、連盟規約は第8条において軍縮の促進を主要な目的とした。しかし、現実には、ソ連とアメリカ

という大国が連盟の創設に参加せず、また、決定の方法が全会一致制であったために、連盟が軍縮の促進において直接果たした役割はきわめて限定されたものであった。実際には、連盟自体は国際社会での緊張緩和を進めることで、連盟外で進められた軍縮交渉を間接的に支援するに止まったのである。

　連盟が最も活発に活動した1920年代から1930年前半にかけて、世界の有力国、特に三大海軍国と呼ばれたアメリカ、イギリス、日本を中心として数回にわたる軍縮交渉が実施され、戦艦や巡洋艦などの主力艦の削減、制限を含む重要な成果としてワシントン海軍軍縮条約（1922年）やロンドン海軍軍縮条約（1930年）が締結された。これらの軍縮条約の意義は大きかったが、その交渉、締結、実施は連盟の外で当事国が直接行ったものであった。

2　国連の成立と役割

　連盟が国際の平和と安全の維持に失敗したことと、第二次世界大戦の反省に立ち、1945年には、世界の平和と安全の維持を目的として、新しい普遍的な国際機構として国連が設立された。連盟とは違い、国連は平和と安全の維持に関し、より広範な目的と機能を与えられ、その権限も国連を主体としての強制行動を認めるなど、大幅に強化された。しかし、軍縮に関しては、国連の目的として直接には規定されず、それはむしろ国連の広範な目的を達成するための手段の一つと位置づけられた。しかし、これは国連が軍縮を軽視しているということではない。国連の主要機関である安全保障理事会が、憲章第26条により、軍備規制計画を作成する責任を負うことになっている。

　実際には、国連総会決議1（I）で大量破壊兵器、特に核兵器を国際的な管理体制下に置くことが合意され、その検討のために原子力委員会が設置された。しかし、すでに米ソ間の対立が激しくなっていたために、結局、国連による大量破壊兵器の国際管理という試みは失敗に終わった。その後も国連総会では毎年のように軍縮に関するさまざまな決議案が採択され続けているが、その多くは内容が理念的であったり、国際的な協議を求めるものであったりと、直接的に軍縮につながるものではなかった。1952年には、国連軍縮委員会も設置されたが、冷戦

の激化に伴って休眠状態となった。

　軍縮に関する取組みとして、1978年には、軍縮に関する議題を集中的に協議するための第1回国連軍縮特別総会（SSODI）が開催された。その際、国連軍縮委員会の再活性化も決定され、国連において継続的に軍縮を協議する場が確保された。その後、1982年に第2回、1988年に第3回の軍縮特別総会がそれぞれ開かれた。これらの会議では軍縮に関する多くの議題が取り上げられたが、いずれも特に同盟による安全保障を重視する国々と非同盟諸国との間の意見の対立などにより議論が集約せず、具体的な軍縮の促進に直接結びつくような成果には乏しかった。

　冷戦終了後、総会は、1991年の国連武器移転登録制度の設立、1996年の包括的核実験禁止条約（CTBT）の採択、また2013年の武器貿易条約（ATT）の採択など、制度の設立や条約制定において具体的な成果を挙げるようになっている。また、2014年と2016年には、平和と安全保障を担当する国連総会の第一委員会のもとに、核軍縮の促進について検討するための公開作業部会（OEWG）が設置された。OEWGには、政府代表だけではなくNGOなど市民社会の代表による協議への参加も認められ、幅広い協議が行われた。その結果、OEWGが総会に提出した勧告に基づく形で、2017年から国連において核兵器の禁止のための法的な枠組の作成交渉が始まり、同年7月には核兵器禁止条約案が120を超える国々の支持を得て採択された。核兵器禁止条約には署名開放から2年が経過した2020年3月20日の段階で発効に必要な50カ国の批准のうち36カ国が批准しており、近い将来の発効が期待されている。また、OEWGの開催から総会における核兵器禁止条約案の採択に至る過程で、一貫して交渉の推進に貢献してきた国際NGOの核兵器廃絶国際キャンペーン（ICAN）は、その功績により2017年のノーベル平和賞を受賞した。しかし、米ロをはじめとする核兵器保有国と日本や韓国、NATO諸国のように核兵器保有国と安全保障条約を結んでいる国々はこの条約に一貫して反対しており、核兵器禁止条約の成立が核軍縮に直接つながるかどうか、疑問視する意見も少なくない。

　さらに安全保障理事会では、イラクの大量破壊兵器開発疑惑、北朝鮮による核兵器および弾道ミサイル開発、シリアにおける化学兵器の廃棄などの問題に対し

重要な決定がなされ、実行に移された。しかし、このような安全保障理事会による一連の決定には、その中立性や公平性の点で疑問をもつ国も存在し、安全保障理事会による非公開での審議に対し、透明性に乏しいという批判もある。また、国連事務局で軍縮を担当する軍縮部（UNODA）は軍縮担当上級代表のもとで、軍縮に関するキャンペーンの実施や核不拡散条約（NPT）再検討会議のサポートを担当したり、主に途上国の若手外交官に軍縮分野での研修を行う国連軍縮フェローシップを実施したりするなどの活動を行っている。2017 年には、軍縮局長時代を含めると 4 人目の日本人の軍縮担当の責任者として、中満泉氏が事務次長・上級代表に就任している。さらに、ジュネーブに置かれている国連軍縮研究所（UNIDIR）は、軍縮に関する多角的な研究を進めると同時に、軍縮に関する各種のセミナーや会議を開催したり、研究成果を出版したりするなど、軍縮に関する研究、広報、情報交換などを進めている。

3　ジュネーブ軍縮会議（CD）

　世界で唯一の常設の多国間の軍縮交渉機関として、ジュネーブ軍縮会議（CD）がある。CD には、日本を含め 65 カ国が加盟しており（2020 年 3 月現在）、ジュネーブで軍縮に関する交渉を、毎年行っている。

　CD は 1959 年に 10 カ国軍縮委員会（TNDC）として設立され、その後、順次、加盟国を増やしながら、18 カ国軍縮委員会（ENDC）、軍縮委員会会議（CCD）、軍縮会議（CD）と組織を再編、拡大し、現在に至る。ENDC や CCD の時代を含めて、CD で交渉された条約には、部分的核実験禁止条約（PTBT）、NPT、海底核兵器禁止条約、生物毒素兵器禁止条約（BTWC）、環境改変技術使用禁止条約、化学兵器禁止条約（CWC）、CTBT などがあり、CD は国際的な軍縮の推進に大きな役割を果たしてきた。

　CD はジュネーブの国連欧州本部（パレ・デ・ナシオン）で開催され、毎年 3 会期に分かれて交渉を行っているが、必要に応じて会期外にも作業を行う。会議の議題に関しては国連総会から勧告を受け、毎年作業の結果を年次報告書として国連総会へ提出している。CD は独自の事務局組織をもたず、会議場などは国連

表 3-1　ジュネーブ軍縮会議で交渉もしくは採択された条約

会議の名称	作成された条約
10 ヵ国軍縮委員会（TNDC） （1959 ～ 1962）	
18 ヵ国軍縮委員会（ENDC） （1962 ～ 1969）	部分的核実験禁止条約（1963） 核兵器不拡散条約（1969）
軍縮委員会会議（CCD） （1969 ～ 1978）	海底核兵器禁止条約（1971） 生物毒素兵器禁止条約（1972） 環境改変技術禁止条約（1977）
（ジュネーブ）軍縮委員会（CD） （1978 ～ 1984）	
（ジュネーブ）軍縮会議（CD） （1984 ～	化学兵器禁止条約（1992） 包括的核実験禁止条約（1996）

　の施設を利用し、会議の開催に必要な事務作業も国連軍縮部の職員が兼務で処理するなど、国連との関係がきわめて深い。しかし、法的には CD は独立の組織であり、国連の管轄下にあるわけではない。国連総会からの勧告を考慮しながらも、独自に議題を設定し、必要な特別委員会や作業部会を設置するなど、自律的に作業を進めている。

　CD における交渉の特徴は、全会一致制とグループ制である。CD での決定は全会一致となっており、1 カ国でも反対国があれば、決議や報告書は不採択となる。実際に 1996 年の CTBT 交渉においては、条約草案に対しインドのみが反対したために採択されなかった。その後、国連総会に同じ草案があらためて提出され、採択が試みられるという異例の経過をたどった。また、グループ制とは、日本やアメリカ、西ヨーロッパ諸国などの西側先進工業諸国からなる西側グループ、ロシアと旧東欧諸国からなる東側グループおよび開発途上諸国の非同盟グループ、さらにどのグループにも属しない中国とに分かれ、各グループ内での調整と、各グループの代表の間での協議が交渉において大きな比重を占めるという交渉形態である。このような交渉の方法は、軍縮のように利害の対立が激しい分野での交渉では、すべての当事国の賛成が得られない場合、実効性のある結果が期待できないこと、冷戦構造のもとでは、各国の個別の利害よりも、各陣営の利害の対立が優先していたことを考えれば、ある程度合理的な方法であったといえ

る。しかし、冷戦が終了し、国際社会が複雑化し、グループ間の調整が有名無実化したこと、また加盟国が増加し、全会一致が難しくなってきたことなどから、このような全会一致制やグループ制による作業が果たして適切かどうか、疑問も生じている。

　現実に、1995年に交渉が開始された核兵器用の高濃縮ウランやプルトニウムの生産を禁止するための兵器級核分裂性物質生産禁止（カット・オフ）条約交渉は、20年以上にわたりまったく進展がないままである。また核兵器の不使用や宇宙の軍事利用などについての提案も議題の優先順位をめぐる各国の対立によって、長年、実質的な前進がみられない。このようなCDの停滞に対し、CDの廃止を含めて根本的な改革を検討すべきであるという意見も年々強まっており、CDは大きな分岐点に差し掛かっている。

4　NPT 再検討プロセス

　NPTは、①核兵器の不拡散、②核軍縮の促進、および③原子力の平和利用の促進の3つを主要な目的とする条約である。NPTには190カ国を超える国が加入しており（2020年3月末現在）、国際的な核軍縮・不拡散体制の基盤となっている条約である。NPT自体は独自の組織をもっておらず、締約国の履行の監視は国際原子力機関（IAEA）が担当しており、事務的な処理はUNODAが主に担当している。NPTには締約国の要請により5年毎に条約の履行状況を検討するための会議が開催できる旨の規定が含まれており、それに基づいて5年サイクルでの会議が開催されていた。しかし、1995年にNPTの有効期限を無期限に延長することに締約国が合意した際に、同時にNPTの3つの主要な目的の達成状況と将来的な計画についてより実効性のある検討を行うために、条約の運用状況の検討プロセスの強化も合意された。具体的には条約に規定されている5年ごとの再検討会議だけでなく、会議と会議の間に3回以上の準備委員会を開催することが合意された。その結果、本来は条約の履行状況を検討するためであったNPTの再検討プロセスは、実質的に国際的な核軍縮・不拡散について協議するための最大規模の定例会議という色彩が強くなっている。

このような現状を指して、しばしば「NPT レジーム」と呼ばれる。NPT は固有の組織をもつわけではないが、国際的な核軍縮・不拡散において実質的に協議体として機能しているということができる。

第 2 節　武器・兵器の人道的規制

1　国際的な司法機関

国際司法裁判所（ICJ）は司法機関であるが、いくつか軍縮関係の検討も行われてきた。1973 年には、オーストラリアとニュージーランドが大気圏内核実験の停止を求めてフランスを提訴した。結果としてはフランスが大気圏内核実験を行わない旨を宣言し、核実験そのものの違法性の審理は行われなかったが、以降の核実験は地下での実施に限定されることになった。また、1996 年には、国連総会と WHO がそれぞれ ICJ に対し核兵器の合法性に関する勧告的意見を要請した。ICJ は国連総会の要請に対し、国家の存亡のような極端な自衛の場合を除き、核兵器の使用は一般的に国際人道法の原則に違反し、また核兵器保有国は核軍縮について誠実に交渉、核軍縮のための条約を締結する義務があるとの見解を示した。WHO からの要請に対しては、核軍縮は WHO の管轄外であるとして、ICJ は要請を却下した。この勧告的意見は、その後の核軍縮をめぐる国際的な議論にも大きな影響を与えた。特に 2000 年以降は「核兵器の人道的な影響」に関する決議が国連総会で採択されたり、核兵器の人道的な影響に関する国際会議が 2013 年にノルウェーのオスロで、2014 年にメキシコのナジャリットおよびオーストリアのウィーンにて開催されたりするなど、核兵器の人道法上の位置づけを再検討すべきという機運が高まる結果となった。

さらに 2014 年にはマーシャル諸島が、核軍縮の停滞は NPT および慣習国際法の求める核軍縮義務違反であるとして、速やかな核軍縮の実施を求めて、アメリカ、イギリス、ロシア、フランス、中国、インド、パキスタン、イスラエルおよび北朝鮮を ICJ に提訴した。しかし、ICJ の強制的管轄権を受諾しているイギ

リス、インド、パキスタンを除く 6 カ国は裁判に応じず、裁判そのものを拒否した。また、イギリス、インド、パキスタンも、マーシャル諸島との間では、ICJ が審理すべき具体的な法的紛争は発生していないと主張した。ICJ は法的な核軍縮義務の検討を行わずに、審理すべき法的な紛争が存在しないとして、2016 年 10 月にマーシャル諸島の申立てを却下する判断を示した。

　また、2003 年には、オランダのハーグに国際刑事裁判所（ICC）が設置された（→第 7 章参照）。ICC の取り扱う対象には「人道に対する犯罪」や「戦争犯罪」が含まれており、そのなかには、従来から国際法上禁止されてきた民間人や民間施設に対する無差別攻撃、不必要な苦痛や過剰な殺戮につながる兵器の使用、毒素兵器や毒ガスの使用などに責任のある個人を訴追、処罰することが想定されている。ICC の処罰の対象は、あくまでも違法性のある武器・兵器の使用により被害が発生した場合に限られているが、広範囲、無差別に被害を及ぼしたり、不必要な苦痛を与えるような武器・兵器を抑止するうえで一定の効果をもつことが期待されている。

2　人道的な活動を行う団体

　政府間の組織ではないが、国際的な武器、兵器の制限に関して大きな役割を果たしてきた機構として、赤十字国際委員会（ICRC）を中心とする国際赤十字・赤新月運動がある。ICRC は紛争被害者の保護と救済を目的とするジュネーブ諸条約の締結をはじめ、国際人道法の発展に大きな役割を果たしてきた。ICRC はさらに、国際人道法に関する報告書の作成、国際会議の開催、啓蒙や教育活動などの他、各国政府に対しても積極的に働きかけを行うことで、非人道的な兵器の規制を進めてきている。

　また、世界的な規模で市民運動を展開した地雷禁止国際キャンペーン（ICBL）は、1999 年に発効した対人地雷禁止条約（オタワ条約）の成立に主導的な役割を果たしたとして、1997 年にノーベル平和賞を受賞している。同様に一つの親爆弾から多数の子爆弾を放出するクラスター弾を禁止するクラスター弾禁止条約（オスロ条約、2010 年発効）の成立にあたっても、クラスター爆弾連合（CMC）

という各国の NGO の連合体が大きな役割を果たした。現在 ICBL と CMC は合併し、ICBL − CMC となっている。同様に 2013 年の ATT 成立の際には NGO であるコントロール・アームズが、また上述したように、2017 年からの核兵器の法的な禁止に関する交渉開始決議採択の際には、ICAN のような国際 NGO が大きな役割を果たした。このような市民主導型の国際人道法の発展過程は、先駆的な試みの名を冠し、しばしば「オタワプロセス」・「オスロプロセス」モデルと呼ばれ、条約作成への新しいアプローチとしても注目されている。

第3節　世界的な実施メカニズムとしての国際機構

1　軍縮条約の検証

　軍縮交渉が成立し、国際的な協定が締結された場合、他の条約と同様に、締約国が合意事項をどのように履行するかが問題となる。軍縮条約では、締約国が条約上の義務を遵守しているかどうかを確認する作業を検証と呼ぶことが多いが、軍縮は各国の安全保障と深く関係しており、検証の対象が軍事的な機密に関わる場合もある。そのため、検証制度の構築にあたっては、細心の注意と周到な配慮が必要となる。

　従来は、多くの国が軍事機密に関わるとして、国際機構のような第三者が軍縮条約の検証作業を担当することに消極的であり、当事国が相互に相手を監視することによって合意事項の履行を確保しようとしてきた。代表的な例としては、PTBT や米ソ間で結ばれてきた一連の戦略核兵器の制限に関する条約があり、これはいずれも検証を担当する国際機構を設置せず、当事国が自国の保有する人工衛星や偵察機、観測機器などの「自国の検証技術手段」（NTM）や、査察団もしくは監視員の相互派遣などにより条約の履行を確認しようとした。すなわち、検証の対象国がきわめて限られており、同じ様な状況の国の間で結ばれた条約であれば当事国間で相互に監視するという方法が有効であった。しかし、対象となる国が多数かつ多様にわたるようになると、特に他の締約国の履行状況を自力で

確認することが困難な中小の途上国を中心に、中立で公平な立場から、固有の監視技術をもつ国際機構に検証を委ねるべきであるとの主張が強くなされるようになった。

2　化学兵器禁止機関（OPCW）

　1992年にCDで採択されたCWCは、冷戦構造の崩壊により、新しい時代の軍縮が推進される第一歩として世界から歓迎された。化学兵器、つまり毒ガスの禁止に関しては、すでに1899年の第一回ハーグ平和会議で毒ガスの禁止に関するハーグ宣言および1925年の毒ガス禁止議定書でその使用が禁止されていた。しかし、これらの協定にはその履行を確保するための実効的な制度が存在せず、現実には毒ガスがしばしば戦闘に使用されてきた。その反省に立ち、CWCでは化学兵器の使用だけでなく、その生産と保有も禁止され、すでに保有している化学兵器の廃棄も義務付けられている。さらに締約国による条約違反を監視するために化学兵器禁止機関（OPCW）という国際機構を設置することも合意された。

　OPCWは、本部をオランダのハーグに置き、全加盟国からなる総会と、41カ国からなる執行理事会、および実際の検証作業を担当する査察部を含む技術事務局の3つの主要内部機関から成り立っている。このなかで、技術事務局は、その名前の示すとおり、条約の履行を監視するのに必要な技術的能力をもっている。具体的には、加盟国が保有する化学兵器の廃棄の監視（廃棄検証）、化学兵器の製造が可能な化学産業の申告に基づく監視（産業検証）、および加盟国が他の加盟国による条約違反の疑いを申し立てた場合の査察（申立て査察・チャレンジ査察）など、広範囲にわたす検証作業をOPCWが技術事務局のスタッフを用いて独自に実施する規定となっている。

　これらの検証作業のなかで、廃棄検証と産業検証は、査察の対象となる加盟国の申告に基づいて、あらかじめ申告された施設などを対象に実施されるものであり、査察対象国との合意が前提となっている。これに対し申立て査察は、ある加盟国が、他の加盟国に条約違反の疑いがあるとして申立てを行った場合、疑いをかけられた加盟国の合意を得ることなしに、一方的にOPCWが必要な査察を実

施できる制度である。従来、条約違反の疑いを理由に、対象国の同意を得ること
なく国際機構の職員が対象国の国内で調査を実施することは、重大な国家主権の
侵害になりかねないとして、ほとんど認められてはこなかった。そのような観点
から、この OPCW による申立て査察は画期的な制度である。もちろん OPCW
の実施する申立て査察といえども、申立てがあった場合に無条件に実施されるわ
けではなく、執行理事会が4分の3以上の賛成で中止を決定した場合には、申立
ては却下される。しかし、執行理事会が中止の決定をしない場合には、申立て査
察は自動的に実施され、査察の対象となった加盟国が受け入れを拒否することは
認められていない。査察の対象となった国は、査察チームの到着後、108 時間以
内に違反の疑いのある施設の範囲を特定し、査察に必要な範囲でのアクセスを提
供する義務を負っており、査察の実施を妨害するような行為は条約違反となる。

　査察の結果は、技術事務局長を通して執行理事会に報告され、執行理事会にお
いて当該国の条約違反の有無や申立ての濫用の有無を検討し、必要があれば締約
国会議に対して、条約上の権利の停止など、具体的な措置を勧告する。さらに重
大な事態が生じている場合には、執行理事会もしくは締約国会議は、国連総会お
よび安全保障理事会の注意を促すと規定されている。また、申立てが悪用された
と執行理事会で判断された場合には、申し立てた国に対し、申立て査察の実施に
要した費用の負担を求めることも可能な仕組みとなっている。しかし、このよう
な申立て査察の実施に関しては、各加盟国の国内法上の手続き、特に施設への立
ち入りの際の令状主義との整合性などの問題をあらかじめ解消しておく必要があ
り、国際法と国内法との関係について、新たな議論を引き起こす可能性もある。
また、査察対象となった施設を民間企業が所有している場合、万が一、査察の過
程で査察チームを通して企業秘密が漏えいし、損害が発生したような場合でも、
漏えいに責任のある人物に対しては、OPCW が科す懲戒処分以上の刑事、民事
の責任を問うことは難しいという問題も指摘されている。

　OPCW の活動は、比較的順調に進んできており、これまで大きな問題は発生
していない。OPCW は化学兵器の廃棄に対する貢献が評価され、2013 年にはノー
ベル平和賞を授与された。日本に関しては、いわゆる「地下鉄サリン事件」を含
む一連の毒ガステロ事件で、毒ガスを製造したとされるプラントの解体作業の査

察や旧日本軍が中国に遺棄した化学兵器の処理状況の検討などを行っている。また
たシリアの内戦において化学兵器が使用された問題では、国連安保理の決議に基
づき、シリア国内からの化学兵器およびその原材料の搬出や廃棄において
OPCW が中心的な役割を果たし、その活動は国際的に高く評価された。

　このような OPCW の前例にならい、1975 年に発効した生物毒素兵器禁止条約
（BTWC）にも国際的な検証制度を導入しようという提案が、1994 年以降、断続
的に検討されている。しかし、化学兵器の製造に比べて、生物兵器に利用される
微生物は、はるかに小規模かつ簡単な装置で培養が可能なため、査察の対象が膨
大な数になるという問題があり、現在のところ締約国間で具体的な合意が成立す
る見通しはまだ立っていない。

3　国際原子力機関（IAEA）

　国際原子力機関（IAEA）は、1957 年に原子力の平和利用を推進することを目
的として設立された国際機構であり、原子力の平和利用の促進と、民生用の原子
力の軍事目的への転用の防止を主な任務としてきた。設立当初は各国における民
生用原子力の発展のための国際協力の推進や、原子力の軍事転用の防止のために
各国と個別に原子力関連施設の評価、記録と報告の提出、現地査察などを内容と
する保障措置協定を締結し、それを実施するに止まっていた（→第 13 章参照）。
　ところが、1968 年に採択された NPT が、核兵器を保有しない締約国に対し、
民生用の核分裂物質が他の目的に転用されていないことを確認するために、国内
の民生用原子力施設を IAEA が継続的、定期的にチェックする保障措置（フル
スコープ・セーフガード）を義務づけたために、IAEA の責任と活動範囲が一挙
に拡大し、IAEA は核兵器の不拡散に関し中心的な役割を果たす国際機構となっ
た。しかし、IAEA は、本来、軍縮を目的とする国際機構ではなく、また法的に
は NPT の実施機関でもないために、やや変則的な制度となっている。IAEA は
あくまでも NPT の締約国と個別に保障措置協定を結び、それに基づいて個別に
監視を行っているのである。そのうえ NPT には、5 年に 1 度開催される再検討
会議のプロセスを除き、恒常的な協議の場も、常設の組織もないために、IAEA

の保障措置を適用した結果はIAEAの理事会に報告され、そこで検討される仕組みとなっている。したがってそこで検討される内容は、形式的にはIAEAの保障措置協定の履行状況であり、IAEA理事会は、NPT締約国の条約上の義務の履行に関して直接評価したり、責任を負ったりする立場にはない。

　IAEAの保障措置協定に基づく監視は、あらかじめ対象国から申告された施設と物資に対して実施されるものであり、査察も実質的に申告された範囲内でのみ認められている。そのため最初から申告されず、秘匿されている施設や核関連物資を用いての核兵器の開発や生産を防止するには不十分である。実際にIAEAは1991年の湾岸戦争後に発覚したイラクの核兵器開発計画を探知できず、また1993年の北朝鮮の核兵器開発疑惑では、北朝鮮がIAEAの特別査察の要請を拒否したために、状況を解明できなかった。このような問題に対して、IAEAおよびNPTの再検討会議では、IAEAの査察機能の強化が検討され、IAEAの検証・査察における権限と対象範囲を大幅に拡大するモデル追加議定書の作成などの改善策が講じられてきている。すでに日本を含む130を超える国がモデル追加議定書に基づく追加議定書を受諾しており、IAEAの権限は強化されている。しかし、まだ受諾していない国も存在し、IAEAによる核不拡散体制の信頼性についての疑問が完全に解消されたわけではない。

　IAEAは原子力の軍事利用の防止に貢献したことが評価され、2005年にはノーベル平和賞を授与されている。また、2009年に、日本の天野之弥氏が事務局長に就任した（2019年7月現職のまま死去）。

4　CTBT機関

　1996年に国連総会で採択されたCTBTは、例外なくすべての核爆発実験を禁止する条約である。1963年のPTBTでは、地下以外での核爆発実験は容易に判明するとして、特に条約独自の検証制度は設けられなかったが、CTBTは外見からは識別が難しい地下核実験を含めて網羅的に核爆発実験を禁止することを目指している。この条約の信頼性を確保するには、締約国の履行状況を確認するための国際的な検証制度を担当する組織が不可欠であるとされた。そのため、核爆

発を探知するための国際的な監視ネットワークを設置することが交渉当初から前提となっていた。条約の信頼性を確保し、円滑に履行するためには、条約独自の組織が望ましいとの結論で各国が合意した。そして締約国会議、執行理事会、技術事務局を、主要機関とするCTBT機関（CTBTO）が設置され、本部はオーストリアのウィーンに置かれた。締約国会議には条約の全締約国が参加し、執行理事会は51カ国から構成され、技術事務局は国際的な監視ネットワークの運営も担当する。また国際的な監視ネットワークの構築には時間を要することから、条約の発効に備えて、CTBTを批准した国々がCTBTO準備委員会を作り、そのもとに暫定技術事務局を置くことで、検証制度、特に監視ネットワークの運用を先行させることも合意された。

　CTBTOの担当する検証制度は、技術事務局が運営する国際監視ネットワーク（IMS）と、現地査察が中心となり、そこに各国が自発的に提供する各種のデータや情報が付け加えられる形となっている。IMSには、主に地下核実験を探知する地震波の測定、大気中核実験を探知する放射性降下物の測定および微気圧振動の測定、海中核実験を探知する水中音の測定の4つの技術が使われている。これらの測定を実施するために、地球を隈なくカバーするように、世界中に321の探知ステーションを配置することが条約で規定されている。

　すでに計画されている探知ステーションの80％以上が稼働し、収集したデータを試験的に暫定技術事務局に送信している。暫定技術事務局では、国際データセンター（IDC）がデータの収集、処理、記録を行い、定期的に全加盟国に収集したデータについての報告を行うことで条約の発効に技術的な支障をきたさないように準備を進めている。

　さらに技術事務局は、締約国から要求があった場合にはより詳細なデータと、データを分析するために必要な技術的な支援を提供することも規定されている。しかし、技術事務局は、収集されたデータに基づいて、違法な核爆発が実在したかどうかを最終的に判断する権限は与えられておらず、条約違反の有無については、各加盟国が判断する。

　加盟国が技術事務局から提供されたデータや各国が合法的に収集したデータや情報に基づいて、他の加盟国が違法な核爆発を実施した疑いが強いと判断した場

合には、実際に核爆発があったかどうかを確認するために、技術事務局がスタッフを現地に派遣し、必要なデータを現地で収集する現地査察の実施を執行理事会に要請することができる。ちなみに執行理事会に対して現地査察を要請できるのは加盟国のみであり、技術事務局が要請することはできない。現地査察の要請があった場合、執行理事会は 30 カ国以上の賛成で現地査察の実施を決定できる。執行理事会が現地査察の実施を決定した場合、査察対象国は査察の実施を拒否することはできず、CTBTO の派遣した査察団に対し、核爆発の実施が疑われる地域に対して速やかなアクセスを提供することが義務づけられている。現地査察の実施に際し、途中経過と追加的な作業の必要性、および結果は技術事務局長を通して執行理事会に報告され、それに応じて執行理事会で必要な措置が検討される仕組みとなっている。この制度は OPCW の実施する「申立て制度」に類似しているが、OPCW に比べてより厳格な基準が導入されており、核兵器をめぐる各国の安全保障上の微妙な問題に配慮した形となっている。

IMS は、2011 年 3 月 11 日の東日本大震災の際に、地震、津波の発生および福島第一原子力発電所の事故の情報を詳細に収集し、1 カ月の間に約千回におよぶ地震波の発生、津波の音響、福島第一原発の爆発音および飛散した放射性物質の観測データを処理し、それらがいずれも核爆発に起因する可能性が無いことを明らかにした。この事例は、IMS および IDC の能力を証明すると同時に、CTBT の検証制度が核実験の監視だけでなく、他分野に広く応用できる可能性を示すものである。

しかし、現在のところ CTBT の発効に必要な国々の批准が遅れているために、発効の見通しが立っていない。そのため、条約自体は未発効のまま、その検証制度だけが実施されているという不自然な状態が続いている。このような状態が続けば、CTBTO の将来が不透明であるばかりでなく、1990 年代前半の技術水準を基に設計された IMS を更新するための条文の改正も困難であり、CTBT への信頼が低下する結果にもつながりかねないと懸念されている。

第4節　地域的メカニズム

1　非核兵器地帯と地域的機構

　非核兵器地帯とは、一定の地域内で、核兵器の開発、配備、保有、使用、実験などを禁止し、核兵器の無い地域を国際法上設けることである。このなかには、宇宙条約、月協定、南極条約、海底核兵器禁止条約のように国際的な公共の領域を対象とするものと、特定の地域や国家を対象とするものがある。特定の地域や国を対象とするものとしては、ラテン・アメリカ及びカリブ海非核兵器地帯条約（トラテロルコ条約）、南太平洋非核地帯条約（ラロトンガ条約）、アフリカ非核地帯条約（ペリンダバ条約）、東南アジア非核兵器地帯条約（バンコク条約）および中央アジア非核地帯条約（セメイ条約）があるが、非核兵器地帯そのものは

表 3-2　地域的な非核兵器地帯条約一覧

名　称	対　象	主な交渉の場	組織
ラテン・アメリカ及びカリブ海核兵器禁止条約（1967）	核兵器		ラテン・アメリカ及びカリブ海核兵器禁止機構（OPANAL）
南太平洋非核地帯条約（1986）	核兵器、平和目的核爆発、投棄、廃棄	南太平洋フォーラム	（南太平洋フォーラム、南太平洋経済協力ビューロー）*
アフリカ非核兵器地帯条約（1995）	核兵器、平和目的核爆発、投棄、廃棄、廃棄物の持込、核関連施設への攻撃	アフリカ統一機構（OAU、現在はアフリカ連合 AU）UNIDIR**	アフリカ原子力委員会
東南アジア非核兵器地帯条約（1997）	核兵器、平和目的核爆発、投棄、廃棄	ASEAN　ASEAN-ARF	東南アジア非核兵器地帯委員会
中央アジア非核兵器地帯条約（2009）	核兵器、平和目的核爆発、投棄、廃棄、汚染地域の修復	UNRCPD**	

*非核兵器地帯固有の組織ではない。
**交渉に際し支援を提供した組織。

領域を指す概念であり、国際機構ではない。

　しかし、非核兵器地帯を創設する過程では、ラロトンガ条約では南太平洋フォーラム、ペリンダバ条約ではアフリカ統一機構（OAU、現在のアフリカ連合 AU）、バンコク条約では東南アジア諸国連合（ASEAN、アセアン）およびアセアン地域フォーラム（ARF）が交渉の場となった。また、ペリンダバ条約の作成では UNIDIR、セメイ条約の作成においては UNODA のもとに設置されている国連アジア太平洋平和軍縮センター（UNRCPD）が重要な役割を果たした。さらにこれらの非核兵器地帯のなかで、トラテロルコ条約は、総会、理事会、事務局からなるラテン・アメリカ及びカリブ海核兵器禁止機構（OPANAL）、ペリンダバ条約はアフリカ原子力委員会、バンコク条約は東南アジア非核兵器地帯委員会を設けている。これらの組織は独自に検証制度などを備えてはおらず、主に加盟国間での情報共有や協議を支援する役割を果たしている。加えて、ブラジルとアルゼンチンの間では、1991 年にブラジル＝アルゼンチン共通核物質計量管理機関（ABACC）という二国間の組織が設置され、相互に査察官を派遣することで、独自の検証を実施している。単独の国家の例としては、モンゴルが自国を非核地帯と宣言し、1998 年に国連総会がこれを尊重する旨の決議を採択し、その後、米英仏露中の 5 核兵器国が、モンゴルを非核兵器地帯として尊重する共同宣言に合意する形で国家単位での非核兵器地帯を成立させた。

　また、通常兵器の分野でも、ヨーロッパでは欧州安全保障協力機構（OSCE）が特に冷戦後、積極的に通常兵器の国際的な規制に取り組んでおり、一定の成果を上げている。これらの地域的な武器・兵の国際的な規制の取組みは、地域的な平和と安全の維持に貢献するだけでなく、世界的な軍縮を補完するものとしても注目されている。しかし、北朝鮮の核兵器開発の中止を支援するために 1995 年に設立された朝鮮半島エネルギー開発機構（KEDO）は、アメリカ政府の方針の変更と北朝鮮による核兵器開発の再開により活動停止に追い込まれ、結局 2005 年に解散した。このことは、地域的な緊張と不信が国際的な武器・兵器の管理に大きな障害となる可能性を示すものである。

2　輸出規制

　冷戦時代には、西側の先進工業諸国から東側の共産圏へ、軍事目的に利用される可能性のある技術や物資の輸出を規制するために、対共産圏輸出統制委員会（COCOM、ココム）や対中国貿易統制委員会（CHINCOM）のような輸出規制協定が西側諸国の間で結ばれていた。これらの輸出規制は国際的なものではあったが、国際機構と呼べるほどの組織をもたず、規制の運用にも曖昧な部分があり、強い影響力をもつ国が恣意的に適用しているとの批判もあった。冷戦の終結により、これらの輸出規制は実質的に無意味となり廃止されたが、現在では、新しい国際的な輸出規制が設けられている。

　新しい輸出規制の主な目的は、大量破壊兵器とその運搬手段、およびハイテク兵器が多くの国々へ拡散するのを防ぐことである。その意味で、冷戦時代の輸出規制がイデオロギー対立を反映していたのに対し、現在の輸出規制は先進工業諸国と開発途上諸国との間の軍事関連技術のギャップを反映したものだということができる。具体的には、核兵器の開発に関する技術や資材の拡散を防止する原子力供給国グループ（NSG）、化学兵器、生物兵器関連技術や資材の輸出を規制するオーストラリア・グループ、弾頭ミサイルとその関連技術、資材の拡散を防止するミサイル関連技術輸出規制（MTCR）、通常兵器と軍事転用可能な汎用技術の輸出を規制し、ハイテク兵器の拡散を防止するワッセナー・アレンジメントのようなものがある。これらの輸出規制の多くは、厳格な監視制度があるわけではなく、基本的には各国が協定に基づいて輸出を規制する形式になっている。そのため協定の内容や運用には曖昧な部分もあり、履行や違反の認定、制裁などが恣意的であるとの批判もある。また、先進工業諸国主導で成立、運用されているために、開発途上諸国側からはしばしば開発に必要な技術や資材の移転を阻害しているとして反発を受けている。特に NPT や CWC に加盟し、IAEA や OPCW の検証を受け入れている国々に対して、さらに輸出規制を適用することの妥当性には疑問の点も多い。今後はこれらの輸出規制の信頼性と実効性を高めるために、より普遍性と中立性、透明性をもった制度を検討することが望ましいであろう

70

（→第10章参照）。

おわりに

　軍備を制限し、縮小することは、国家の安全保障と密接に関連することから、長い間国際機構のような第三者が介入することを各国が警戒し、当事国同士が直接交渉し、相互に監視することによって進めようとする傾向が強かった。しかし、冷戦構造の崩壊と大量破壊兵器の拡散の可能性が現実のものとなったことにより、国際機構が軍備の国際的な管理においてより重要な役割を期待されるようになった。そして、国際機構の派遣する査察員が一方的に対象国に立ち入り、必要な場所へのアクセスを求めるなど、従来ではあまり考えられなかった国際機構に大きな権限と行動の自由を認めるような形式での検証作業も一部の国際機構では実現した。さらに、従来は各国の政府が独占してきた武器・兵器の国際的な規制に関し、NGOが主導的な役割を果たすなど、新しい原動力も生まれている。

　その反面、従来は軍事的な大国が主導権を握ってきた軍縮交渉においても意見が多様化し、交渉が複雑、困難になってきた側面も否定できない。地域的な紛争が頻発し、それらが国際社会に再び緊張をもたらしかねないような状況のなかで、再び軍縮が停滞する可能性を危惧する声も少なくない。また、国際的な武器・兵器の規制における国際機構の貢献が、冷戦終結当初に期待されたほどではなかったという失望感を抱く国が増えたことや、地域的な紛争や緊張がむしろ冷戦後に増加する傾向を見せたことも、伝統的な軍事力を背景とした抑止戦略に基づく当事国間での直接交渉への回帰を促している側面もある。

　総じて、冷戦の終了後、国際情勢が大きく変化するなかで、武器・兵器の国際的な規制をめぐる動きも変化しており、そのなかで国際機構が果たす役割も変化を続けており、今後の推移を注意深く見守っていく必要があるだろう。

〔参考文献〕

秋山信将『核不拡散をめぐる国際政治』有信堂高文社、2012年

秋山信将編著『NPT　核のグローバル・ガバナンス』岩波書店、2015年

浅田正彦『兵器の拡散防止と輸出管理』有信堂高文社、2004 年

阿部達也『大量破壊兵器と国際法』東信堂、2011 年

梅林宏道『非核兵器地帯』岩波書店、2011 年

黒澤満編著『大量破壊兵器の軍縮論』信山社、2004 年

黒澤満『核軍縮入門』信山社、2011 年

黒澤満編著『軍縮問題入門　第 4 版』東信堂、2012 年

ジョセフ・ゴールドブラット（浅田正彦訳）『軍縮条約ハンドブック』日本評論社、1999
　　年

福井康人『軍縮国際法の強化』信山社、2015 年

藤田久一・浅田正彦『軍縮条約・資料集　第 2 版』有信堂高文社、1997 年

山本武彦・庄司真理子編『軍縮・軍備管理』志學社、2017 年

日本軍縮学会編『軍縮辞典』信山社、2015 年

日本平和学会編『国際機構と平和』早稲田大学出版部、2008 年

広島平和研究所編『平和と安全保障を考える事典』法律文化社、2016 年

第4章　人権の国際的保障

はじめに

　2014年、人種差別撤廃委員会は、日本に対し、人種差別を包括的に禁止する法を策定するように勧告した。また、2016年、女性差別撤廃委員会は、女性の婚姻年齢を男性と同じ18歳に引き上げることや、夫婦別姓を認めて女性が結婚前の姓を使うこともできるようにすることなどを内容とする民法改正を改めて日本に勧告した。さらに、2018年には、国連人権理事会が、日本に対し、死刑の廃止、個人通報制度への参加などを含む217項目もの勧告を行っている。なぜ、このように日本をはじめ各国は、人権問題に関して国際的な委員会や国連から指摘されるのだろうか。

　かつて人権問題は、各国の憲法上または国内法上の問題としてとらえられ、伝統的国際法は、少数民族の権利の保護、奴隷売買制度の廃止、外国人の保護、戦時における人道的な配慮などを国家に義務づけることによって、間接的に個人の権利を規律するだけであった。しかし、第一次世界大戦後の国際連盟と国際労働機関（ILO）の設立によって、労働者の権利などの限られた分野ではあるが、人権の組織的保障制度が成立し、国際法が直接的に個人の権利を保障するということが行われるようになった。そして、第二次世界大戦後に国連が設立されてからは、人権の国際的保障が包括的に行われるようになった。この変化は、「人権問題の国際化」といわれている。

　では、なぜ国連などの国際機構が人権問題を扱うのだろうか。その理由として以下の3点があげられる。

　第1に、人権という概念は本来普遍的なものであり、世界中のどの国においても人権が保障されなければならないと考えられるからである。つまり、普遍的な人権基準が設定され、その人権基準がすべての国によって遵守される必要があり、そのためには、国際機構による国際人権基準の設定および遵守の監視が必要

となるからである。

　第2に、ナチス・ドイツによるユダヤ人迫害や、南アフリカ共和国でかつて存在したアパルトヘイト政策のように、従来、各国政府がその政策によって大規模に人権侵害を行ってきた事実に鑑みて、各国政府に人権侵害をやめさせ、人権を保障させるためには、各国の政策を監視する国際的な制度が必要となるからである。

　第3に、二度にわたる世界大戦の経験は、人権が国内的かつ国際的に尊重されなければ、国際平和と人類の進歩がもたらされないことをはっきりと示したからである。

　国連憲章は、第1条3項において「人種、性、言語又は宗教による差別なくすべての者のために人権及び基本的自由を尊重するように助長奨励することについて、国際協力を達成する」ことを国連の目的の一つとして掲げている。また、同第55条c項において「人種、性、言語又は宗教による差別のないすべての者のための人権及び基本的自由の普遍的な尊重及び遵守」を経済社会理事会の任務と規定している。

　本章では「人権」の国際的保障のための国際機構の活動について論じる。「人権」と「人道」という用語はしばしば混同されやすいので、ここで「人権」問題と「人道」問題の区別について整理しておく。

　「人権」問題とは、通常の状態（武力紛争のない平和時の状態）における個人の権利の保護・促進に関する問題であり、「国際人権法」が適用される問題である。庇護国内での「難民の法的保護」という問題も、庇護国の国内法上、難民に一定の人権を保障することであり、人権問題に含まれる。

　「人道」問題は、広義では、武力紛争時における戦闘員・非戦闘員の人権の保護に関する「国際人道法」に関連する問題をも含む。しかし一般的には、「人道」問題とは、武力紛争時や自然災害時などの緊急事態において、命の危険にさらされている人々の生命および尊厳は守られなければならないという考え（人道の原則）に基づいて、彼らを救援する人道支援に関する問題であると考えられている。武力紛争や自然災害から逃れてきた難民や被災民に対して、身体の保護および物的な援助を与える人道支援は、すべての人の生命および尊厳を尊重するとい

う観点から、誰に対しても中立、公平に行われることを原則としている。

　以上の区別を行ったうえで、以下では、人権問題に関する国際機構の活動について論じていく。

国際人道法

　国際人道法とは、武力紛争時に適用される法であり、人道の原則に基づいて戦闘行為の方法や用いる武器を規制し、武力紛争の犠牲者の保護を目的とする規則である。具体的には、武力紛争の犠牲者（傷病者、海上傷病難船者、捕虜、文民）の保護に関するジュネーブ 4 条約（第 1 から第 4）およびその 2 つの追加議定書（これらはジュネーブ法と総称される）と、害敵手段を規制する陸戦の法規慣例に関する条約や化学兵器禁止条約、生物毒素兵器禁止条約、対人地雷禁止条約などの一連の条約（これらはハーグ法と総称される）から成る。

第 1 節　国際機構と人権保障

　人権保障の分野においては、国際人権基準の定立（スタンダード・セッティング）、実施（国内実施の監視）、適用（被害者救済および人権侵害の責任者の処罰）の各側面において、国際機構が重要な役割を担っている。特に、かつては国内問題とみなされていた各国内の人権問題を、国連などの国際機構の場において議論することを通して、国際的関心事項へと引き上げたことは、国際法が扱う問題の領域を広げたという意味において、非常に重要である。

1　国際人権基準の設定

（1）　人権条約の起草、採択、批准の促進

　人権の分野における国際機構の活動としてもっとも良く知られているのは、人権に関する国際条約の起草、採択活動である。

　この活動は、従来の国家間の条約締結手続きに国際機構が関与することであり、具体的には、国際機構内の一機関で条約草案を起草したり、条約採択を行ったり、または、条約採択のための国際会議を開催したりすることである。

　このようにして採択された条約には、国連総会が採択した「経済的、社会的及び文化的権利に関する国際規約（社会権規約）」、「市民的及び政治的権利に関する国際規約（自由権規約）」、「集団殺害罪の防止及び処罰に関する条約（ジェノサイド条約）」、ILO総会が採択した「結社の自由及び団結権の保護に関する条約（第87号条約）」などや、国連が開催した難民及び無国籍者の地位に関する国際会議において採択された「難民の地位に関する条約」などがある。ほとんどの人権条約は、何らかの形で国際機構が関与して採択されていると考えてよいであろう。

　人権条約は、条約であるから、発効すれば法的拘束力をもち、その条約を批准した国は条約上の義務を負う。条約を批准するか否かは、本来国家が自由に決められるものであり、批准しない国は何の義務も負わない。

　しかしここで注目すべき点は、ILOでは、その憲章に基づいて、各ILO条約の未批准国に対しても、当該条約を批准しない理由や、当該条約がどの程度実施されているのか、いないのかに関して、報告することを義務づけている点である。国連でも、毎年、各人権条約の批准状況を発表し、未批准国に対し速やかに批准するよう圧力をかけている。このように、国際機構のなかには、条約の起草、採択のみならず、未批准国に対して批准をするように圧力をかけるための手続きを整え、批准の促進を行っているものもある。

（2）　条約以外の国際人権基準（宣言、指導原則、勧告など）の設定

　人権の分野における国際機構の活動のなかでも特徴的なものとして、法的拘束力はもたないが、各国が遵守すべき国際人権基準を国際的に設定する活動がある。

　これは一般に基準設定活動（スタンダード・セッティング）と呼ばれる。この種の国際人権基準には、国連総会決議として採択された「世界人権宣言」、人民の自決権に言及した「植民地諸国、諸人民に対する独立付与に関する宣言（植民地独立付与宣言）」、「あらゆる形態の人種差別撤廃宣言」、「拷問及びその他の残虐な、非人道的もしくは品位を傷つける取り扱いもしくは刑罰を受けているすべてのものの保護に関する宣言」、「発展の権利に関する宣言」などがある。

　また最近では、グローバル化によって国境を越える経済活動が拡大してきたことにより、人権の保障を企業にも求める気運が高まり、「人権と多国籍企業及びその他の企業の問題に関する国連事務総長特別代表」が任命された。同特別代表の最終報告書「ビジネスと人権に関する指導原則」は、2011 年に国連人権理事会で承認され、この指導原則に基づき、国家は人権を保護する義務を、企業は人権を尊重する責任を果たすよう求められている。

　これらの宣言や指導原則は、条約ではないので、採択されたからといってすぐに加盟国に対して法的拘束力を及ぼすものではない。しかし、これらの国際人権基準は、加盟国によって遵守されることが期待されているものと考えられている。したがって、国連は、後述の監視（モニタリング）活動によって各国の人権状況を監視し、加盟国がこれらの国際人権基準を遵守しない場合には、非難決議を採択したりしており、その結果として、加盟国は、国際人権基準を守るように強いられていくことになる。

　ILO でも、国際労働基準に関する 200 を超える法的拘束力のない勧告が採択されているが、加盟国は勧告についても国内での実施状況を報告しなければならず、勧告であってもその遵守を監視する制度がとられている。

　さらに、世界人権宣言が社会権規約と自由権規約からなる 2 つの国際人権規約に発展したことは良く知られている。子どもの権利宣言が子どもの権利条約に発展し、女性差別撤廃宣言が女性差別撤廃条約に引き継がれたように、宣言のなかには後に条約として採択され、規範が法的拘束力を生じたものもある。したがって、国際人権基準は、それ自体では加盟国を法的に拘束するものではないが、加盟国が守るべき基準として尊重され、また、後に法として存在するようになる前段階の規範としてとらえられ、決してその存在を無視しえるものではない。

2　国際人権基準の国内実施の監視（モニタリング）

　ひとたび国際人権基準が設定されると、次の課題は、その国際人権基準を各国内において確実に実施させることである。そのために国連では、経済社会理事会のもとの人権委員会を改組する形で 2006 年に新設した、総会のもとの人権理事

会が、普遍的定期的審査（UPR）を行い、法的拘束力のない国際人権基準をも含めて、各国が国内で実施するように圧力をかけている。また、各人権条約でも委員会を設置し、さまざまな方法を用いて人権条約の国内実施を国際的に監視（モニタリング）している。このように、人権条約を含む国際人権基準のモニタリングは、国連事務局内の国連人権高等弁務官事務所（OHCHR）が中心となって、国連機関と人権条約機関とが並行して行っている。

国連と人権条約機関

　各人権条約の国内実施を監視するために設置された委員会は、当該人権条約の該当条文に基づいて設置された条約機関（a treaty body）であり、国際機構ではない。

　しかし、表4-1からも分かるように、各委員会はいずれも、その報告書を国連に提出している。また、各委員会は国連の会議場で開催され、国連事務局内の国連人権高等弁務官事務所（OHCHR）の職員が委員会の設営、資料作成などの技術的支援を行っている。したがって、条約機関であるとはいえ、各委員会は、国連と密接な協力関係のもとに活動を行っている。

　なお、社会権規約は委員会設置のための根拠規定を有してはいない。そこで国連は、社会権規約の締約国が提出した報告書を審査するために、経済社会理事会決議1985/17によって、経済社会理事会の下部機関として社会権規約委員会を設置した。したがって、社会権規約委員会は、条約機関ではなく、国連の内部機関と位置づけられる。

（1）　報告制度

　国連の人権理事会では、すべての加盟国に、定期的に、国内における国際人権基準の実施状況を報告させ、審査を行っている。これはUPRと称される。各人権条約も、締約国に対し、国内での当該人権条約の国内実施状況に関する報告書を定期的に委員会に提出することを義務づけている。委員会は、提出された報告書を検討し、締約国政府に対して質疑を行い、「最終見解」（concluding observations）によって問題点などを指摘する。

　このような審査の過程は、国際人権基準の国内非実施を批判することを目的としているのではなく、当該国との対話を通し、国内実施を妨げている要因は何か、それを乗り越える方法は何かを明らかにすることにより、国内実施を促進させる「建設的な対話」となっている。

表 4-1　主要人権条約機関とその活動

条約名 （略称）	条約機関	条約機関 の構成	報告制度	国家通 報制度	個人通報制度	委員会報告 書の提出先
自由権 規約	規約人権委員会 （第 28 条）	18 名 （第 28 条）	第 40 条	第 41 条 （注 1）	第一選択議定 書第 1 条（注 2）	国連総会 （第 45 条）
社会権 規約	社会権規約委員会 （国連経済社会理 事会決議 1985/17）	18 名 （同左）	第 16 条	×	選択議定書第 2 条（注 2）	国連経済社 会理事会
人種差 別撤廃 条約	人種差別撤廃委員 会（第 8 条）	18 名 （第 8 条）	第 9 条	第 11 条	第 14 条（注 3）	国連総会 （第 9 条）
女子差 別撤廃 条約	女子差別撤廃委員 会（第 17 条）	23 名 （第 17 条）	第 18 条	×	選択議定書第 1 条（注 2）	国連総会 （第 21 条）
拷問禁 止条約	拷問禁止委員会 （第 17 条）	10 名 （第 17 条）	第 19 条	第 21 条 （注 1）	第 22 条（注 3）	国連総会 （第 24 条）
児童の 権利条 約	児童の権利委員会 （第 43 条）	18 名 （第 43 条）	第 44 条	×	個人通報手続 きに関する選 択議定書第 5 条（注 2）	国連総会 （第 44 条）
強制失 踪条約	強制失踪委員会 （第 26 条）	10 名 （第 26 条）	第 29 条	×	第 31 条（注 3）	国連総会 （第 36 条）
障害者 権利条 約	障害者権利委員会 （第 34 条）	12 名 （第 34 条）	第 35 条	×	×	国連総会 （第 39 条）

備考：条項は、各項目を規定している当該条約の条項を示す。
（注 1）国家通報の受諾宣言を行っている国についてのみ。
（注 2）当該選択議定書の締約国についてのみ。
（注 3）個人通報の受諾宣言を行っている国についてのみ。

　また、委員会によっては、人権条約の各条文について、「一般的意見」（general comments）と呼ばれる条文解釈を作成しているが、この一般的意見は、締約国が報告書を作成する際の指針となるとともに、この条文解釈自身が国際人権基準の重要な一部となっている。

（2）　通報制度

①　国家通報制度

　自由権規約、人種差別撤廃条約、拷問禁止条約、ILO 条約などでは、当該条約の国内実施を促進するために、ある締約国が、他の締約国の人権侵害を委員会に通報することを認める国家通報制度を採用している。

　ただし、委員会が国家通報を受理し、審査できるのは、通常、国家通報制度を認めている締約国からの通報に限られている。つまり、自国の人権侵害について、他国から国家通報されても良いと宣言している国からの国家通報しか受理されない。

　また、この国家通報制度はこれまで用いられたことがなく、事実上、有名無実化している。このことは、国家が相互に人権条約の国内実施を監視し合うことは、政治的に非常に困難である事実を示しているといえるだろう。

②　個人通報制度と不服申立手続

　自由権規約、人種差別撤廃条約、女性差別撤廃条約、拷問禁止条約などでは、人権を侵害された個人または集団が、条約違反の通報を直接委員会に送付することが認められている。この手続きは、「個人通報制度」と呼ばれている。

　個人通報についても、委員会が個人通報を受理し審査できるのは、通常、個人通報制度に関する受諾宣言を行うか、選択議定書を批准するなどして、当該締約国が事前に個人通報制度を認めている場合である。また、個人通報が受理されるためには、当該人権侵害に関して、利用しうるすべての国内的救済措置を尽くすことが条件となっている。

　個人通報が受理されると、当該委員会は、人権侵害の状況を審査し、当該締約国の注意を喚起したり、委員会の意見を当該締約国に送付したりして、個人の人権侵害が救済されるように促していく。

　また国連でも、人権理事会が、世界中から寄せられた人権侵害に関する通報を受理し、審査している。人権条約に基づく通報は、個人通報制度に関する受諾宣言を行った国の管轄下にある個人しか通報できないが、人権理事会のもとの「不服申立手続」にはそのような制約はない。

　国連に寄せられた通報は、人権理事会のもとの人権理事会諮問委員会の「通報

に関する作業部会」によって受理可能性が判断される。通報された人権侵害がは
なはだしい人権侵害とみなされなければ、たとえ国内的救済を尽くしていても、
当該通報が取り上げられることはない。

　通報が受理された場合には、同じく人権理事会諮問委員会の「事態についての
作業部会」により通報に関する審査が行われる。その間に、関係国に情報提供を
求めたり、独立の専門家を任命して事態を調査したり、公開の審議を行ったりし
て事態に対処している。

（3）　人権侵害国に対する非難決議採択および制裁措置の実施

　はなはだしい人権侵害が行われている場合、人権関連機関は単に人権侵害状況
を審査するだけでなく、非難決議を採択し人権状況の改善を求める場合がある。
たとえば、国連人権理事会は、2013 年以来、7 年連続で北朝鮮での人権侵害を非
難し、人権状況の改善を求める決議を採択している。同様に、2016 年 10 月には
人権理事会の特別会合において、シリアのアサド政権が反体制派を無差別に攻撃
しているとして、同政権および同政権を支援するロシアを非難する決議を採択し
ている。

　また、人権関連機関だけでなく国連総会や国連安全保障理事会も、人権侵害に
対する非難決議を採択し、人権状況の改善を求める場合がある。

　たとえば、かつて南アフリカにおいて採用されていたアパルトヘイト政策に関
して、国連総会は、1950 年代から、アパルトヘイト政策を放棄するよう南アフ
リカを繰り返し非難してきた。さらに、国連安全保障理事会も同政府を非難して
きたが、1977 年には、同政府によるアパルトヘイト政策は国際の平和と安全に
対する危機をはらんでいるとし、同政府に対する武器禁輸措置を発動した。これ
は、安全保障理事会が加盟国に対して強制措置をとった最初の事例であった。こ
れらの非難決議および制裁措置の実施により、1990 年代にはアパルトヘイト政
策が廃止された。アパルトヘイト政策に対するこのような国連総会および安全保
障理事会の活動は、人権の分野における国連の成功例の一つと理解されている。

　同様に安全保障理事会は、ルワンダにおける大量虐殺についても、地域の平和
と安全に対する脅威を構成すると認定し、ルワンダに対する武器禁輸措置を決定

し、人道目的を達成するために必要なあらゆる手段を用いる権限を多国籍軍に与えている。さらに、セルビア人によるコソボのアルバニア系住民の民族浄化政策についても、地域の平和と安全に対する脅威を構成すると認定し、セルビアとモンテネグロによって構成されたユーゴスラビア連邦共和国に対する武器禁輸措置を決定している。このように安全保障理事会でも、第一義的任務である国際の平和および安全の維持に付随して、特定の人権問題が国連憲章第7章に規定される「国際の平和及び安全の維持を危うくする虞のあるもの」として認定された場合には、人権問題を扱うことが可能である。

（4） 国内実施促進のための技術援助

　国連事務局の一部である国連人権高等弁務官事務所（OHCHR）は、国連人権理事会および各人権条約機関の事務局としての機能を果たすだけでなく、国連システムのあらゆる活動に人権の視点を取り入れ、人権を主流化するための技術援助活動も行っている。

　具体的には、国連加盟国に人権の専門家を派遣し、司法制度・法制度改革、人権条約の批准、人権教育などの分野における加盟国政府の能力構築のための技術援助を行っている。加盟国の人権状況を監視するだけでなく、報告書の作成を支援すること、人権政策に関する助言を与えること、人権に関するセミナーやワークショップなどを開催し人権について啓発すること、などを通して、各国が人権の保護・促進を行うように促している。

　また、国際人権基準の国内実施促進のための技術援助は、国連開発計画（UNDP）などの開発援助機関によっても行われている。たとえば、国連の活動における人権の主流化の流れのなかで、開発援助活動においても、単に貧困を撲滅するための資金的、物的な援助を与えるだけでなく、貧困をもたらす社会構造のなかの人権問題に取り組む「人権基盤アプローチ」が取られてきた。また、開発成果の評価基準としても人権やジェンダーの視点を取り入れる「人間開発」という考え方を UNDP が採用したことにより、現在では、国際的な開発目標である「持続可能な開発目標（SDGs）」のなかでも、ジェンダー平等の達成、すべての女性と女児のエンパワーメント、不平等の是正などの人権指標が取り入れら

れ、国際人権基準の国内実施が図られている（→第８章参照）。

（5）　武力紛争後の平和構築活動

　冷戦後に内戦が頻発したことに伴い、人権がはなはだしく侵害される事例も増大している。また、国内で人権が保障されず、差別や不平等が存在するところから武力紛争が勃発する場合もある。このように、武力紛争と人権侵害は密接に関連している。

　そこで、紛争の根本原因を除去し武力紛争を未然に予防するために、あるいは、武力紛争後に永続的な平和を構築するために、当該国内で人権を保障することが重要な課題となっている。

　武力紛争後の平和構築活動においては、かつてはカンボジア、コソボ、東ティモールなどに派遣された国連の暫定統治機構が、また最近では、コンゴ民主共和国、マリ、南スーダンに派遣された国連平和ミッションが、人権状況の監視、人権を保護・促進する法律・政策・制度の構築、警察官に対する人権教育など、国際人権基準の国内実施を促進する活動も行っている（→第２章参照）。

　今後も、武力紛争により荒廃した国における平和構築活動が国際機構の重要な役割になると思われるが、その活動のなかでも、人権部門の活動は中核的な活動となるであろう。

（6）　調査・研究・啓発活動

　人権理事会は、人権問題に関する公開審査の手続きである「特別手続」の「国別手続」のもとで北朝鮮、シリア、スーダンなどの国別の人権状況の調査を行い、この調査に基づいて、前述の非難決議を採択している。また、「テーマ別手続」のもとで、恣意的拘禁、強制失踪、児童売買・児童買春、表現の自由、人種差別などのテーマ別の研究を、特別報告者を任命したり、作業部会を設置したりして行っている。このテーマ別手続に基づく「表現の自由」に関する国連の特別報告者により、日本は 2016 年に、メディアの独立性保護や国民の知る権利促進のための対策を講じるように求められた。

　その他にも国連は、特定の人権テーマに関する国際会議を開催したり、「国際

人種差別撤廃デー（3月21日）」、「人権デー（12月10日）」などの国際デー、「国際婦人年（1975年）」、「世界の先住民の国際年（1993年）」などの国際年、「国連人権教育の10年（1995〜2004年）」、「アフリカ系の人々のための国際の10年（2015〜2024年）」などの「国際の10年」などを設定したりして、人権に関する調査・研究・啓発活動も行っている。

3　国際人権法の適用（被害者救済および人権侵害の責任者の処罰）

国際人権基準が国内で実施されず人権侵害が行われた場合には、被害者の救済および責任者の処罰が適切に行われなければ、国際人権基準は真の実効性をもち得ない。そこで、国際機構のなかには、被害者の救済に取り組んでいるものもあり、また、責任者の処罰に取り組んでいるものもある。

集団殺害や人道に対する犯罪などのはなはだしい人権侵害を行った責任者個人の訴追と処罰を行うために、1998年に国際刑事裁判所（ICC）が設立された（→第7章参照）。

また、国際司法裁判所（ICJ）は、国家間の紛争を解決する司法機関であるが、東ティモール人民の自決権を承認した1995年の「東ティモール事件判決」や、武力紛争時であっても自由権規約の適用が一般的に停止しないことを明らかにした2004年の「パレスチナ占領地域における壁建設の法的効果に関する勧告的意見」のように、ICJ の判断のなかで人権問題について判断を下す場合もある。

（1）　地域的機構による地域的人権条約の適用

欧州では、欧州審議会（CoE）が中心となって欧州人権条約および欧州社会憲章を採択し、欧州における人権保障制度を構築してきた。欧州には、個人の出訴権を認める欧州人権裁判所および EU 司法裁判所があり、欧州における人権保障のための司法制度は堅固に確立している。

米州では、米州機構（OAS）が米州人権条約を採択し、米州人権委員会、個人の出訴権を認める米州人権裁判を有している。米州においても、人権保障のための司法制度が確立している。

　アフリカ地域においても、アフリカ連合（AU）が、前身のアフリカ統一機構（OAU）当時に、人と人民の権利に関するアフリカ条約（バンジュール憲章）を採択し、アフリカ人権委員会、個人の出訴権を認めるアフリカ人権裁判所を有している。

　これらの地域的人権裁判所は、判決の履行確保という問題があるものの、国際的な裁判所への個人の出訴権を認めたことにより国際法の発展に寄与したといえるだろう。

　なお、アジア地域においては、東南アジア地域において、東南アジア諸国連合（ASEAN、アセアン）が、2004 年にアセアン政府間人権委員会を設置し、2012年にはアセアン人権宣言を採択した。しかし、まだ人権裁判所は有しておらず、人権侵害の被害者の救済および責任者の処罰といった活動は行ってはいない。

（2）　安全保障理事会決議に基づく人権侵害の責任者の処罰

　安全保障理事会は、加盟国によるはなはだしい人権侵害を「平和に対する脅威」または「平和の破壊」（国連憲章第 39 条）と認定した場合、当該国に対して制裁措置を発動するだけでなく、人権侵害の責任者個人の処罰も行ってきた。たとえば、旧ユーゴスラビアおよびルワンダにおけるはなはだしい人権侵害に対し、安全保障理事会決議に基づいて、旧ユーゴスラビア国際刑事裁判所（ICTY）およびルワンダ国際刑事裁判所（ICTR）を設置し、責任者個人の処罰を行っている（→第 7 章参照）。

4　国際機構による人権侵害への対応

　国際機構は人権を保障するばかりとは限らず、国際機構の活動が人権侵害につながる可能性もある。

　たとえば、1990 年代にはバルカン半島諸国や東ティモールなどに、2000 年代にはコンゴ民主共和国や南スーダンなどに派遣された、国連平和維持活動（PKO）隊員らによる性的搾取・虐待の事例が報告されている。これらの被害申告は、2007 年から 2014 年の 8 年間で 600 件以上に上っている。このような問題

に対し国連では、PKO 要員による性的搾取・虐待を一件たりとも許容しないという「ゼロ・トレランス政策（不寛容政策）」を明確に示し、加害者を本国に送還し、今後のミッションへの参加を禁止するなどの処分を行っている。また、性的搾取・虐待嫌疑の報告義務化、被害申立てメカニズムの整備、PKO 要員の研修の義務化、情報公開などを行って PKO 要員の意識向上と性的搾取・虐待の予防に努めている。

　また、安全保障理事会は、スマート・サンクション政策に基づいた経済制裁を実施する際に、特定の個人や企業を対象に資産凍結などの措置を講じてきたが、それらの措置が個人や団体の財産権などの侵害にあたると認定された事例も生じた。そのため、安全保障理事会は、制裁リストに掲載された個人や団体がリストからの削除を求めることができるフォーカル・ポイントを設け、さらに、対アル・カーイダ制裁に関しては、オンブズパーソン制度を設置し、制裁リストからの削除を要請する仕組みを作ることにより、人権侵害に対処している。

　このように、国際機構による人権侵害に対しても、国際機構自身が適切に対応することが求められている。

第 2 節　国際機構による難民の法的保護

1　国際機構と難民保護

　難民とは、難民条約および議定書により「人種、宗教、国籍若しくは特定の社会的集団の構成員であること又は政治的意見を理由に迫害を受けるおそれがあるという十分に理由のある恐怖を有するために、国籍国の外にいる者であって、その国籍国の保護を受けることができないもの」と定義されている。国籍国の保護を受けられないからこそ、国籍国に代わって国際社会が難民に対する保護を与えるのであり、ここに国際機構が難民に対する援助を行う理由がある。

　難民に国際的な保護を与え、難民問題の恒久的な解決を図るための活動は、主に、国連総会の下部機関である国連難民高等弁務官事務所（UNHCR）が、国際

移住機関（IOM）と協力して行っている。パレスチナ難民については、同じく国連総会の下部機関である国連パレスチナ難民救済事業機関（UNRWA）が援助活動を行っている。

UNHCR は、難民が流出した際に、人道の原則に基づいて難民の生命や尊厳が尊重されるように食糧や水、安全な避難所、医療などの人道支援（物的援助）を行うだけでなく、庇護国内で難民の人権が保障されるように、法的保護も行っている（→第5章参照）。ここでは難民の庇護国内での法的保護について見ていく。

2　難民の庇護国内における法的保護

庇護国は、難民を受け入れる義務はないが、難民として認定した場合には、当該庇護国の国内法上、難民としての地位を与え、信教の自由、裁判を受ける権利などの内国民待遇（国民と同等の権利）、職業に従事する権利、結社の権利などの最恵国待遇（最も有利な待遇を与えられている外国人と同等の権利）などの、基本的な人権を尊重しなければならない。特に、迫害のおそれのある国籍国へ難民が強制的に送還されることを防ぐこと（ノン・ルフールマン原則）が重要である。

そのため UNHCR は、庇護国内の難民の支援・保護のため、庇護国政府や市民社会と連携・協力し、それぞれの活動を支援している。具体的には、難民に関する法的・政策的助言、難民認定官の能力構築、NGO などを通じた難民一人ひとりに対するエンパワーメント・生活支援、庇護国における難民受け入れへの理解の醸成、などである。

3　難民問題の恒久的解決と国際協力

UNHCR は、難民問題の恒久的解決方法として、①国籍国への自発的帰還、②庇護国への定住、③第三国への再定住、の3つを挙げている。

このうち、自発的帰還がもっとも望ましいことはいうまでもない。UNHCR は、難民が帰還する際にも基本的人権が尊重されることを保障し、帰還した後にも、

一定期間、帰還民を援助し、生活の再建を促進している（→第5章参照）。

　しかし、難民が帰還するためには、難民流出の根本原因が除去されなければならない。難民流出の主要な原因である武力紛争をなくすためには、武力紛争の根本原因である貧困、差別、不平等などの人権問題が解決されなければならないし、難民が帰還した後に自立した生活を送るためには、彼らに対する職業訓練や、帰還民が生活する地域の長期的開発も必要である。このように、難民問題を恒久的に解決するためには、国籍国における人権状況の改善や開発も必要である。

　また、大量の難民が流出すると、難民を受け入れる庇護国の経済的な負担も増大するし、民族問題を抱える庇護国では、難民の受け入れによって国内の民族バランスが変化し、国内社会が不安定化する場合もある。したがって、庇護国内において難民の人権が適切に保護されるためには、庇護国の経済的、政治的な負担を国際社会が共同で分担するための国際協力が欠かせない。

　以上のように、難民問題は単に人権・人道問題に留まるものではなく、政治および経済の問題をも含む複合的な問題であり、その恒久的な解決のためには、国際機構を中心とした包括的な取り組みが必要である。

4　日本における難民の第三国定住

　日本は、アジア地域で発生している難民問題に対処するため、タイの難民キャンプに滞在するミャンマー難民を、2010年より3年間のパイロットケースとして第三国定住による受入れを行った。その後も第三国定住事業は継続され、2018年までに174人のミャンマー難民が来日している。

　第三国定住により日本が受け入れたこれらの難民は、日本での定住を希望し、UNHCRの推薦を受けた難民のなかから選ばれている。その後、現地でIOMによる出国前研修を経て、来日してきている。このように、日本の第三国定住事業も、UNHCRやIOMなどの国際機構の協力を得て実施されている。

おわりに

　これまでみてきたように、人権の国際的保障のために国際機構は、国際人権基準の設定、国際人権基準の国内実施の監視、人権侵害の被害者の救済および責任者の処罰、の各側面において重要な役割を担ってきた。

　特に、国際機構は、人権諸条約の採択に加えて、法的拘束力のない国際人権基準をも設定することを通して国際人権法の発展に貢献したこと、また、国際人権基準に基づいて柔軟に国家の人権侵害に対応してきたこと、さらに、国際機構の活動の中心に人権問題を据え、人権の主流化を進めてきたことは、高く評価できるであろう。実際に、かつて国内問題としてとらえられていた人権問題を、国際的関心事項として国際社会が取り上げ、監視するようになったのは、国連を中心とした国際機構の活動があったからにほかならない。その結果、部分的にではあるが、個人が国際法の主体となり、また、国際犯罪の責任者個人を国際社会が裁くことができるようになったという変化は画期的であり、このような変化をもたらした国際機構の活動は、正当に評価されるべきであろう。

　他方で、国際人権基準の国内実施に関しては、現実には、国際機構には限界がある。

　設定された国際人権基準が各国内で実施される必要があることはいうまでもないが、人権の保障に関する第一義的な責任は、国家が有している。その意味で、国際人権基準の国内実施に関しては、国家を法的に拘束することができる条約によって設置された、人権条約機関による監視により比重が置かれている。

　しかし、今なお人権侵害を行う国は存在しており、頻発する武力紛争やテロ、貧困により基本的な生命に対する権利すら十分に保障されていない現実が存在している。また、宗教や民族の異なる人々に対する不寛容や排外主義が世界的に広がりつつある。そのような状況であるからこそ、国際機構を通して各国が国際人権基準を遵守するよう働きかけたり、技術援助を行って民主的な統治制度や司法制度を確立することを支援したりすることがさらに重要になってきているといえるであろう。

〔参考文献〕

阿部浩己・今井直『テキストブック　国際人権法　第3版』日本評論社　2009年

大谷美紀子・山下幸夫・猿田佐世『国際人権法実践ハンドブック』現代人文社、2007年

芹田健太郎・戸波江二・棟居快行・薬師寺公夫・坂元茂樹編集代表『国際人権法の国際的実施』信山社、2011年

芹田健太郎・薬師寺公夫・坂元茂樹『ブリッジブック　国際人権法　第2版』信山社、2017年

横田洋三編『国際人権入門　第2版』法律文化社、2013年

渡部茂己編著『国際人権法』国際書院、2009年

United Nations, *The United Nations Human Rights Treaty System*, Fact Sheet No.30/Rev.1, United Nations, 2012

United Nations, *Human Rights Indicators – A Guide to Measurement and Implementation*, United Nations, 2012

第5章　人道支援

はじめに

　今日、世界では、シリア、南スーダン、イエメンなど人道上の危機がいたるところで発生し多数の人々が安全で尊厳ある生活を営むことを阻害されている。国連難民高等弁務官事務所（UNHCR）の年間統計報告書である「グローバル・トレンズ」によれば、世界中で紛争や迫害から逃れ移動を強いられた人々の数は2018年末の推計で7,080万人となった。これは第二次世界大戦後最も高い数字あり、2019年もその数は更新されている。

　7,080万人のうち自国を離れて難民になったものは2,590万人にのぼる。UNHCRが支援対象とする難民の出身国の上位5カ国は、シリア、アフガニスタン、南スーダン、ミャンマー、ソマリアである。シリア難民は2018年末に670万人を超え、国内避難民の618万人を加えると人口の半数以上が移動を強いられている。2017年以降72万人以上のロヒンギャ難民がミャンマーから隣国バングラデシュに追放された。

　国内で住む場所を追われた国内避難民（IDP）の数は、難民の数をさらに超え、2018年末で4,130万人に上る。内戦の影響でコロンビアでは約781万人の国内避難民が存在し、国内避難民の規模としては最大であり、なお増加を続けている。

　上記のような強制的・非自発的な人々の移動の原因は、武力紛争や政治的動乱、暴力の蔓延、テロ、自然災害、疾病の拡大、さらにそれらが複合するなどさまざまであるが、共通するのは、身体の保護と生存のための人道支援の必要性である。「持続可能な開発のための2030アジェンダ」においても本文の23項で、難民、国内避難民、移民を特に脆弱な人々であり、特別な支援の必要のある者としている。そのような人道支援の役割の重要な部分を国際機構が担っているのである。

　本章では、国際機構による人道支援の展開とその仕組みを概観する。国際的な

人道支援は、19 世紀半ばに武力紛争の犠牲者の保護を契機にはじまり、20 世紀半ばの難民への支援を経て、1990 年代の冷戦後から国内避難民が激増したことから国際的な仕組みが一層発展してきた。人道支援は、難民、国内避難民、および移民のなかでも移動を強いられた人々、被災した者を、主に対象とする。本章は国際機構による人道支援を国連システムを中心に論じていくが、NGO、政府による人道支援との関連についても触れていく。

第1節 人道支援の原則と方法

1 人道支援とは何か―緊急人道支援と復興時の人道支援

人道支援とは、人為的な災害である武力紛争や事故、または自然災害による犠牲者の尊厳を守り、身体の保護と生存の維持のための物資やサービスの提供にかかわる一連の活動全体のことである。

緊急対応を求められる人道支援のことを緊急人道支援と呼ぶ。経済協力開発機構（OECD）の開発援助委員会（DAC）は、緊急人道支援を「緊急事態又はその直後において人命救助、苦痛の軽減および人間の尊厳の維持・保護のために行われる支援」と表現している。

人道支援は緊急事態への対応だけでなく、災害予防、救援、復旧・復興支援なども含む。本章では緊急人道支援ならびに復旧、復興時の人道支援の両方を含めて人道支援と呼ぶ。

2 人道支援の沿革と諸原則

（1） 沿革

人道支援の出発点は、19 世紀半ばの 1863 年、赤十字国際委員会（ICRC）の設立に遡る。スイス人の実業家アンリ・デュナンは、1859 年のイタリア統一戦争の時期にソルフェリーノの戦いに遭遇した。デュナンは負傷兵の惨状から近隣

の人々に呼びかけ、自発的に救護活動を行った。ジュネーブにもどりデュナンは
『ソルフェリーノの思い出』を出版し、戦争の際に敵味方を区別することなく苦
しむ人たちを救護する「赤十字思想」を世に問うた。デュナンとそれに共鳴する
4 名が集まり、1863 年に 5 人委員会が発足した。5 人委員会の呼びかけに応えて
ヨーロッパの 16 カ国が外交会議を開催し、戦争で傷ついたあらゆる兵士たちを
敵味方なく救護することを定めるジュネーブ条約（戦地軍隊傷病者の保護に関す
るジュネーブ条約、赤十字条約とも呼ばれる）を 1864 年に締結した。5 人委員
会は改称され、傷病兵の救護にあたる国際的団体として ICRC が設立された。さ
らに、傷病兵救援のための各国内の団体として赤十字社・赤新月社が世界各地に
設立された。

　第一次世界大戦、第二次世界大戦では戦争の規模や地域の拡大、攻撃の無差別
化などによって、ますます多くの一般市民が戦闘に巻き込まれるようになった。
第二次世界大戦の反省をふまえ、1949 年にジュネーブ 4 条約（陸の条約、海の
条約、捕虜の条約、文民保護の条約）が採択され、海戦の際の傷病兵、捕虜、離
散家族の支援、一般市民への支援が明記された。ICRC や各国の赤十字社・赤新
月社の救援活動は、陸上の戦地の傷病兵にとどまらず、海戦の傷病兵、捕虜、離
散家族の支援、一般市民への支援まで拡大されたのである。さらに、武力紛争犠
牲者に植民地解放戦争や内戦による戦闘を原因とするものが増え、ジュネーブ 4
条約の限界を補うために、1977 年には国際的武力紛争の犠牲者の保護ならびに
非国際的武力紛争の犠牲者の保護という 2 つのジュネーブ条約追加議定書が採択
された。これらにより、国際的、非国際的双方の武力紛争の犠牲者全般への支援
が実現した（→第 3 章参照）。

　国連設立後は、ICRC による人道支援に加えて、国際機構の役割が大きくなっ
ていった。UNHCR などの国連諸機関による関与も拡大していった。また人道
NGO も増加していった。人道支援を必要とする事態は増大し、第 7 代国連事務
総長コフィ・アナンは報告書「国連の刷新−改革に向けたプログラム」（1997 年）
のなかで、国連機関の主要目的に、平和、発展、人権、国際法に加えて人道支援
を含めることを明記した。

（2） 人道諸原則

ICRC は7つの人道諸原則（人道、公平、中立、独立、奉仕、単一、世界性）を掲げて人道活動を行ってきた。また国連は、1991 年の国連総会決議 46/182 で、人道の3原則（人道、公平、中立）を掲げた。

「人道」は、他のすべての原則の中心になるものと考えられ、どのような状況にあっても、一人ひとりの人間の生命、尊厳、安全を尊重することである。この人道の原則が、人道支援の活動の基礎である。次に、「不偏」とも訳されることもある「公平」は、国籍、人種、宗教、社会的地位または政治上の意見によるいかなる差別も行わず、苦痛の度合いに従って個人を救うことに努め、最も急を要する困難に直面した人々を優先することを指す。「中立」とは、いかなる場合にも特定の立場・意見をもたず、政治的、人種的、宗教的、思想的な対立において一方の当事者に加担しないことをいう。しかし、この中立の原則とは、不介入を意味するのではなく、犠牲者への救援を確保する目的で、すべての関係当局・勢力と平等に接し、話し合い、信頼を継続するための手段として考えられている。今日、これら3原則は、国際機構および NGO も含む多くの人道機関の共通の指導原則となっている。

人道に関連する活動においては、上記の諸原則に加え、国連憲章第2条7項にもある内政不干渉の原則、人道支援には主権国家の同意を前提とする同意原則、または主権国家の要請があってから人道支援を行うとする要請主義も重要である。人道支援の成否の観点から政府との時宜を得た協力も必要だからである。

第2節　人の強制的な移動と人道支援—難民・国内避難民

1　難民条約・議定書体制の成立

（1）　UNHCR の設立と難民条約の起草

迫害による人の移動である難民は、紀元前から存在していたといわれる。しかし、難民への国際的な保護の取組みがなされるのは第一次世界大戦後であった。

とりわけ、1917 年のロシア革命で大量に発生したロシア難民への支援にあたったのが ICRC と 1919 年に設立された国際連盟であった。国際連盟は ICRC やフランス政府の要請により、ロシア難民支援の担当である高等弁務官を創設し、ノルウェー人の探検家フリチョフ・ナンセンを初代の高等弁務官に任命した。ナンセンは、ロシア難民の保護のためにいわゆるナンセン・パスポートという人道的な査証を発行し、それは国外でも効力をもつ旅行・身分証明書となった。国際連盟は、第一次世界大戦後のヨーロッパでナチス・ドイツの迫害を受け行き場を失ったユダヤ人難民の支援にも限られた形だがあたった。

　第二次世界大戦後、国連設立後は、国連総会の補助機関として UNHCR が設置され、1951 年 1 月から活動を始めた。UNHCR は難民の保護・支援のための国連機関であるが、設立直後に難民に関する国際条約の起草に取り組んだ。その結果、1951 年 7 月には、UNHCR の作成した草案をもとに難民の地位に関する条約（難民条約）が採択された。

　難民条約は、国際法上保護される「難民」を以下のように定義した。

　「（…）人種、宗教、国籍若しくは特定の社会的集団の構成員であること又は政治的意見を理由に迫害を受けるおそれがあるという十分に理由のある恐怖を有するために、国籍国の外にいるものであって、その国籍国の保護を受けることができないもの又はそのような恐怖を有するためにその国籍国の保護を受けることを望まないもの（…）」（難民条約第 1 条 A（2））

　難民条約により定義された難民を「条約難民」と呼ぶ。条約難民は、難民条約の定義によれば、「迫害」を受けており、その「迫害」の理由が、「人種」、「宗教」、「国籍」、「特定の社会的集団の構成員」または「政治的意見」の 5 つであり、それらの理由で自国外にいる者である。

　1951 年に締結された難民条約は、当時のヨーロッパの難民状況、すなわち、ロシア・東欧出身者を想定していたが、その後、1967 年の難民の地位に関する議定書（難民議定書）は、難民条約が難民の定義を引き継ぐとともに、時間的・地理的な制限を取り払った。この難民条約・難民議定書をあわせて、一般に難民

条約・議定書体制と呼んでいる。2018 年末現在で難民条約には 146 カ国、難民議定書に 147 カ国が加入する。日本は 1982 年 1 月に両方に同時に加入している。

　難民に関する国際条約の制定により、庇護申請者は、難民として認定されれば、避難した国において合法的に庇護を受けることができる。また条約上、迫害のある国に追放・送還されない権利（ノン・ルフールマン原則）、難民条約上認められた入国や在留の権利、差別の禁止、就労や社会保障も含めた権利が認められる（→第 4 章参照）。一方、条約難民の認定を受ける以前であっても、難民条約では、生命や自由が脅威にさらされるおそれがあると認めるに足りる相当な理由があるときには、ノン・ルフールマン原則が適用される。今日のように大量の人の流入がみられる場合には、安全上の理由から国境を封鎖する国々があるが、こうした人々の支援の問題も生じてくる。

　難民条約・議定書上、戦争・内戦や自然災害による難民や経済難民、環境難民は、定義上条約難民に該当しない。一方、地域的な難民関係の条約・文書では、難民条約より広い難民の定義を採用している。1969 年のアフリカにおける難民問題の特定の側面を律するアフリカ統一機構条約（アフリカ難民条約）は、難民条約にいう迫害の 5 つの理由に加えて、「外国または外部からの侵略」、「占領」、「外国の支配」、「公の秩序を著しく乱す出来事」を掲げる。ラテン・アメリカ諸国によって採択された 1984 年のカルタヘナ宣言は、「暴力の一般化」、「内乱」、「大規模人権侵害」を難民の定義に加えた。

　国家による条約難民の判断とは別に、UNHCR は任務（マンデート）遂行のために、自ら難民認定（マンデート難民認定）を行う。さらに、国連総会の授権により、武力紛争原因の大量難民も寄付金の分配といった斡旋活動に含めるなど UNHCR の保護と人道支援の対象者は拡大してきた。難民とは区別されるが、国内避難民、移動できない被災者も国連総会の授権があればその範囲で UNHCR の支援対象とされるようになった。無国籍者についても、1961 年から国連総会の権限付与により UNHCR が関心対象者に含めた。

2　難民への人道支援

（1）　UNHCR による難民問題の恒久的解決とそれに伴う人道支援

　UNHCR の任務は、①難民に対する国際的保護（難民の諸権利の保護・促進）、②緊急事態における支援と緊急支援後の自立援助、③難民問題の恒久的解決に向けた国際的活動を先導、調整することである。UNHCR は、難民条約の批准の促進と、同条約の適用の監督を行うことが UNHCR 規程で定められている。①の難民の国際的保護には、難民条約に従って各国政府が庇護申請者を難民と認定し、法的保護を行うよう促進することがまず含まれる。さらに、難民認定後も、難民の諸権利であるノン・ルフールマン、就業、教育、居住、移動の自由の保護と促進という任務が含まれる（→第 4 章参照）。②の緊急支援は人道的な物的援助であり、自立援助は衣食住の提供、医療・衛生活動、学校・診療所などの社会基盤の整備である。③の難民問題の恒久的解決について、UNHCR 規程が定めているのは、第一次庇護国における定住、第三国への再定住、そして難民の出身国への自発的帰還の 3 つである。UNHCR は、これらのうち、個々の状況に照らして最も適切なものを選択し、諸国との協力のもとに国家への促進をし、人々の支援を行う。

　自発的帰還に関して、1970 年代から UNHCR と国際移住機関（IOM）は帰還のための移動支援を行ってきた。さらに UNHCR は帰還民の移動支援のみならず、帰還後の支援にも力を入れている。国連総会決議 49/169（1995 年）は、加盟国の支持を得て、UNHCR が帰還民の「帰還後の安全と福祉の監視」を行うこととした。UNHCR は、帰還民の本国での監視とともに再定住支援を重視し、「地域への再統合」と「再定着」を目指す。

　帰還民の再定着は帰還民への支援だけでは十分ではない。帰還民の再定着支援は、定着先の地域コミュニティの再建と合わせて行うことが必要である。帰還民に収入獲得の機会を与える即効プロジェクト（QUIPs）は、コミュニティ全体に対する資金的、物質的、技術的援助の一例である。UNHCR は、帰還民、さらには、国内避難民や帰還民の留まっている地域の住民に対する人道援助、和解に向

けた支援も行っている。居住への対応には地雷除去などへの安全対応も重要である。

（2） 難民キャンプにおける人道支援

　国際的保護の職務の内容も、各国による難民認定の促進という当初の任務に加えて、条約難民としての庇護を待つ人々を難民キャンプに収容するという方法が一部用いられて来た。国内避難民キャンプも同様に UNHCR が設営するようになった。

　難民キャンプとは、難民が避難した先の国家による庇護とは異なる。もっとも難民が移動した先の国が、難民の一時滞在施設や一時滞在の土地を提供して滞在場所を提供し、人道支援を行うための難民キャンプもある。1980 年代より、UNHCR は難民キャンプへの支援を行ってきた。UNHCR が物的支援、サービスの提供という形での直接的人道支援を行う場合も多い。難民キャンプにおいては、滞在の保証、食料、水、衛生や保健医療、身分証明書の発行、安全管理、警備などが提供されることが望まれる。暫定的に難民キャンプなどに留まっている人々の第一次庇護国受け入れも、本国への自発的帰還も難しい場合、UNHCR は第三国への再定住の道を探す。

　難民キャンプは、人道支援の提供の性質からみると、支援を効率的に行うことことを可能にするものであり、仮設的で一時的なものという想定がある。しかし、実際には滞在が長期化することも多く人々の心身の負担や支援側のコストも小さくない。2014 年に UNHCR は、難民キャンプに収容する政策からの脱却を図る政策文書「キャンプ代替政策」を発表した。徐々に難民キャンプに頼らない支援が模索されている。

（3） 難民状況の長期化

　恒久的解決に至らず難民状況が長引いている場合も少なくない。UNHCR は「長期化した難民」を、同一国籍の 2 万 5 千人以上が避難国で継続して 5 年以上を経過する難民だと定義している。2018 年末現在で 1,590 万人の難民が長期化の状況にある。全難民に占める長期化難民の割合は同年末で 78％を占め、増加傾

向にある。これまでも、パキスタンやイランに避難するアフガン難民、ネパールのブータン難民、タイのミャンマー難民、セルビアのクロアチア難民とボスニア難民、リベリア難民、ケニアのソマリア難民などに対し、長期化した難民として帰還を含め支援をしてきた。UNHCR は 2018 年末、新たにケニア、スーダン、ウガンダに逃れる南スーダン難民、カメルーンやニジェールに逃れるナイジェリア難民、南アフリカに逃れるコンゴ民主共和国とソマリアからの難民、ロシアに逃れるウクライナ難民を長期化する難民の対象に含めた。

　パレスチナ難民は大規模かつ長期化しており、特別な対応枠組のもとにある。登録パレスチナ難民の総数は約 554 万 5 千人（2019 年 2 月現在）にも上る。パレスチナ難民は、国連パレスチナ難民救済事業機関（UNRWA）が長期間にわたりレバノン、ヨルダン、シリア、ガザ地区、ヨルダン川西岸地区において人道支援をしている。UNRWA は、教育、医療、救援と社会サービスなどを提供し、ガザ地区、ヨルダン川西岸地区では小規模金融（マイクロクレジット）を行っている。これらの支援が長期間継続しているが、解決の目途はまだみえていない。

　難民のなかには、都市難民、すなわち事実上の難民でありながら都市の住民に紛れ込む人々もある。都市難民の把握にも UNHCR は努めているが、把握できなければ都市難民に支援を届けることがきわめて困難である。

（4）　大量難民への特別枠組

　大規模な紛争などの状況下では、難民が大量に発生する。その場合、特別な難民支援枠組が設けられることがある。パレスチナ難民に向けた UNRWA による人道支援も特別な支援枠組の一つである。

　1975 年以来インドシナ三国（ベトナム、ラオス、カンボジア）の政変後の混乱と迫害から逃れたインドシナ難民は、タイ、マレーシアなど東南アジア諸国に大量に流出した。1997 年までにその数は約 144 万人にのぼった。

　インドシナ難民については、多国間の解決のためにインドシナ難民国際会議を開催し、国際協調や負担分担のための特別な枠組がとられ、70 カ国以上がこの枠組に参加した。船に乗って日本に上陸したインドシナ難民は、「ボート・ピープル」呼ばれ、日本も難民受け入れに直面した。日本が最初に「難民」の定住を

正式に認めたのは、このインドシナ難民であり、約1万人を条約難民としてではなく閣議決定の上、特別枠として受け入れた。

2011年、アサド政権と反政府運動との対立から内戦状況となったシリアは、はじめに、で述べたように630万人を超える難民が流出し世界の難民数の三分の一を占めるといわれる。国境内には620万人が国内避難民としてシリア国内にとどまっているとされる。一方、シリア難民が逃れた国の数は129カ国（2017年末）とされ、トルコ、レバノン、ヨルダンというシリア近隣の国々に最も多く逃れている。シリア難民については、2012年から2014年にはシリア人道援助対応計画（SHARP）が設けられ、それに基づいてシリア政府、国連機関、NGOによる人道支援が行われた。同時に、周辺国は、地域対応計画を形成して、人道支援を行った。EUでは独自の欧州共通庇護制度があるが、シリア難民を含む大量流入に対しては例外的に、2015年に2本の「緊急再配置（リロケーション）措置」が欧州委員会から提案され、閣僚理事会で採択された。2本目の措置はすでに12万人ともいわれるシリア難民等が一時避難先として滞留しているイタリア、ギリシャ、ハンガリーから、EU加盟国に再配置を義務付けたものである。しかし協力を拒む加盟国もあり、実施は2年の期限内に終了しなかった。

3　国内避難民（IDP）への保護・支援

国内避難民とは、「特に武力紛争、一般化した暴力、人権侵害、自然災害もしくは人為的な災害の結果、またはその結果を回避する目的で、故郷または常居所から強制的に避難を強いられ、もしくは離れざるをえなかった者で、国際的に承認された国境を越えていない者」（国内強制移動に関する指導原則）と定義される人々である。

1991年にイラクでクルド人が迫害され、国境を越えようとしたがトルコにより国境の閉鎖がなされた。その際に、国連難民高等弁務官であった緒方貞子氏の説得により、安全保障理事会決議によってイラク領内に安全地帯という保護区域を設ける決定をし、UNHCRがクルド人保護にあたった。これがUNHCRによる国内避難民保護の積極的姿勢への転機となった。

UNHCR は 1970 年代から国連事務総長の要請や国連総会決議等に基づいて国内避難民への支援が限定的に許可された。1990 年代以降、難民発生の予防と発生後に関連する国内避難民の保護に関わる形で、国内避難民の保護・支援の任務を積極的に引き受けてきた。クルド人を皮切りに、ボスニア、ルワンダ、ブルンジなどで国内避難民が 1990 年代に多数発生した。その際注意しておきたいのは、対象とする国内避難民は迫害や武力紛争、暴力を理由とする避難に限定されていたということである。

　上記の指導原則のいう自然災害を起因とする国内避難民への対応は、1990 年代には行われなかった。しかし、2004 年のスマトラ島沖地震と津波災害の際には、国連事務総長からの要請で、これらの自然災害を原因とする国内避難民への対応が行われた。UNHCR が、スリランカでは住居の提供を行い、ソマリアやインドネシアのアチェ州においても支援を行った。

　国内避難民の人道支援には、避難先となり最初から支援を提供してきたローカル・コミュニティにおける、自治体政府の行政、コミュニティの住民、支援をする草の根の NGO、家族や知人のネットワークなどとの協力が欠かせない。国内避難民キャンプの設営ひとつをとっても領域国政府、活動地域の同意や理解、協力が必須である。

　国内避難民の問題には基本的には領域国が保護に当たる責任をもつが、領域国に対応する意思や能力のない場合、人道支援が必要となる。この場合、領域国政府の同意を前提にしなければ他国や国際機構は人道支援に関与はできない。

　国内避難民の数は 1990 年代以降増加の一途である。国内避難民への人道支援は、UNHCR のみでは対応しきれないが、国内避難民の人道支援を目的とした国際機構や国連機関は実現していない。2005 年からは国連開発計画（UNDP）、国連児童基金（ユニセフ）といった国連機関や、平和維持（PKO）のミッション、さらに地域的機構、ICRC や NGO などが UNHCR と連携しながら人道コミュニティを形成し、支援にあたっている。

　1990 年代はじめからは、国内避難民についての研究や規範形成もより活発になった。国連の国内避難民問題に関する事務総長特別代表は、国内避難民の保護・支援について 1998 年に「国内強制移動に関する指導原則」（指導原則）を作

成し、上述の通り国内避難民の定義づけをした。指導原則に法的拘束力はないものすでに国際法規範となった人権規範のなかから国内避難民に適用できるものを具体的に提起している。2005 年の世界首脳会議でも指導原則に対して、「重要な国際的枠組」として支持が表明され、指導原則は権威ある文書として、国連の国内避難民に対応する諸機関や ICRC などの人道支援にかかわる団体にとっての活動の指針となっている。この指導原則を条約に取り込んだ文書として、2009 年に採択され 2012 年に発効した「アフリカにおける国内避難民の保護および支援のためのアフリカ連合条約」（カンパラ条約）がある。

　指導原則は、国家当局が管轄下にある国内避難民に対して保護および人道支援を与える第一義的な義務と責任について明確にしている（原則 3）。また、国内避難民の権利保有について具体的に列挙している。指導原則の原則 18 は、特に人道支援へのアクセスの保証について規定しており、不可欠の食糧・飲料水、基本的な避難所および住宅、適切な衣類、不可欠の医療サービスおよび衛生設備などに差別なくアクセスを定めている。第 4 部では、人道支援を提供する側の守るべき人道原則、人道支援の義務や責任、支援者自身の保護・安全について定めている。指導原則 25 では、国内避難民の人道支援の主要な責任が領域国にあることを明記する一方で、国際的な人道支援が恣意的に否定されてはならないとしている。指導原則 26 は、人道支援要員の移動と支援物資の提供が尊重・保護されること、攻撃や暴力の対象とされてはならないことを定めている。第 5 部では、国内避難後の領域国の責任、具体的には、安全かつ尊厳ある自発的帰還、領域国の他の地域への自発的再定住のための環境を整備することが明記されている。

　国内避難民への人道支援は、国家当局の義務、国内避難民の支援への権利やその具体的内容が指導指針などで表明されたものの、同意原則との関係、実際の人道支援のオペレーションの課題が出てきた。第 4 節で詳しくみるように、国内避難民への機関間の協力による保護・支援の制度づくりは、国連における人道支援体制の改革につながった。

第 3 節　自然災害、事故と人道支援

　自然災害は世界各地で発生し、その頻度は 2000 年代には平均年間発生件数が 710 件という統計がある。その約 6 割が人口の多い国々に集中しており、そこには中国、インドネシア、インド、パキスタン、バングラデシュなどアジアの国々を含む。自然災害のうち 8 割が干ばつや洪水、暴風の気象災害にあたる。日本を含むアジアは、地震や台風・洪水による大規模な被害も少なくない。災害による死傷は途上国に集中しており日本は他国に人道支援を行う側に立つ場合が多いが、阪神・淡路大震災や東日本大震災では日本も国連や諸外国からの人道支援を受け入れた。東日本大震災や福島第一原子力発電所事故で経験しているように、途上国のみならず、先進国にとっても防災の国際的協力は無視できない課題である。

　防災に関する国際会議でキーワードとなっているのが、災害のリスクの軽減とレジリエンス（強靱性）である。すなわち、回復力や強靱性を高めることが災害リスクの軽減や災害が起きた後の回復力を高めるとされ、より強靱な地域社会を築くとされた。

　1989 年に国連総会にて採択された国際防災の 10 年（1990 ～ 1999 年）は、防災分野の人道支援の国際的関心の共有を促した。中間年の 1994 年には、横浜市において第 1 回国連防災世界会議が開催され、その後継続的に開催されてきた。2000 年には国連総会決議で、国際防災戦略（ISDR）が採択され、国連国際防災戦略事務局（UNISDR）が国連防災世界会議の事務局となった。

　2005 年には神戸市において第 2 回国連防災世界会議が開催された。この第 2 回会議では、2015 年までの 10 年間の防災に関する国際的な取組指針となる成果文書「兵庫行動枠組 2005 － 2015：災害に強い国・コミュニティの構築」（HFA）が採択された。そこには、被災者による人道支援サービスの利用と供給について権利の観点から定められている。また、2004 年のインド洋津波をうけて、災害と人権に関する指導原則も策定された。さらに 2006 年には、機関間常設委員会（IASC）が自然災害においての人間の尊厳、人権保護の推進するために、「人権

および自然災害に関する運用ガイドライン」を策定した。

第3回国連防災世界会議（2015年）は、仙台市で開催され、HFA の 10 年間の実施の総括とともにそれを継承し 2015 年以降の防災・減災に関する国際的な取組指針として、成果文書「仙台防災枠組 2015 − 2030」を採択した。そこでは、7 つの地球規模の目標（グローバル・ターゲット）、実施に導くための 13 の指導原則、4 つの優先行動分野が明記され、HFA の教訓を踏まえた内容となった。

たとえば、上記のうち優先行動の 4 項目は以下の分野となっている。すなわち、第 1 に、災害リスクの理解、第 2 に災害リスクを管理する災害リスク・ガバナンスの強化、第 3 に強靭性（レジリエンス）のための災害リスク削減への投資、第 4 に効果的な災害対応への備えの向上および復旧・復興過程における「より良い復興（Build Back Better）」である。4 分野はさらに詳細な行動内容が展開されるが特筆される点として、仙台防災枠組が、災害への事後の対応や既存の災害リスクの削減に加えて、新たなリスク形成の予防に重点を置いていることがあげられる。また、復興段階において防災・減災を取り込む「より良い復興」を明記した点も挙げられる。

この仙台防災枠組に基づいて、2030 年まで、各国政府が防災・減災の政策を策定することが求められる。同時に、さまざまなステークホルダーが、同枠組に基づいてかつ互いに連携して取組みを推進するグローバルパートナーシップや、実施のためのフォローアップ行動をとることが期待されている。

第 4 節　複合的な人道危機への国際機構による支援

冷戦終焉後の 1990 年代、米ソ大国間の協調は一定程度実現したものの、旧ユーゴスラビア紛争やアフリカ大湖地域での紛争、湾岸戦争などが次々と起こった。紛争は大規模化、長期化、複雑化した。紛争などの人為的災害と自然災害が重なり、食料危機、疾病の流行、難民・国内避難民の流出など複雑な要素が絡み合い、複合的危機（Complex Emergencies）とも形容される人道危機事態であった。また、第 3 節で述べたように、自然災害も 1970 年以降急速に増加している。人道危機に伴い、国内避難民の急増で直接被災者を支援する状況や必要が

増加し、紛争地域に緊急に即応的にかつ全体を統合しつつ対応できる人道支援が必要となった。そのため以下のように、国際的な人道支援の枠組形成と強化が図られてきた。

1　人道支援機関の調整の促進

1991 年の湾岸危機では、クルド難民の人道支援において、安全保障や人道、開発の複数分野の機関がかかわり、かつ、複雑な活動に共同に対処した。この経験から人道支援における調整の重要性が認識された。1991 年 12 月には、国連総会において決議 46/182「国連の人道緊急支援の調整強化」が採択され、この決議で、人道、中立、公平の人道 3 原則や、被災国政府の主権尊重、要請主義の原則、切れ目のない支援、災害支援準備、早期警戒の重要性などが確認された。

上記決議を踏まえて、人道支援機関の調整について次のような制度改革がなされた。

まず、すでに自然災害の人道支援分野で存在していた災害援助調整官に、複合的災害業務を追加した形で、国連緊急援助調整官（ERC）の創設が行われた。ERC は、国内避難民への人道支援のように、複数の人道支援諸機関による支援が行われる場合に、機関間の調整を担当する。さらに、国連事務局内には国連人道問題局（DHA）が新たに設置され、ERC の業務を補佐することとなった。

人道支援に対する資金を拡大することも必要であり、人道支援体制の基盤や迅速な支援を可能とする資金調達制度として、国連のなかに国連統一人道アピール・プロセス（CAP）および人道支援のプール基金である中央緊急対応基金（CERF）が導入された。CAP は人道支援機関による資金要請を一本化するものであり、CERF は人道危機が発生した際すぐに使える資金となる。

人道支援機関の協議機関として、機関間常設委員会（IASC）も設立された。IASC は、国連諸機関、世界銀行、ICRC、国際人道 NGO グループが構成員である。IASC は、構成員間の協議により人道支援機関の共同の意思決定を可能にし、人道支援の相互補完を最大化することを目的としている。

2 人道支援の基盤の強化

1994 年のルワンダ内戦は、人道支援にかかわる国際機構や NGO にとって大き
な反省の契機となった。先にも触れたアナン事務総長による報告書「国連の刷新
－改革のためのプログラム」（1997 年）に基づき、国連の主要役割に人道支援が
加えられ、DHA は 1998 年に国連人道問題調整事務所（OCHA）として改組さ
れて、国連事務局内での機関間の人道支援調整を担うこととなった。人道支援体
制の基盤の強化を推進するため、本部レベルでは、人道問題担当の国連事務次長
が新設された。人道問題担当国連事務次長は、OCHA の代表と ERC を兼務する
とともに、IASC の議長も担当し、本部レベルで政策立案・支援調整を担うとし
た。人道問題担当国連事務次長として、日本人の明石康（在任 1996 ～ 1997 年）、
大島健三（在任 2001 ～ 2003 年）が貢献した。

現場レベルでの国連の人道支援体制では、人道支援機関の間の調整体制が立ち
上げられた。人道支援活動が実際に展開される各国において、機関間調整を行う
ために国連の人道調整官（HC）を国ごとに任命することとし、現場で人道支援
にかかわっている人道支援機関で構成する人道カントリー・チーム（HCT）と
いう体制ができた。

3 人道的対応の見直しとクラスター・アプローチ

2003 年のスーダンのダルフール紛争では、国内でのジェノサイドやそれに伴
う難民、国内避難民が流出した。国内避難民に対する人道支援のあり方について
協調のあり方、対応の強化が問題となった。2004 年のスマトラ島沖大地震・イ
ンド洋津波の発生は、大規模な人道被害を引き起こし、国連諸機関のもとで人道
支援を行うことで加盟国も一致したが、より早期で効果的な対応が課題となっ
た。その結果、2005 年に有識者により「人道的対応レビュー」報告書が出され、
IASC が中心となって人道支援体制の見直しが行われた。

人道支援の活動面での改革は、人道支援機関の責任の明確化が目指された。こ

表 5-1　人道支援の分野（クラスター）と主導する機関（リード・エージェンシー）

分野（クラスター）	主導する機関（リード・エージェンシー）
保護	UNHCR（UNHCR/OHCHR/UNICEF 自然災害時）
キャンプマネージメント	UNHCR（IOM 自然災害時）
緊急シェルター	UNHCR（IFRC 自然災害時）
栄養	UNICEF
水と衛生	UNICEF
健康	WHO
教育	ユニセフ、セーブザチルドレン
早期復旧	UNDP
食料安全保障	FAO、WFP
ロジスティクス	WFP
通信	OCHA、ユニセフ、WFP

（出典：外務省 HP、国連人道問題調整機関（UN OCHA）HP に基づき作成）

れまで述べてきたように、人道支援は複数の国連諸機関、NGO などの協働による活動であるが、その際に各々の分野（クラスター）における担当機関の明確化、その対応能力の把握、諸機関を主導する機関（リード・エージェンシー）の特定と責任の再確認が行われた。表 5-1 にみるように、IASC は、11 の分野と主導する機関を指定した。これが、クラスター・アプローチと呼ばれるもので、今日の人道支援体制の基本枠組みとなっている。

　人道支援への資金面での対応については、すでに CERF の設置により人道支援プール基金の迅速活用をすることとなったが、国別にも緊急救援基金（ERF）の準備をすることとされた。

　クラスター・アプローチは、国連本部レベルと国レベルの双方でとられる。本部レベルでのクラスターでは、クラスター間の調整役は ERC が担当し、国レベルにおいては、国ごとに任命される HC がその任務を行う。

　各クラスターは、主導する機関のもと、活動計画、結果報告などの情報を共有する。現場レベルではクラスター間会議も行われて、人道調整官が監督し、OCHA が調整を行う。本部レベルでも OCHA による調整が行われる。

4 即応体制と資金体制の強化

2010年のハイチ大地震とパキスタン洪水は、大規模事態への緊急人道支援の教訓から、人道支援体制にさらなる課題を示した。2010年から2015年まで人道問題担当国連事務次長兼国連緊急援助調整官（OCHA代表）務めたヴァレリー・エイモスは、IASCの年次会合で、人道支援体制の改革（Transformative Agenda）として3つの改革の優先分野を示した。第1にHCを通じたリーダーシップ強化、第2にクラスター・アプローチを通じた調整能力の強化、第3に被災者に対するアカウンタビリティーの確保である。

大規模緊急事態と対処については、IASCによる規模の認定をレベル1からレベル3までの三段階で行うこととした。2013年1月にはシリア人道危機、同年11月フィリピン台風被害、同年12月中央アフリカ人道危機がそれぞれレベル3の大規模緊急事態と宣言された。機関間即応制度（IARRM）も設置され、南スーダン、チャドなどが導入のパイロット国となった。

ドナー国（人道支援の資金提供をする国）の間の資金拠出の意見交換や協力体制の強化も行われている。例として、OECD・DAC加盟国中心の27カ国と8機関による人道作業部会（HLWG）、グッド・ヒューマニタリアン・ドナーシップ（GHD）、IASCを補完するドナー国間協議としてグローバル・ヒューマニタリアン・プラットフォーム（GHP）がある。

5 人道支援における民軍関係と調整のための国際ガイドライン

冷戦後の人道危機の増加のなかで、テロへの対処や国内紛争への対処を行いながら人道支援を行うという、不安定な環境のもとでの活動が急増した。今日でも、国内紛争が複雑化し、熾烈化し、国際人道法が守られない事態が懸念されている。このような状況下で、しばしば人道支援が敵対勢力への支援ととらえられてしまい、国連機関、ICRC、NGOなど人道支援要員への攻撃、人道支援を受ける被災者への攻撃も頻発するようになった。そのため、多国籍軍やPKOによる

抑止ないし防護の能力を活用して、人道支援要員の安全を確保する場合がある。また、多国籍軍やPKOが、平和活動のなかで大量、迅速な援助物資の輸送や投もと、緊急復興など人道支援に関わり、文民の保護を行うものも出てきた（→第2章参照）。人道、中立、公平の人道3原則は、人道支援を文民組織が行うことを前提として発展してきたものであるが、軍隊が人道支援に協力し、軍隊そのものが人道支援を行うことなどは、人道支援の諸機関やNGOの支援活動が軍隊と同一視され、攻撃の危険性が増すことにつながる、中立原則との関係など、問題も指摘されている。

　人道支援活動における軍隊の参加が課題となって以降、民軍関係について国際的な指針が、軍隊、PKO、人道支援機関など対象ごとに複数出された。IASCは、「民軍関係（Civil Military Relationship）」という用語でこの問題を取り上げて協議し、2004年に人道支援機関に向けた指針として、「複合緊急事態における民軍関係—IASC公文書」を公表した。そこでは、民軍関係の調整を人道支援機関と軍隊の共通の責任とし、具体的な関係が明記された。OCHAは、1994年に、45カ国と関係国際機構との協力により自然災害時の緊急人道援助における関係をとりまとめており、これをオスロ・ガイドラインという。同ガイドラインは災害時の国際緊急援助に関する原則を取りまとめており、2007年版に再改訂されている。OCHAが定めた複合緊急事態での国連人道活動のための軍隊と民間防衛資産の使用に関する行動指針（MCDA行動指針）」（2003年）では、軍隊との協力が必要な場合にも人道3原則を尊重することなど守るべき基準が示されている。

おわりに

　人道支援を主たる活動内容とする国際機構や各種人道支援機関は、今日に至るまで、世界の難民、国内避難民への人道支援から紛争下の人々への支援を行っている。第4節で述べたように、多くの人道機関の調整役として国連が人道支援体制の構築も行ってきたことは大きな成果である。

　しかし今日の世界の人道状況は深刻である。紛争は長期化する傾向にあり、難民化した人々の数も第二次大戦以来の数を記録し更新を続けている。とりわけ途

上国だけで 85 パーセントもの難民を受け入れているということ、また、国内避難民も途上国において大きな問題となっているのである。

　第 8 代国連事務総長・潘基文のイニシアティブにより開催された 2016 年 5 月の世界人道サミットでは、「人道理念は一つ、責任の共有を（One Humanity, Shared Responsibility）」を人道の課題とし、次の 5 項目が核心的な責任として示された。すなわち、①紛争の予防と早期解決、②国際ルールの遵守と市民の保護、③誰も置き去りにしない、④支援のニーズそのものを無くしていく、⑤人道への投資による資金強化、である。

　人道支援においては、これらを最優先事項として取り組む必要がある。国際機構、各国政府、普遍的、地域的国際機構、国連機関、人道 NGO、ICRC、平和維持活動、各国軍隊、地域コミュニティなどが責任を分担し、連携して対応することが求められる。その際に、国連が人道支援にかかわる多様なアクターの対話のプラットフォームとなり、全体を統括する形は今後も必須となろう。

〔参考文献〕

上杉勇司・青井千由紀『国家建設における民軍関係―破綻国家再建の理論と実践をつなぐ』国際書院、2008 年

上杉勇司・藤重博美・吉崎知典・本多倫彬編『世界に向けたオールジャパン―平和構築・人道支援・災害救援の新しいかたち』内外出版、2016 年

内海成治・中村安秀・勝間靖『国際緊急人道支援』ナカニシヤ出版、2008 年

長有紀枝『入門人間の安全保障―恐怖と欠乏からの自由を求めて』中公新書、2012 年

―――「平時の平和を再定義する―人道支援と「人間の安全保障」の視点から」日本平和学会編『平和を再定義する』早稲田大学出版部、2012 年

上野友也『戦争と人道支援―戦争の被災をめぐる人道の政治』東北大学出版会、2011 年

桑名恵「国際人道支援の展開」内海成治編『新版国際協力論を学ぶ人のために』世界思想社、2016 年

国連難民高等弁務官事務所『世界難民白書 2000―人道行動の 50 年史』時事通信社、2000 年

ジャン・ピクテ（井上益太郎訳）『赤十字の諸原則』日本赤十字社、1958 年

滝澤三郎・山田満編『難民を知るための基礎知識』明石書店、2017 年

日本国際連合学会編『人の移動と国連システム』国際書院、2018 年

墓田桂『国内避難民の国際的保護―越境する人道行動の可能性と限界』勁草書房、2015 年

―――『難民問題―イスラム圏の動揺、EU の苦悩、日本の課題』中公新書、2016 年

墓田桂・杉木明子・池田丈佑・小澤藍編著『難民・強制移動研究のフロンティア』現代人
　文社、2014 年

ロニー・ブローマン『人道援助、そのジレンマ―「国境なき医師団」の経験から』産業図書、
　2000 年

宮島喬・佐藤成基編『包摂・共生の政治か、排除の政治か―移民・難民と向き合うヨーロッ
　パ』明石書店、2019 年

UNHCR, *Global Trends : Forced displacement in 2018*, UNHCR , 2019

United Nations, *Guiding Principle on International Displacement* , United Nations, 2001

第6章　人の移動

はじめに

　近年では、企業の生産活動の広がり、情報通信技術の進展、交通手段による移動の簡易化などを背景に、国境を越えて自発的に移動する人々（国際移民）の数が急速に増えている。自国に属する人の移動や海外での活動は国家主権と大きく関係することから、もっぱら国家の法や政策によって管理されている。

　しかし、人の移動が活発化するのに伴って、渡航先での労働問題や人権問題、教育をめぐる問題などさまざまな問題も顕在化してきたことから、条約の作成、国際会議の開催、国家や企業や市民社会との連携など、この分野での国際機構の役割が大きくなってきた。

　この章では、観光や留学など、就労や移住などのさまざまな種類の自発的な人の移動について扱う。第1節では、国際移民の今日的な傾向、人の移動と国家の役割、国際機構の関わりについて述べる。第2節では、人の移動に関わる諸課題を、教育、就労と生活環境、観光、保健と衛生、治安の各分野での国際機構の活動について概観する。

第1節　人の移動と国際機構の役割

1　国際移民の傾向

　国際移民の正式な法的定義はないが、移住の理由や法的地位に関係なく、定住国を変更した人々を国際移民とみなし、3カ月から12カ月間の移動を短期的または一時的移住、1年以上にわたる居住国の変更を長期的または恒久移住として区別するのが一般的である。国連経済社会局によると、1960年以降から国際移

民の数は着実に増加し、1990年で1.5億人、2000年で1.8億人、2018年には2.58億人を超え、世界の人口の3.4％を占めている（2018年1月現在）。国際移民の流れは、途上国からヨーロッパや北米をはじめとする豊かな国へというように南から北への移動に着目しがちだが、そのような移動は全体の3分の1に満たず、移動のパターンはより複雑な状況にある。国連開発計画（UNDP）の「人間開発報告書」が示す「人間開発指数」（HDI）によると、むしろ、南から南へ、つまり途上国間の移動が増えており、出身国よりもHDIの高い国へ移動する傾向が見られる。また、HDIが低い貧しい国の人々は移動しにくいなど、HDIの水準と移動の活発さは関連性が高いことが分かっている。

　また、移民の性別は男女ほぼ半々であり、移民女性が半数以上を占める地域は、ヨーロッパ、中南米、北米、オセアニアであり、アフリカ、アジアの割合はやや少ない。この違いは、移住する傾向、移民政策における特定の性別の選択、また、労働市場での職種によるジェンダーの分離などが複合的に起因している。年齢別に見ると、国際移民の7割以上が生産年齢（15〜64歳）であり、労働力の不足する先進国に移動するケースが目立つ。特に20歳未満の若い世代は、安価な通信・輸送手段を利用して移動している。

2　人の移動と国家の役割

　多くの国は、自国民が観光や教育、より豊かな生活のために国外へ移動する自由は積極的に認め、他国から入国する外国人に対しては国境管理を強化する傾向にある。特に2001年のアメリカ同時多発テロ以降相次ぐテロ行為によって、この傾向は顕著であり、空港や港などの入国地点や国境の監視は強化されている。また、非正規の移民に対する退去強制や、必要書類をもたない移民を雇用した者への罰則など、国家はさまざまな非正規移民対策を講じている。

　国際労働機関（ILO）がヨーロッパ諸国とアジア諸国の間で結ばれた160の国家間の協定を評価したところ、最も進歩的な移民政策はシェンゲン協定に基づいた移動の原則であった。シェンゲン協定は、ヨーロッパ諸国間で出入国審査なしに自由に国境を越えることを認める協定である。ただし、加盟国のなかには、麻

薬やテロ対策、また、中東やアフリカからの移民・難民の急増により、国境審査を強化する国家も増えている。先進国において労働力としての移民の需要が高いにもかかわらず、移動の際の障壁が特に高いのは、専門技能をもたない人、いわゆる非熟練労働者に対してである。非熟練労働者は移動先で基本的な社会福祉や医療サービスを受けられなことがあるなど、多様なリスクに直面している。彼らの地位や待遇は改善の余地が大きいが、政策については各国政府に委ねられているのが現状である。

3　人の移動に関わる国際機構

　国連総会は、移住労働者（出生国もしくは市民権を有する国とは異なる国で働く労働者）の権利を保護するために、「すべての移住労働者とその家族の権利の保護に関する国際条約」（移住労働者の権利条約）を 1990 年に採択した。2003 年に発効したこの条約は、国家に対してすべての労働者とその家族の移動の自由を保障し、移住労働者が移住先で搾取や差別などの不当な扱いを受けたり、劣悪な待遇下で働いたりすることなどがないように求めている。この条約の保護の対象には、越境労働者、季節労働者、海員、海上施設労働者、巡回労働者、特定事業労働者、自営就業者などの特別な形態の移住労働者とその家族も含む。

　移住労働者の権利条約の採択以降、国際移動に関する国際機構の対応は、諸領域のなかに包含され拡大していった。特に、1994 年の国際人口開発会議（カイロ会議）で人口問題として国際移住が取り上げられたことを皮切りに、保健、環境、開発、人道、安全保障の領域においても、国際移動は重要な課題として国際会議の場で議論されている。

　そして、人の移動に関する問題を一国で対処することの難しさと限界、さらに、国際協力の必要性を各国が認識したことから、2007 年に「移住と開発に関するグローバル・フォーラム」（GFMD）が設立された。GFMD は、国連加盟国の政府の政策決定者、実務者、NGO、専門家、移民関連組織の代表者による非公式の議論の場である。GFMD の参加者は、移住が開発にもたらす影響や、他の地域でも適用可能なグッドプラクティスや経験を共有するとともに、国や地

域、国際の各レベルでの協力や政策の一貫性を促進するために必要な情報や政策、欠落している制度について確認を行うなどの連携を図ってきた。

また、人の移動に関わる国際機構・機関間の連携を目的とした機構の代表レベルの協議体が「グローバル移住問題グループ」（GMG）である。GMG は、人の国際移動に関わる 6 つの機構、すなわち、国際移住機関（IOM）、ILO、国連難民高等弁務官事務所（UNHCR）、国連人権高等弁務官事務所（OHCHR）、国連貿易開発会議（UNCTAD）、国連薬物犯罪事務所（UNODC）によって 2003 年に設置された。現在では、12 の国際機構・機関と世界銀行の代表レベルによる協議体となっている。上記の国際機構に加えて、172 カ国、地域的機構、市民社会がメンバーである（2018 年 6 月現在）。GMG は、「移住労働者の権利条約」に基づいて、移民と開発、移民の促進、移民の管理行政、強制移動への対応について協議するほか、国際移住の推進、政策議論、移民の権利の保護、移民の健康やジェンダーの側面などの横断的な分野も重要視している。

GMG の主要なメンバーである IOM は、世界的な人の移動を専門に扱う国連の関連機関である。IOM の前身は、欧州からラテン・アメリカ諸国への移住を支援するために設立された欧州の政府間委員会であったが、徐々にその活動範囲を世界各国へと拡大して、1989 年に憲章改正により名称が変更された。その後、移民や難民の増加を背景に、「難民と移民に関する国連サミット」が 2016 年に国連本部で開催された際に、国連の専門機関になった。2018 年 7 月現在、172 カ国が IOM に加盟している。

IOM は、難民の移住の分野では、受入れ国の支援や難民の出発前準備、受入れ国での生活に関するガイダンス、語学研修、難民となった経緯に関する情報の受入れとコミュニティへの提供、健康診断、予防接種、移送などの一連のプロセスを支援する。特に、難民の「第三国定住」すなわち、一時的な庇護国から恒久的な定住が可能な国へ移動して生活を再建するための定住支援活動には、国際結婚やそれに伴う家族の呼び寄せ、子どもの教育支援も含む。また、移住労働者の分野では、移住の傾向や諸問題についての調査や分析に加えて、移民への直接支援から関係国への技術支援、また、国際経営者団体連盟（IOE）と連携して、移住労働者の倫理的な職業の斡旋を事業者に指導している。

　国連総会においては、2016 年 9 月に「難民と移民に関するサミット」が開催され、難民および移住者に関する各国のコミットメントを掲げた「ニューヨーク宣言」が採択された。そのなかで、UNHCR が中心となって「難民に関するグローバル・コンパクト」、また政府間交渉を通して「安全で秩序ある正規移住のためのグローバル・コンパクト」（国連移民協定）が採択された。「ニューヨーク宣言」には法的拘束力はないが、各国によって、難民の受け入れや支援において、負担や責任をより公平に分担する意思が示された。宣言には強制労働や人身取引の被害防止が明記され、国際社会が難民や移民に対する排外的な思想や差別に立ち向かい、彼らの権利を守り、人命を救うとともに、大規模な人の移動に対する責任を共有することが盛り込まれた。

第 2 節　人の移動に関わる諸課題と国際機構の活動

1　人の移動と教育

（1）　教育を目的とする人の移動

　教育やスキルアップの機会を求めて移動する人々は、国際機構が提供するインターンシップや高等教育のプログラム、地域的機構による交換留学制度、国際化を目指して策定された国家によるプログラムなどを利用する。留学生やインターンとしての人の移動は、通常は移民とはみなされない。ただし、教育目的の移住はより長期の滞在や永住の準備段階であることも多いことから、送出し国と受入れ国の双方に経済的および社会的な影響を及ぼしている。

　国連教育科学文化機関（ユネスコ）によると、学位の取得を目的として海外の大学などの高等機関で 1 年以上留学した学生は、2012 年に 400 万人を超えた。なかでも中国出身の留学生が最も多く、アフリカ出身者、ラテン・アメリカ出身者と続く。彼らの 80% 以上が経済協力開発機構（OECD）諸国に移動し、そのうち半数以上がアメリカやヨーロッパで学んでいる。

　欧州による高等教育プログラムとして知られているのがエラスムス計画

（ERASMUS）である。エラスムス計画は、ヨーロッパの学生の他国の高等教育機関への留学や企業での研修を支援する目的で1987年に開始された。この計画を世界規模に広げたプログラムが2004年から始まったエラスムス・ムンドス（Erasmus Mundus）計画である。エラスムス・ムンドスは、ヨーロッパの教育の国際化を目的としており、奨学金プログラムを通じて、世界中の大学の修士課程の学生との交流の促進と国境を越えた学習支援を行っている。また、2014年からのエラスムス・プラス（Erasmus+）は、2020年までに最大500万人が他国で学習や職業訓練を受けられるようにする助成金プログラムである。これらは、人の流動、教育とビジネスの協働、教育政策の改革を推進してきた欧州委員会によるボローニャ・プロセス（Bologna Process）という大きな計画に含まれるプログラムである。

　一方、東南アジア諸国連合（ASEAN、アセアン）は学部生を対象とした短期の留学プログラムとして、東南アジア国際学生モビリティプログラム（AIMS）を2010年に開始した。AIMSは単位互換と認定を伴う交流支援事業であり、アジア特有の多言語・多文化のなかで共生できる人材の育成を目的としている。約500名の学生が、タイ、インドネシア、フィリピン、マレーシア、ベトナム、ブルネイの大学で学んでいる。日本の複数の大学も、2013年から参加している。

（2）　移民児童と教育

　OECDは、2000年から3年毎に「生徒の学習到達調査」（PISA）として、70以上の国と地域に住む約54万人の15歳を対象にした学業成績に関する調査を行ってきた。調査の目的は、読解力、数学的リテラシー、科学的リテラシーの分野おける対象国の児童の学力を調べることである。PISAは教育における公正の実現のために、移民児童の学力の向上に強い関心を寄せている。PISAの調査結果をもとに、OECDが進めてきた移民児童の学力に関する報告書によると、移民教育制度が比較的整っているオーストラリア、ベルギー、カナダ、ドイツ、ニュージーランドおよびスイスを除いて、OECD加盟国のほとんどの国では、移民児童は成績が劣っていた。移民児童の学力に影響を及ぼす要素としてOECDが挙げているのは、移民としての地位、言語のスキル、社会経済的背景

である。特に、学校の授業で使用する言語と異なる言語を家庭で話す場合や、母親が十分な教育を受けていないことなどは、移民児童にとって不利な条件となる。移民教育は、民族特有の歴史と密接に関係するため、受入れ国が適切な政策を立案するのは容易ではないが、OECD は、受入れ国が彼らの多様性に向き合うことを求めている。

　基礎教育の普及に力を入れるユネスコは、ILO、UNHCR、IOM、OHCHR とともに、GMG に参加し、移民教育、異文化教育などに取り組んできた（→第 12 章参照）。

2　人の移動と就労・生活環境

（1）　就労

　近年、とりわけ 2000 年以降は、短期間かつ目的を特定した一時的な移民、また、ゲストワーカーのような労働者の増加により、移民の就労形態が変化している。また、より高い給与、より良い労働環境などを求めて高度人材向けの制度などを利用して移動する場合や、研修制度や技術移転制度などを利用して一定期間海外で就労した後に母国に戻る場合、国家による出稼ぎ労働の奨励によって移動する場合、政府間の経済連携協定などによって移動する場合など、人々の就労の目的と滞在形態は多様である。

　また、非正規の移民労働者も増加傾向にある。現在、国際移民全体の 10 ～ 15％は非正規の移住労働者であり、IOM によれば彼らはとりわけ虐待や搾取の危険にさらされやすい。「移住労働者の権利条約」は、職種や正規・非正規状態を問わず、すべての労働者とその家族の権利の擁立と確保を目的に策定された。同条約は、越境労働者、季節労働者といった特別な形態で働く人とその家族の権利を明記した点で画期的であり、雇用者が、移住労働者を集団で追放すること、彼らの身分を証明する文書や労働許可書や査証（ビザ）を破棄することを違法とする。さらに、移住労働者はその国の労働者と同一の報酬、社会福祉、医療サービスを受けたり、労働組合に加入もしくは参加したり、雇用の終了時には所得や貯蓄を送金し、身の回り品を移転させる権利を有することも条約に明記されてい

る。

　しかし、同条約の批准国は北アフリカやラテン・アメリカ諸国を中心とする52カ国（2018年8月現在）であり、移民を多く受け入れているアメリカ、カナダ、オーストラリアをはじめ、日本も含む先進国は署名も批准も行っていない。先進国は移住労働者とその家族の権利を保護する必要性について認識しているものの、移住労働者の増加による国内の失業や治安の悪化などを懸念することから批准に後ろ向きである。批准国の条約履行状況については、移住労働者の権利条約のもとに設置された移住労働者委員会（Committee on Migrant Workers）が条約機関としてモニタリングを行っている。

　ILOは、移住労働者を含むすべての労働者が働きがいのある人間らしい仕事に就き、十分な収入を生み出し、社会的保護を受ける権利をもつとして、1919年の設立以来、「ディーセント・ワーク」の実現を目指してきた。ILOによる移民関連の条約は、特定の事項について労働者および使用者双方の意見を聞くように、労使団体に求めている。たとえば、「移民労働者に関する条約」（1939年採択、1949年改正）とそれを補足する「劣悪な条件の下にある移住並びに移民労働者の機会及び待遇の均等の促進に関する条約」（1975年）は、移住労働者について受入れ国の国民との均等機会と均等取扱いの基本原則の他に、移住労働者の採用、配置、労働条件についての詳細なガイドラインを提供している。また、劣悪な労働条件の問題を扱い、特に労働者の「雇用を目的とする移民の秘密裡の移動」の抑制と「人身取引」の訴追についても注意を払っている。

　さらに、ILOの「民間職業仲介事業所に関する条約」（1997年）は、民間の職業仲介事業所が労働者から報酬などを受け取ることを禁止しており、採用が国際的なものである場合、不正な取引を防ぐために加盟国が双方の合意を締結するべきだとする。また、「ILO労働力移動に関する多国間枠組み：労働力移動への権利に基づく取り組みのための拘束力のない原則とガイドライン」（2007年）は、送出し国と受入れ国双方に対して、非倫理的行為を行う民間職業仲介業者の禁止、また、不法行為があった場合には、その許可の一時停止または取消しを行うこと、非倫理的行為の抑制のために効果的なメカニズムと立法措置の実施を要請している。

　以上のように、国際機構において作成された条約が、移民労働者の人権保護のための規範的な基礎を成しており、その中心が労働基準である。

　また、グローバル化に伴う労働市場の競争の激化により、日本を含む多くの先進国は、高度な技術や知識をもつ労働者の誘致を行っている。特に少子高齢化の進展が速い国では労働人口の減少が深刻であることから、高度人材を求める政策の優先度は高い。

　地域として高度技能労働者の獲得を目指すのは EU である。欧州委員会は、域内共通の高度技術移民受け入れ制度、通称「EU ブルーカード制度」を 2007 年に導入したが、移民労働者に対する処遇や差別の問題、不法移民による労働条件の悪化などの懸念もある。

（2）　専門性を有する人材の短期滞在

　世界銀行によれば、2015 年の合法的な移民による世界全体の送金総額は 6,850 億米ドルであり、世界経済の低迷にもかかわらず、2010 年以降は前年比 8 〜 10% の伸びを示している。移住労働者による送金は、送出し国にとって安定した外貨収入源であるが、優秀な人材の頭脳流出や、彼らの教育に投資した公的資金の喪失、税収の減少などのマイナス面が深刻化している。移民が出身国の開発を促進するのか、それとも開発の妨げになるのかについては議論が続いているが、頭脳流出を回避する 1 つのアイデアとして、送出し国による頭脳循環への政策転換が挙げられる。送出し国が頭脳循環政策をとれば、労働移民は短期の就労で戻ることから、経済的送金だけでなく、「社会的送金」、すなわち、滞在先で身に付けた考え方や行動様式、アイデンティティや社会資本の移転が期待でき、送出し国の開発にとって大きな力になるとの考えである。たとえば、循環型移民の類型の 1 つであるゲストワーカーの採用は、湾岸石油産出国やアジアの一部の契約労働制度や、先進国の農業や外食産業、建設業などの分野でもみられる。このような労働形態は労働者の搾取と計画外の定住に繋がる危険があるが、労働移民の滞在は基本的に短期間であるため、受入れ国は統合やコミュニティ間の対立を考えずに労働力を確保することができ、送出し国は送金や技術・知識の移転によって利益を得られ、移民自身も仕事、所得、経験を得られるとして注目されて

いる。

　短期滞在の移民の動きを促進させる政策として、世界貿易機関（WTO）のサービス貿易に関する一般協定（GATS）（世界貿易機関を設立するマラケシュ協定〔1994年〕の一部）がある。GATSとは、サービス貿易の障害となる政府規制を対象とした初めての多国間国際協定であり、12分野（実務、通信、建設・エンジニアリング、流通、教育、環境、金融、健康・社会事業、観光、娯楽、運送、その他）に分類されている。サービス動態は、国境を越える取引（第1モード）、海外における消費（第2モード）、業務上の拠点を通じてのサービス提供（第3モード）、人の移動によるサービス提供（第4モード）に分けられており、人の移動に関係するのが第4モードである。たとえば、招聘外国人アーティストや、外国人技師などは、被雇用者というよりはむしろ独立した契約者とみなされ、移民に関する規定は適用されるが、労働法の適用からは除外される。

　この協定は、当初、会計士や建築家などの短期的で特殊な業務を行う専門職を想定していたが、移民送出し国にはすべてのサービス業の労働者がこの方法で移動できるようにすべきだと主張する国もある。先進国では、雇用の8割がサービス産業で生じている。そして、サービス産業従事者の移動の自由は移民の大規模な拡大に繋がり、送出し国と受入れ国の双方に利益をもたらすと期待されている。ただし、移民を搾取しかねない環境を生み出し、地元の労働者の給与や労働環境の悪化をもたらすという批判もあることから、WTOはさらに協議を重ねている。

（3）　生活環境

　自分の住む場所を自分で決められることは、人間の自由に欠かせない重要な要素だが、移民労働者とその家族にとってより良い生活環境を手に入れることは容易ではない。移民受け入れは各国の政策によるが、国際機構が特に関心を払うのは、移民の移住先での生活の質と人権についてである。国連人権理事会が国連加盟国すべての人権状況と人権条約などの履行状況を定期的に審査する、普遍的定期的審査（UPR）では、各国内の外国人や少数民族などへのヘイトスピーチなどさまざまな差別が勧告されている。これらの状況の改善は各国の裁量に委ねら

れているが、UPR が公表されることによって、各国が人権状況の改善に取組むことが期待されている（→第 4 章参照）。

　国連人間居住計画（国連ハビタット、UN-Habitat）は、急激に都市化する住環境に注目して、すべての人がより良い環境下で暮らすことを推進する。国連ハビタットの使命は、ローカルからグローバルまであらゆるレベルでのパートナーシップを通して、社会的、環境的に持続可能な住まいづくりを促進することであり、各国政府、地方自治体、NGO、民間団体、民間企業、メディアのほか、多くの国連機関と連携している。その活動方針は 2 年毎に開催される人間居住委員会によって定められるが、活動の 1 つとして、世界の若者（15 ～ 24 歳）の 85%が途上国に住むことに注目し、「都市と若者の発展」に関する活動を展開している。たとえば、国連ハビタット福岡本部（アジア太平洋担当）が 2016 年にカンボジアで開いたワークショップでは、仕事や教育の機会を求めて、地方から都市部に移動するカンボジアの若者を招いて、雇用・政治・社会・ライフスタイルや環境意識・移民について話し合い、持続可能な社会づくりについて意見交換が行われた。

3　観光

　移動手段の低コスト化、簡素化に加え、旅行の選択肢の幅も広がっている現在、多くの人々が観光を目的として移動している。2019 年 1 月に国連世界観光機関（UNWTO）が発表した国際観光客到着数（宿泊を伴う訪問客）は世界全体で前年比 6%増の 14 億人であった。国際観光の実績は世界的な経済成長や雇用創出に貢献すると考えられており、各国政府には、旅行の円滑化、人的資源の開発、持続可能性などの継続的な観光成長を支える政策を推進することが求められている。

　国際機構は、観光分野の技術協力や観光関連事業に携わる人材育成の支援などを通じて、観光の振興に貢献している。たとえば UNWTO は、159 の加盟国、7 つの加盟地域（2020 年 4 月現在）、そして地方自治体や教育機関、観光団体、企業などから 500 を超える賛助加盟員をもつユニークな国連の専門機関である

（2018年末現在）。日本からは、日本旅行業協会、ジェーティービー、ぐるなび、京都大学などが賛助加盟員として加盟している。UNWTOは、途上国にとって観光の振興が貧困の削減や開発・発展に寄与しうるという観点に立ち、観光分野の技術協力、人材育成の支援、調査活動の実施、旅行施設の安全・保護、衛生などに関するガイドラインとしての「世界観光倫理憲章」の普及促進を行っている。また、ユネスコとの協働で、世界遺産を活用した観光振興のあり方について、各国政府、自治体などと議論を重ねている。奈良にはアジア太平洋の地域事務所がある（→第13章参照）。

　人が移動する手段、また移動を促す機能として、鉄道や航空、バスなどの交通機関の役割は重要である。国際鉄道連合（UIC）は、各国の鉄道事業者によって1922年に組織され、鉄道運営において世界的レベルの協力体制を構築することを目的とする。UICは、鉄道技術に関する国際的な標準の確立や、国際列車運行の推進、鉄道運営に関わる支援を行う。世界の205の鉄道関連の団体がUICのメンバーであり、日本からは、JR東日本、JR東海、JR西日本、JR貨物などが加盟している（2018年末現在）。また、UICは、国際公共交通連合（UITP）とともに、公共交通機関の運営担当者に交通ネットワークの脆弱性評価を実施するよう呼びかけるとともに、各国当局に公共交通において細菌兵器や核兵器などがテロに使われた場合の脅威について認識するよう求めている。

4　人の移動と保健・衛生

　2020年4月現在、新型コロナウイルス感染症の拡大により、世界的に感染者や死者が増加するなど状況が深刻化している。このように、人の移動が国際社会にもたらす負の影響として、感染症の拡大が挙げられる。世界保健機関（WHO）によると、ヨーロッパで移民が急増し始めた2012年以降、デング熱、コレラやマラリアの発生が報告されている。原因の一つとして、発生国の財政悪化による公共医療の低下に加えて、移民の流入が挙げられている。

　近年では、感染者の滞在を規制する政策をとる国家もあり、そのような政策により生じる人権問題も懸念されている。たとえば、HIV感染者の入国を規制す

る国もある。そこで、国連合同エイズ計画（UNAIDS）は、「HIV/AIDS と人権に関する国際ガイドライン」を作成し、「HIV に感染している、もしくは感染の疑いがあるという理由で移動の自由や居住の選択に制限を加えることは差別である」と各国に注意を促している。移民を取り巻く劣悪な環境が、感染の可能性を高めることから、UNAIDS は移民の出身国と受入れ国の双方に、感染者の保護を求めている。また、UNAIDS は、多くの国が HIV/AIDS 患者の入国・滞在・居住を制限し、彼らが治療や支援を受けにくい状況を作り上げることによって国際協力を阻害していると指摘する。UNAIDS は、感染した移民が差別されずに、継続的に治療を受けられるよう、各国に法改正などを呼びかけている（→第 8 章参照）。

5　人の移動と治安

　人の移動は国家によって管理されており、各国の治安は国家の国境管理によって保たれている。近年多くの国家は、移民や難民をテロや安全保障などの関連において警戒し、国境管理を強化する傾向にある。

　治安の面では、組織犯罪などによる強制的な人の移動が深刻である。暴力、脅迫、誘拐、詐欺などの手段によって支配下に置かれ、売春や風俗店勤務、強制労働などを強要されたり、偽装結婚をさせられたりするなど、組織犯罪による被害者は年々増加している。それらの国際的な組織犯罪には、国家が単独で対処することが困難であることから、国際的な協力が行われている。たとえば、国際刑事警察機構（ICPO、インターポール）は、犯罪捜査や犯人逮捕に関わる各国の警察との連携を図るとともに、各国から提供された警察情報をデータベース化して共有を進めるなど、国際犯罪の防止に努めている。なお、インターポールは、国家間の条約に基づく厳密な意味での国際機構ではなく、194 の国の警察機関によって組織されている国際的組織である。

　国連では、「人身売買及び他人の売春からの搾取の禁止に関する条約」（「人身売買禁止条約」1949 年）を採択するなど、国際条約を採択してきた。また、IOM は、人身取引の対策として、人身取引の防止、被害者の保護、加害者の訴

追、支援関係者間の連携を進めている。送出し国では、政府機関と NGO を対象にした啓発活動と研修を、受入れ国では、救い出された被害者の保護や避難所の提供、医療や精神的ケアの提供、法律相談などを行い、被害者の自主的な帰国と社会復帰の支援を関係政府や NGO と協力して行っている（→第 7 章参照）。

おわりに

　人が移動する目的と手段、受入れ国での滞在のパターンはさまざまである。就労ひとつとっても、当初は正規の就労ビザで入国しても、ビザが切れたまま滞在することによって不法滞在者になるケースもあれば、就労ビザで滞在した後に結婚し、その国の市民権を得るケースもある。人の移動から生じる問題は多岐にわたるが、人の移動は国家の安全保障や主権と直接関連するため、送出し国と受入れ国の利害が対立しがちで国際協調を進めるのが難しい領域である。その難しさは、国際移動を扱う単一の国際機構として「世界移住機関」の設置が度々提案されるものの、未だに具体化していないことからも明らかである。

　国際機構は、人の移動は生活を豊かにするために有効な手段であるとの立場に立ち、移民の権利保護の条約策定や、共通の問題を議論する場の提供を通じて、さまざまな行為主体と連携しながら多国間協力体制の構築に努力している。移動する人々の権利を保護しながら、国家主権を侵害することなく、自由な移動を効果的に規律することは可能なのだろうか。安全で秩序ある正規移民のためのグローバル・コンパクトは、国連加盟国が包括的にあらゆる次元の国際移住を対象とした初めての文書として採択されたが、国際的な秩序形成は始まったばかりである。人の移動とそれに伴う問題は国際社会共通の課題であり、各国の利害を超えた枠組み作りが急務である。人道を掲げ、中立の立場で各国と調整しながら公式協議にもち込むような、調整者としての国際機関の役割は益々重要である。

〔参考文献〕

五十嵐泰正・明石純一・駒井洋『「グローバル人材」をめぐる政策と現実（移民・ディアスポラ研究 4）』明石書店、2015 年

S. カースルズ・M.J. ミラー著（関根政美・関根薫監訳）『国際移民の時代　第 4 版』名古屋大学出版会、2011 年

白水繁彦『移動する人びと、変容する文化—グローバリゼーションとアイデンティティ』御茶の水書房、2008 年

ブライアン・キーリー著、OECD 編（濱田久美子訳）『よくわかる国際移民：グローバル化の人間的側面』明石書店、2010 年

国連開発計画（UNDP）編（横田洋三・秋月弘子・二宮正人監修）『人間開発報告書 2009：障壁を乗り越えて—人の移動と開発』阪急コミュニケーションズ、2010 年

Khalid Koser, *International Migration: A Very Short Introduction*, Oxford University Press, 2016

Hein de Haas, Stephen Castles, and Mark J. Miller, *The Age of Migration: International Population Movements in the Modern World*, 6th Revised, Palgrave Macmillan, 2019

第7章　国際的な犯罪に対する取組み

はじめに

グローバル化現象により、ある国で生じた出来事が国境を越えて、他国や国際社会全体に影響を及ぼしている。同様に、特定の国で行われた犯罪も他の国や人々に影響する。一般的に、個人による犯罪行為については、国家の刑事司法担当機関において犯罪行為が特定され、行為者の逮捕や訴追がなされる。複数の国や国際社会全体に影響を及ぼす国際的な犯罪については、国家間の協力や、国際社会としての共通の対応が求められる。

このような状況で、国際機構においては、加盟国間に共通する政策が確認され、条約が策定される。国際機構はまた組織としての方針を定めたり、国家に対して司法支援や人材育成支援を行なったりする。さらに集団殺害や人道上の犯罪などの特定の犯罪（コア・クライム）を訴追し処罰する国際刑事裁判所（ICC）も機能する。本章では、国際的な犯罪に対する国際機構の取組みを概観する。

第1節　国際的な犯罪と国際的な取組みの類型

1　国際的な犯罪の類型

国際的な犯罪は、複数の国家に関連する犯罪、諸国の共通利益を害する犯罪、国際社会の関心事である重大な犯罪の3つに大別される。

第1の、複数の国家に関連する犯罪とは、ある国において外国人により犯罪が行われたり、犯罪行為者が他国に逃れたり、犯罪の証拠が他国に存在したりするものを含む。この場合には、どの国の刑法（犯罪行為地または犯罪行為者の本国）が、犯罪行為や犯罪行為者に適用されるのかという点や、犯罪人の引渡しな

どが問題となる。

第2の、諸国の共通利益を害する犯罪とは、海賊、テロ、ハイジャック、薬物、資金洗浄（マネー・ローンダリング）、国際組織犯罪、腐敗、サイバー犯罪、人身取引などを指す。これらの犯罪は、犯罪行為地、犯罪行為者、犯罪行為の影響が多様な国や世界に及ぶ。この犯罪については、国内法上の措置が求められたり、各国の取組みについて情報が共有されたりする。

第3の、集団殺害犯罪、人道に対する犯罪、戦争犯罪、侵略犯罪といった国際社会の関心事である重大な犯罪（コア・クライム）については、各国において犯罪化され、また刑事手続に従い、処罰し訴追することが求められる。その一方で、国が犯罪を訴追、処罰できない場合は国際刑事裁判所（ICC）が管轄権を行使し、犯罪行為者を捜査し、逮捕状を発行し、国家の協力により被疑者の身柄を拘束し、訴追し、処罰する。

2　国際機構による取組み

国際的な犯罪についてはさまざまな特徴があり、すべてを網羅する普遍的な条約や制度は存在しない。各国の国内法や条約に基づいて、個別の犯罪行為の取締りが定められている。原則的には、国における一定の行為の犯罪化、国内措置の実施の確定、裁判権の設定、犯罪収益の没収、犯罪人の引渡手続の特定などの措置が定められる。犯罪行為に対しては、立法機関における法制定、警察などの法執行機関による犯罪行為者の取締り、司法機関による訴追・処罰がなされる。また一国内では対応できない事案に対処するために、国家間協力が求められる。

犯罪に対する各国警察間の協力を促進する国際的組織体として、国際刑事警察機構（ICPO、インターポール）がある。インターポールは、国家間の連携関係を促進し、より安全な世界のための警察の連携を目標とし、犯罪を予防しまた犯罪と闘うことを目指す。インターポールはフランスのリヨンに事務総局を置き、インターポールの加盟国には国家中央事務局（日本は警視庁）が設置され、インターポールと緊密に連絡をとり情報を交換する。

インターポールには194カ国が加盟し（2020年4月現在）、国際的な犯罪やそ

の行為者の情報を集積したり、逃亡している犯罪人を発見したり、国際手配書を発行したりするなど、各国の警察の任務遂行に必要なサービスを提供する。インターポールによる協力分野は、国家による腐敗行為、子どもに対する犯罪、サイバー犯罪、麻薬、環境に関する犯罪、不正な金融取引、武器取引、逃亡者、海賊、組織犯罪、医薬品に関する犯罪、人身売買、違法な物品の売買、戦争犯罪、芸術品の窃盗など多岐にわたる。

　インターポールの主な任務は、刑事事件に関する情報交換や国際手配書の送付などである。捜査は国家主権の行使であり、インターポールの捜査官が捜査活動を直接に行うことはなく、加盟国に対して国際捜査共助を要請する。インターポールに対する国家の協力とは、証拠の提供ではなく国の調査結果の情報や資料提供である。インターポールを通じて国家は情報を迅速に入手でき、国家間の捜査共助が促進される（→第 6 章参照）。

第 2 節　国の共通利益を害する犯罪行為に対する取組み

　海賊、テロ、ハイジャック、薬物、マネー・ローンダリング、国際組織犯罪、腐敗、サイバー犯罪、人身取引などの諸国の共通利益を害する犯罪に対しては、国際機構において条約が策定され、国の権利義務が定められている。

1　海賊への対処

　海賊は古くから「人類共通の敵」と呼ばれてきた。公海上で行われる海賊行為については、海賊船舶の国籍にかかわらず、いずれの国も管轄権を行使することができる。しかしながら、沿岸国に取締り能力がなく、海賊行為により海上を航行する船舶に甚大な被害が及ぶ場合もある。ソマリア沖の海賊行為については、安全保障理事会決議 1816、1851 に基づいて、ソマリア暫定政府の合意の下、ソマリア領海内で他国による海賊行為の取締りが認められた。さらに国際的な協力を推進するために、ソマリア沖海賊対策コンタクト・グループが設立され定期的に会合が開催されている。また国際海事機関（IMO）がソマリア周辺海域海賊

対策地域会合をジブチにおいて開催し，海賊対策に関するジブチ行動指針が採択された。

アジアでは IMO のイニシアチブに基づいて、アジア海賊対策地域協力協定（ReCAAP）が 2004 年に締結された。この協定により、海賊と海上武装強盗に対処するために、情報共有センターがシンガポールに設置され、同センターを通じての情報共有と協力体制が構築されている。

2　テロ行為への対処

国際的な犯罪として、最も問題なものの一つはテロ行為である。とくに 2001 年の同時多発テロ以降、テロとの闘いは国際社会全体の課題である。テロに対する国際機構の取組みとして、条約の策定や、情報の共有があげられる。また国連の安全保障理事会における立法行為に準じた措置もとられている。

（1）　条約の策定

国際民間航空条約（シカゴ条約）に基づいて設立された国際民間航空機関（ICAO）は、国際民間航空の安全かつ整然とした発展を実現するために、国際航空の原則および技術を発展させ、また国際航空運送の計画と発展を助長することを目的とする。ICAO においては、航空犯罪に関連した諸条約が策定された

表 7-1　ICAO において策定された主な条約

・航空機内で行われた犯罪その他ある種の行為に関する条約（東京条約）1963 年
・航空機の不法な奪取の防止に関する条約（ヘーグ条約）1970 年
・民間航空の安全に対する不法な行為の防止に関する条約（モントリオール条約）1971 年
・1971 年 9 月 23 日にモントリオールで作成された民間航空の安全に対する不法な行為の防止に関する条約を補足する国際民間航空に使用される空港における不法な暴力行為の防止に関する議定書（空港不法暴力行為防止議定書）1988 年
・可塑性爆薬の探知のための識別措置に関する条約（プラスチック爆弾探知条約）1991 年
・国際民間航空についての不法な行為の防止に関する条約（北京条約）2010 年
・航空機の不法な奪取の防止に関する条約の追加議定書（北京議定書）2010 年

（→第 13 章参照）。

　国連では、テロ関連の文書として、テロリストによる爆弾使用の防止に関する国際条約（爆弾テロ防止条約）、テロリズムに対する資金供与の防止に関する国際条約（テロ資金供与防止条約）、核によるテロリズムの行為の防止に関する国際条約（核テロリズム防止条約）が策定された。IMO では海洋航行の安全に対する不法な行為の防止に関する条約（SUA 条約）や大陸棚プラットフォーム議定書が、国際原子力機関（IAEA）では核物質及び原子力施設の防護に関する条約（核物質防護条約）が作成された。

　テロ関連条約は、各国におけるテロ行為の禁止や関係者の処罰など国内法の整備を促す。また双方可罰主義に対応するためには、国家がテロ関連条約の規定を均一に国内法化することが必要であり、これにより「引き渡すか訴追するか」の義務が実質的な意味をもつ。

（2）　情報の共有

　国際機構は、条約締約国の情報を共有する役割を担う。ICAO および IMO などを例にとると、以下のような通報や情報の共有が行われている。

　第 1 に、ICAO は、航空機の登録などについて国家と情報を共有する。また共同の航空運送運営組織や国際運営機関を設立する複数の締約国は、いずれかの国を条約の適用上、航空機の登録国とみなすことを ICAO に通告する。ICAO はこの通告を締約国に通知する（東京条約第 18 条、モントリオール条約第 9 条）。共同または国際的な登録が行われている航空機を運航する共同の航空運送運営組織または国際運営機関を設立する締約国は、当該航空機について、いずれかの締約国を、裁判権を有しまた登録国とみなされるものとして指定し ICAO に通告する。ICAO はこの情報を締約国に通知する（ヘーグ条約第 5 条）。

　第 2 に、ICAO は、犯罪行為に関して国家における措置について通報を受理する。すなわち、締約国は国内法に従い、犯罪行為の状況や、犯罪行為の犯人や容疑者に対する措置などの情報を ICAO 理事会に通報する（ヘーグ条約第 11 条、モントリオール条約第 13 条）。また放射性物質や核爆発装置などを所持、使用するなどの犯罪行為の容疑者を訴追した締約国は、国内法や訴訟手続の結果を国連

事務総長に通報する。事務総長は、その情報を他の締約国に伝達する（核テロリズム防止条約第19条）。

　容疑者が領域内に所在する締約国は、状況によって正当であると認める場合には、訴追または引渡しのために、国内法に従い適当な措置をとる。その措置は、直接にまたは国連事務総長を通じて、関連諸国や国際機構に通報される（国家代表等犯罪防止処罰条約第6条、人質行為防止条約第6条）。ICAOは、締約国における抑留者の情報について関係国に直接または事務総長を通じて通報する（爆弾テロ防止条約第7条6項、テロ資金供与防止条約第9条6項）。

　第3に、国際機構は、締約国における措置について、情報を受理し、他の締約国に通達する。たとえば締約国は、関連する犯罪行為の国内における裁判権設定について国連事務総長に通報する（爆弾テロ防止条約第6条3項、テロ資金供与防止条約第7条3項、核テロリズム防止条約第9条3項）。また国内法に従い容疑者を訴追した締約国は、訴訟手続きの結果を国連事務総長に通報し、国連事務総長はその情報を他の締約国に伝達する（爆弾テロ防止条約第16条、テロ資金供与条約第19条、核テロリズム防止条約第19条）。

（3）　安全保障理事会による強制措置

　2001年の同時多発テロ以降、国連憲章第7章のもとの安全保障理事会の決議に基づいて、安全保障理事会による立法的な機能が加盟国に対して行使されてきた。たとえば安全保障理事会決議1373（2001年）は、すべての加盟国に対して、テロ行為に対する資金提供の防止と抑止、テロリストに関する金融資産や経済資源の凍結、テロリストへの金融資産などの提供の禁止、テロ資金供与防止条約などのテロ防止関連条約の締結を求めた。また同決議により、反テロリズム委員会（CTC）が設立された。CTCは、安全保障理事会決議1373およびテロ行為の扇動を含む行為について、国内法上の措置を加盟国に求めた安全保障理事会決議1624（2005年）の実施情報を監視し、国内実施のための助言を行っている。またCTCの執行事務局（CTED）は、安全保障理事会決議1373の国家履行を分析し、国家に対して文書案を用意し、国家の同意に基づいて、現地訪問を実施する。決議1373は、未発効であったテロ資金供与防止条約の内容を反映しており、

したがって決議の採択は、未発効の条約をすべての加盟国に直ちに発効させることに等しい効果を有した。

　また安全保障理事会決議 1540（2004 年）は、大量破壊兵器とその運搬手段の拡散が、国際の平和と安全に対する脅威を構成することを確認して、以下を定めた。すなわち、すべての国が大量破壊兵器やその運搬手段を開発・取得・製造・所有・輸送・移転・使用しようとする非国家主体へのあらゆる形態の支援を慎むこと、非国家主体が特にテロ目的のために大量破壊兵器やその運搬手段を製造・取得・所有・開発・輸送・移転・使用を禁止する、適当かつ効果的な法律を採択し執行すること、大量破壊兵器やその運搬手段の拡散防止のために、国内の管理措置をとり執行すること、である。この決議により、国連加盟国は適当かつ効果的な輸出管理を設定し、さらには違反に対する罰則を設定し執行する法的義務を負うことになった（→第 10 章参照）。

3　薬物への対処

　麻薬などの薬物に関しては、その流行や蔓延を抑制し、また弊害を取り除くことを目的として、1960 年までに 9 つの条約が締結された。麻薬に関するこれら条約の内容は重複する部分が多く、手続きや措置が複雑であったことから、単一の条約にまとめる必要性が確認された。1949 年に開催された第 4 回麻薬委員会において、経済社会理事会決議 159IID（VII）に基づいて単一条約の作成が開始され、麻薬に関する単一条約（麻薬単一条約）が 1961 年に採択された。また 1972 年には、麻薬単一条約によって設立された国際麻薬統制委員会の権限強化を含む、1961 年の麻薬に関する単一条約を改正する議定書が採択された。さらに麻薬に該当しない幻覚剤や覚せい剤、精神安定剤などの向精神薬を規制する文書として、向精神薬に関する条約（向精神薬条約）が 1971 年に採択された。

　麻薬単一条約や向精神薬条約の目的は、薬物の流通や用途に対する法規制である。薬物の使用者の増加や国境を越えた密売など、薬物の影響は広がる一方である。そこで薬物の不正な生産、分配、取引やそれに関与する人々、経済的な観点に着目した規制が目指され、麻薬及び向精神薬の不正取引の防止に関する国際連

合条約（麻薬および向精神薬の不正取引条約）が1988年に作成された。

　麻薬単一条約、向精神薬条約、麻薬および向精神薬の不正取引条約に基づいて、麻薬委員会（CND）、国際麻薬統制委員会（INCB）、国連薬物犯罪事務所（UNODC）の3つの組織が設置された。

　CNDは、1946年に経済社会理事会の下部機関として設立され、麻薬単一条約と麻薬および向精神薬の不正取引条約の策定作業を行ってきた。CNDは、麻薬単一条約、向精神薬条約、麻薬および向精神薬の不正取引条約の3つの条約の目的に関する事項を審議し、勧告を行う。たとえば、条約の目的達成および規定実施のために勧告を行い、CNDが条約に基づいて採択する決定と勧告について、それに沿った措置を考慮するように非締約国の注意を喚起し（麻薬単一条約第8条）、締約国が提出した資料に基づいて条約実施について検討し、一般的な勧告を行う（麻薬および向精神薬の不正取引条約第21条）。

　INCBは、経済社会理事会で選出される13名の個人資格の委員により構成される。INCBは、麻薬単一条約において、政府や国連からの資料を検討し、いずれかの国や領域が、条約規定を実施していないために条約の目的が損なわれる恐れが大きいと信じるに足りる理由がある場合には、当該政府に対して説明を求める権利を有し（麻薬単一条約第14条、向精神薬条約第18条）、また締約国に対して関連資料の提出を促す（麻薬および向精神薬の不正取引条約第22条）。この措置の後に、条約規定を実施するために必要と認められる是正措置をとるように関係国に求めることができる。仮に関係国が十分な説明を行えず、あるいは求められた是正措置をとらない場合には、INCBは、締約国、経済社会理事会およびCNDの注意を喚起できる（麻薬単一条約第14条、向精神薬条約第19条、麻薬および向精神薬の不正取引条約第22条）。さらに、INCBは、いずれかの事件について、締約国、経済社会理事会およびCNDの注意を喚起する場合に、必要と認めるときは、当該国や地域からの薬品や薬の輸出入を、一定の期間、停止するように締約国に勧告できる。これに関して締約国は、当該問題を経済社会理事会に提起できる（麻薬単一条約第14条、向精神薬条約第19条）。

　INCBはまた自らの業務に関する報告を作成する。報告には委員会としての分析結果や、各国政府からの説明などが含まれ、CNDを通じて経済社会理事会に

提出される。報告は国連事務総長により条約締約国に通知され、公表される（麻薬単一条約第 15 条、向精神薬条約第 18 条、麻薬および向精神薬の不正取引条約第 23 条）。

UNODC は、不正薬物、犯罪、国際テロリズムの問題に包括的に取り組むことを目的に設立された。1997 年に、薬物対策のための国連薬物統制計画（UNDCP、1990 年に国連総会決議により設立）と犯罪防止刑事司法計画（1991 年に国連総会決議により設立）が統合され、国連薬物統制犯罪防止事務所（UNODCCP）が設立され、2002 年に UNODC に改称された。UNODC は、CND および INCB の事務局であり、関連諸条約の事務局も務める。

4　マネー・ローンダリングへの対処

マネー・ローンダリングとは、違法な行為により得られた資金についてその出所をわからなくするためになされる行為を指す。世界的なマネー・ローンダリングには、金融活動作業部会（FATF）が取り組んでいる。FATF は 1989 年の G7 アルシュサミットにより設立され、39 の国や地域、地域機関が加盟する政府間機関である（2020 年 4 月現在）。FATF は、政策決定機関としてマネー・ローンダリングやテロ資金供与に対処するために基準を設定し、またさまざまな措置の効果的な履行をも促す。FATF は、資金洗浄やテロ資金と闘うために主に以下の活動を行う。①マネー・ローンダリング対策と、テロ資金対策に関する国際基準である FATF 勧告を策定し再検討する、②FATF 勧告の履行状況について参加国と地域間の相互審査を監視する、③非参加国の FATF 勧告の履行を促す、④マネー・ローンダリングとテロ資金供与について研究を行う。FATF の勧告は、参加国による犯罪対策の際に遵守されるべき国際基準であり、そこにはテロ資金供与について詳細な解釈文書が付される。FATF に基づく相互審査手続では、条約解釈に加えて、国家における法整備も求められる。

FATF の勧告を実行するために、アジア太平洋、カリブ諸国、ヨーロッパなど、各地域に金融活動の国際機構が設立されている。アジア太平洋地域には、アジア太平洋マネー・ローンダリング対策グループ（APG）が 1997 年にバンコク

で設立された（41の国と地域により構成）。APGの主な活動としては、①アジア太平洋地域でのFATF勧告の実施を推奨し促進する、②マネー・ローンダリングの防止やテロ資金供与防止に関する立法化を促進する、③国のマネー・ローンダリング対策やテロ資金供与対策の実施状況について相互に審査する、④域内におけるマネー・ローンダリングの手口や傾向などについて情報を交換し分析を行う、などである。

5 国際的な組織犯罪への対処

　国際的な組織犯罪を防止する条約として、国際的な組織犯罪の防止に関する国際連合条約（国際組織犯罪防止条約）が国連総会において2000年に採択された。この条約は、重大犯罪の実行についての合意、犯罪収益の資金洗浄の犯罪化、犯罪人引渡し手続の迅速化、司法手続における相互援助について定める。国連は、条約策定の場であり、締約国会議の事務局も務める。条約締約国は、資金洗浄に関する規定を実施する国内法や、条約を犯罪人引渡しの条件とすることに関して、国連の事務総長に通報する。国家は国内の規制制度や監督程度を設ける際には、地域的機関や多数国間機関による関連の提案を指針として使用するように求められる。

　同条約を補足する3つの議定書として、人身取引防止議定書（国際的な組織犯罪の防止に関する国際連合条約を補足する人（特に女性及び児童）の取引を防止し、抑止し及び処罰するための議定書）、移民密輸入国防止議定書（国際的な組織犯罪の防止に関する国際連合条約を補足する陸路、海路及び空路により移民を密入国させることの防止に関する議定書）、銃器不正取引防止議定書（国際的な組織犯罪の防止に関する国際連合条約を補足する銃器並びにその部品及び構成部分並びに弾薬の不正な製造及び取引の防止に関する議定書）が、国連において策定された。

6　腐敗行為への対処

　腐敗行為とは、公務員などの公的な機関の職に就いている者が、自らの地位や職権などを利用して、横領や資金洗浄、汚職などを行うことである。腐敗行為は、経済や社会に悪影響を及ぼし、法の支配を妨げる行為である。腐敗行為への対処を目指して、地域的機関において腐敗防止に関する条約が採択されてきた。具体的には米州機構が採択した、腐敗の防止に関する米州条約（1996 年）、欧州共同体の職員または欧州連合加盟国の公務員に係る腐敗の防止に関する条約（1996 年）、国際商取引外国公務員贈賄防止条約（OECD、1997 年）、腐敗に関する刑事法条約（欧州評議会、1999 年）、腐敗に関する民事法条約（欧州評議会、1999 年）、腐敗の防止および腐敗との闘いに関するアフリカ連合条約（2003 年）などである。

　国連では、1996 年に「公務員の国際的行動規範」が国連総会決議 51/59 付属書として採択された。国際組織犯罪防止条約にも腐敗問題に対処する規定が含まれているが、より効果的に腐敗問題に対処するために文書作成が提唱され、条約起草委員会が国連総会により設立された。2003 年に、腐敗の防止に関する国際連合条約（腐敗防止条約）が策定され、腐敗防止条約のもとで締約国は、腐敗行為の防止措置をとり、腐敗行為を犯罪化し、犯罪人引渡しや捜査・司法共助、犯罪収益の没収や財産の返還などの国際協力を進めることが求められている。

7　サイバー犯罪への対処

　サイバー犯罪とは、コンピューターなどを利用してネットワーク上で行われる犯罪である。インターネットを通じて不正にサイトにアクセスしたり、違法な物品の取引を行ったり、プログラムを破壊したりする行為は、国際社会に多大な影響を及ぼす。サイバー犯罪に関する条約（サイバー犯罪条約、2001 年に欧州評議会で採択）は、サイバー犯罪から社会を保護することを目的として、コンピューターシステムに対する違法なアクセスなど、一定の行為の犯罪化やコン

ピューターデータの迅速な保全などに係る刑事手続の整備、犯罪人引渡しなどに関する国際協力について規定する。同条約に基づいて、締約国は欧州評議会に対して、当該事項に責任を有する国内の関連当局を伝える。すなわち締約国は署名の際または批准書などの寄託の際に欧州評議会事務局長に対して、犯罪人引渡条約が存在しない場合には犯罪人引渡しまたは仮拘禁のための請求を行いまたは受理することについて、自国の責任当局について通報する。また欧州評議会事務局長は、締約国によって指定された当局の登録簿を作成し更新する。

サイバー犯罪条約が個人情報の保護とサイバー犯罪からの社会の保護を強調する一方で、国家主権の尊重を重視する規範も作成される。上海協力機構においては 2011 年に、情報セキュリティのための国際行動規範が策定され 2015 年に更新された。同規範は政府による情報の規制を認め、国家主権を脅かす情報の取締りが目指されている。

8 人身取引への対処

人身取引は、人間を売買の対象とし、搾取することにより利益を得ようとする犯罪行為で、国際法上禁止されている。人身取引には性的搾取や強制労働、臓器の摘出なども含まれる。人身取引を含む現代的奴隷制に関しては、2000 年の国連ミレニアム総会において人身取引防止議定書が制定され、欧州評議会では、人身取引に対する行動に関する条約が採択された（2005 年）。また国際労働機関（ILO）では 1930 年強制労働条約（第 29 号）の議定書が策定された（2014 年）。

人身取引に関する条約は、人身取引の犯罪化に加えて、被害者の保護や援助に対しても加盟国が必要な措置をとることを求めている。欧州評議会における条約の制定と発効に従い、欧州連合（EU）では、「人身取引との闘いに関する 2002 年 7 月 19 日の理事会枠組決定に代わる新指令」が制定され、犯罪行為者の刑を厳罰化し、被害者の保護を重視する規定が含まれた。また ILO の 2014 年議定書は人身取引に対応できるように第 29 号条約を改正し、強制労働の防止、被疑者の保護、物的身体的損傷に対する補償など救済を得る機会を提供する義務を政府に課している。

　国連では UNODC が、人身取引に関連する活動を行う。国連総会は人身取引の被害者のための信託基金を 2010 年に設置し（国連総会決議 64/293）、UNODC がその運営を担う。この信託基金は、人身取引の被害者に人道上、法的および財政上の支援を提供することを目的とし、NGO が人身取引の被害者への支援を行う。また UNODC は人身取引判例データベースを作成しており、このデータベースにより各国の法律や判例を知ることができる。国際移住機関（IOM）は、人身取引に関する啓発活動や、政府や NGO への技術支援、被害者支援、研究調査を行う（→第6章参照）。

第3節　国際的な犯罪を訴追し処罰する国際的な裁判所

1　国際刑事裁判所（ICC）

　1990 年代に旧ユーゴスラビアやルワンダで生じた紛争下での多数の人々の殺戮を契機として、国際社会全体の関心事であるもっとも重大な犯罪に対する訴追が求められた。1998 年にローマ規程に基づいて、個人による犯罪を国際法に基づいて直接に裁く常設の国際機構として ICC が設立された。ICC は集団殺害犯罪、人道に対する犯罪、戦争犯罪、侵略犯罪の4つの犯罪（コア・クライム）を対象とする。

　ICC は国家の刑事裁判権を補完する。すなわち特定の事件が、管轄権を有する国によって捜査されたり訴追されたりしている場合には、ICC は事件を受理できない。また ICC が管轄権を行使する場合とは、①締約国により、事態と称される状況が ICC に付託される場合、②国連安全保障理事会が憲章第7章に基づいて、犯罪が行われたと考える事態を検察官に付託する場合、③検察官が捜査を始める場合、のいずれかである。

　ICC は、裁判所長会議、裁判部門、検察局、書記局により構成される。これら組織の管理監督は、ローマ規程の締約国により構成される締約国会議によって行われる。

　裁判所長会議は、裁判所長と裁判所第一次長、裁判所第二次長の３名により構成され、検察局以外の裁判所の運営について責任をもつ。裁判部門は、予審裁判部、第一審裁判部、上訴裁判部により設立される。予審裁判部は、捜査の開始後、検察官の請求により、情報を検討したうえで被疑者に係る逮捕状を発する。被疑者が引渡されまたは出頭した後、予審裁判部は、検察が公判を求める犯罪事実を確認する審理を行う。犯罪事実の確認後に第一審裁判部が組織される。第一審裁判部の判決については、検察または有罪の判決を受けた者は上訴裁判部に上訴できる。なお ICC において適用される刑罰は、終身刑を含む拘禁刑であり死刑はない。また拘禁刑は、刑を言い渡された者を受け入れる意思を ICC に対して明らかにした国の一覧表のなかから、ICC が指定する国において執行される。

　検察局は裁判所の管轄権内の犯罪の付託と、裏付けとなる情報の受理、検討、捜査、裁判所への訴追について責任をもつ。

　ICC は裁判機関として逮捕状を発行するが、犯罪行為者の身柄を拘束する組織がなく、身柄の拘束は締約国の協力によって行われる。締約国は ICC による捜査と訴追について十分に協力する義務を負う（ローマ規程第 86 条）。

　司法機関としての ICC は、罪刑法定主義や一事不再理など、民主的な国家の司法機関での刑事手続の原則を遵守する。また無罪の推定や被告人の権利の保護、公判手続への被害者や証人の参加においては人々の安全、心身の健康、尊厳とプライバシーを保護するために適切な措置をとることも求められる。

　また ICC において処遇されるコア・クライムの被害者は多数に及ぶことが想定されることから、被害者に対する賠償についての原則が確立されている。ICCは、請求または職権により、判決において被害者についての損害や損失、傷害の範囲や程度を決定できる。さらに ICC は有罪の判決を受けた者に対して、被害者に関する賠償（原状回復、補償、リハビリテーションなど）を特定した命令を発することができる。

　ICC の締約国会議により、犯罪の被害者とその家族の救済を目的として信託基金が設置されている。信託基金は、裁判部門からの要請により被害者に対する賠償命令を実行し、また被害者とその家族に対する支援活動を行う。

2　安全保障理事会決議に基づく刑事裁判所

　1990 年代には、安全保障理事会決議に基づいてアド・ホック刑事裁判所が設立された。旧ユーゴスラビア国際刑事裁判所（ICTY、安全保障理事会決議 827により設立）とルワンダ国際刑事裁判所（ICTR、安全保障理事会決議 955 により設立）である。

　両裁判所は、旧ユーゴスラビアおよびルワンダという特定の地域の状況について、国際の平和と安全の脅威を構成するとして設立された。ICTY は、1949 年のジュネーブ諸条約、戦争犯罪、集団殺害犯罪、人道に対する罪について、ICTR はジェノサイド、人道に対する罪、ジュネーブ諸条約第 3 条について管轄権を行使した。

　両裁判所が扱う犯罪行為については、国内裁判所も管轄権を有する一方で、国際裁判所が国内裁判所に優越して機能した。また各国は、国際人道法の重大な違反について責任者の捜査や訴追に関して、裁判所に協力することが求められた。

　なお、両裁判所は、2004 年までに捜査を完了し、2010 年にすべての作業を完了するための措置を可能な限りとるように要請された（安全保障理事会決議1503、1534）。両裁判所に代わる刑事裁判所国際残余メカニズム（IRMCT）が2010 年に設立され（安全保障理事会決議 1966）、ICTY と ICTR の閉廷後も裁判の終了に向けて手続がとられている。

おわりに

　犯罪行為やその影響が国境を越えてあらゆる地域に影響を及ぼす状況において、国際的な犯罪に関しては、各国家における行為の犯罪化と処罰のための法整備が行われてきた。また国際的な犯罪について国家が理解を共有し、共通の政策や対応をとることも求められてきた。国際機構による情報の提供や政策への合意は、犯罪行為に対処する各国家における取組みを具体化する上でも重要な役割を担い、国家間の協力をより一層促進していくことが目指される。さらには国際的

な刑事裁判所における個人の訴追と処罰を通じて、重大犯罪については不処罰とならないことが確立されている。国際犯罪に関する国際機構の取組みは、条約の作成や安全保障理事会で採択された決議にみられる立法的な役割、刑事裁判所における司法的な作用、さらに加盟国に対する措置など行政的な機能をも含んでいる。

〔参考文献〕

大原義宏「刑事司法の国際化—刑事に関する国際協力の現状と検察の国際化について」『法の支配』第 181 号、2016 年

土屋大洋『サイバーセキュリティと国際政治』千倉書房、2015 年

村瀬信也・洪恵子編『国際刑事裁判所—重大な国際犯罪を裁く— 第 2 版』東信堂、2014 年

望月康恵『移行期正義—国際社会における正義の追及』法律文化社、2012 年

第8章　開発協力

はじめに

国連憲章は、経済的、社会的、文化的または人的性質を有する国際問題の解決を目的とし（第1条3項）、一層高い生活水準、完全雇用ならびに経済的、社会的な進歩および発展の条件を促進するべきことを規定しており（第55条a）、国連は設立当時から、「開発（Development）」をその活動の一つとしていた。

開発協力においては、当初は国家の経済開発が着目されていたものの、後に社会開発や人間の能力の発展に着目する人間開発が目指されていった。開発協力は、国家による外交手段である一方で、国際社会として対処すべき諸問題を解決するための手段でもあり目標でもある。国際機構においては、国家は国際機構の構成員として、あるいは国際機構により規律され、もしくは国際機構と交渉し協力しながら、国際社会の課題を克服するために他国や他の利害関係者と共に開発協力に従事し、国際社会としての政策や目標を作成し、合意し、実施を目指してきた。

本章では、開発協力の分野における国際機構の役割について概観する。開発協力とは、国や社会、人の発展を目的とした、国家や国際社会におけるさまざまな形態による資源の流れや支援、取組みを含む。

第1節　開発協力の変遷

1　第二次世界大戦以降の取組みと国際機構の設立、活動

　戦後復興をその起源の一つと位置付ける現在の開発協力において、国際機構はどのような役割を果たしてきたのであろうか。国際機構において、国家は開発協力に関する政策を議論し、合意する一方で、国際機構で作成された合意や政策を国家が尊重し実施することも求められている。

　国際社会に開発援助体制が設立されていったのは 1940 年代である。アメリカは、西側の資本主義諸国の復興を目指して経済協力を行った。1944 年にはブレトンウッズ会議において、アメリカのイニシアティブのもと、国際復興開発銀行（世界銀行）と国際通貨基金（IMF）が設立された。世界銀行はその正式名称に示されるように、「戦争により破壊され、又は解体された経済の回復、生産施設の平時需要への再転換並びに開発の程度が低い国における生産施設及び生産資源の開発を含む生産的目的のための資本投下を容易にすることにより、加盟国の領域の復興及び開発を援助すること」（国際復興開発銀行協定第 1 条）を目的としていた。世界銀行は、日本の東海道新幹線建設への融資など、加盟国への個別のプロジェクトに対して融資を行うことにより、国家の経済・社会開発を促した。一方の IMF は、国際通貨の安定を目指し、途上国に対する開発資金の融資を行った（→第 9 章参照）。

　1947 年にトルーマン大統領はアメリカ議会においてトルーマン・ドクトリンを発表し、ギリシャ、トルコに対する援助の必要性を訴え、反共政策としての対外援助が外交政策の手段として示された。この主張はマーシャル・プラン（1948 ～ 1951 年）に受け継がれた。マーシャル・プランは、アメリカによる第二次世界大戦後のヨーロッパ諸国に対する復興援助計画であり、支援を受ける欧州のイニシアティブに基づいた、複数の国々による共同目標の達成を目指した新しい形の復興支援であった。この計画を実施するために欧州経済協力機構（OEEC）が

設立され、OEEC は後に経済成長、途上国の拡大、貿易の拡大を目的とする経済協力開発機構（OECD）に発展した。またトルーマン大統領が示したポイント・フォアは、途上国に向けての技術援助協力の必要性を示し、国連の開発援助活動にも影響を及ぼした。

世界銀行が途上国に対して資金援助を行う一方で、国連では物資、訓練、専門技術などを柱とする援助がなされた。途上国支援を目的とした技術援助機関として、拡大技術援助プログラム（EPTA）が 1949 年に国連総会により設立された。EPTA には当初、国連に加えて専門機関も参加しており、途上国に対する技術提供を業務とした。

欧州の復興に成功した世界銀行は、途上国の開発援助にも着手した。1950 年代には、最貧途上国が、成長に必要な資本を借り入れられるようにするには、世界銀行よりもより緩やかな条件が必要であることが明らかになった。そこで世界銀行グループの一機関として、国際開発協会（IDA）が 1960 年に設立された。

1960 年代には、植民地が主権国家として独立し、国際社会は多数の途上国と少数の先進国という構造に変わり、南北問題が顕在化していった。途上国の増加により、それら諸国の発言力や政治力が拡大した。国連の補助機関（計画と基金、funds and programmes）もこの時期に設立されていった。1964 年に設立された国連貿易開発会議（UNCTAD）は、途上国や経済移行国が、開発、貧困削減、世界経済への統合のための原動力として、貿易と投資を利用できるようにすることを目的としており、南北問題を協議する場である。1966 年には国連開発計画（UNDP）が、EPTA と EPTA 内の特別基金の統合により設立された。この背景には、最大の資金拠出国アメリカが、援助プログラムを中央集権的に管理することにより、効果的な業務遂行を目指すとともに、国益を追及しようとしたことが挙げられる。UNDP の設立により、国連における最大の無償資金供与機関が誕生した。さらに 1969 年には国連人口基金（UNFPA）が、途上国や移行諸国に対して人口関連の支援を行う機関として設立された。

1970 年代には、開発に対する新たな考え方が示された。開発は自由貿易体制と密接に関わる。第二次世界大戦後に、国際貿易機関（ITO）の設立が目指されていたものの設立に至らず、関税及び貿易に関する一般協定（GATT）が暫定

的に適用されることにより、自由貿易体制が確立されていった（→第10章参照）。その一方で、資源ナショナリズムの動きが活発となり、豊富な天然資源を有する途上国は、資源国有化の権利を訴えるようになった。先進国が主導して設立された垂直的な経済体制に対抗し、水平的な経済体制を構築しようとする途上国の働きにより、1974年には「新国際経済秩序（NIEO）」と「国家の経済的権利義務憲章」が国連資源特別総会において採択された。この宣言採択により、新しい経済秩序を打ち立てることが目指されたが、その後2度の石油危機が生じ、国際的な経済状況が悪化するなかで、途上国間の経済状況の違いが明らかになった。また途上国の経済状況の悪化は、それら諸国が先進国からの援助に頼らざるを得ない状況にもなった。

　援助の在り方についても、さまざまな考え方が提唱されていった。たとえば経済開発における大規模な援助方式に対する批判を受けて、社会基盤の整備を重視する社会開発の概念が1970年代に導入された。さらに社会開発においてベーシック・ヒューマン・ニーズ（BHN）のアプローチが提唱された。これは、人として最低限必要な食糧や栄養、基本的な社会サービスが貧困層に効果的に届くような方法で供与しようとする考え方で、経済開発のみでは克服できない問題を是正する取組みでもある。

　1980年代には、途上国の累積債務問題に対処するために、世界銀行やIMFによる構造調整融資が実施された。構造調整とは、資金援助の条件として経済改革プログラムの実施を求めるものであり、国際機構が融資を行う際に、市場メカニズム重視の経済政策の導入を条件づけた。この構造調整融資は、国際機構が提示する条件（コンディショナリティ）を途上国が受け入れることにより融資を得るものである。これは、融資を受ける国の制度の変革を促し、国内での補助金の削減や、国営企業や事業の民営化をもたらした。構造調整は、先進国の制度をモデルとして、それに準じる制度を新しく導入することにより途上国の経済状況の改善を目指していた。しかし構造調整は、国家の個別の社会状況を十分に考慮して導入されたものではなく、むしろ経済状況を悪化させた。その結果、人々の選択肢の拡大を基礎に置く人間開発や貧困撲滅の重視につながった。

　1980年代には、一国では解決できないグローバル・イシューが着目されていっ

た。1983 年には国連総会において「環境と開発に関する世界委員会」（ブルント
ラント委員会）が設置され、1987 年に最終報告書「われら共通の未来―持続可
能な開発」を発表した。1992 年に開催された地球サミットにおいては、環境と
開発の双方に着目した持続可能な開発という考えに基づき、リオ宣言とアジェン
ダ 21 が採択された。

　1989 年にベルリンの壁が崩壊し、社会主義体制の諸国が市場経済に移行した。
世界銀行や IMF は構造調整を導入して、これら諸国に対して市場経済に移行す
るための資金援助を行った。1990 年代後半に生じた東アジア金融危機への緊急
支援においても、構造調整アプローチに基づいた改革プログラムの採用が国際社
会からの融資の条件となった。

　1990 年代には、社会開発および人間開発との関係で、当事者の能力の発揮や
主体性を重視する参加型の開発協力が求められていく。OECD の開発援助委員
会（DAC）は、可能な限り多くの人々が開発の意思決定に参加し、また経済成
長の恩恵を享受することを強調した。1980 年代、1990 年代の構造調整アプロー
チの失敗を受けて、世界銀行では経済政策の改革に加えてグッド・ガバナンスが
提唱された。また上述のとおり人間開発の概念が提唱され、人々の選択肢を拡大
するプロセスとして捉えられるようになった。UNDP は 1990 年から「人間開発
報告書」を公表し、開発援助の方針や考え方を提示していった。1995 年の世界
社会開発サミットの宣言においても、人間を開発の中心に置くことが確認された。
1997 年には、世界銀行が貧困削減を組織目標として設定し、社会開発分野の支
援にも関与しはじめた。世界銀行は包括的開発フレームワーク（CDF）を打ち
立て、この枠組のもとであらゆる開発の課題がまとめられた。また国際機構やド
ナーは得意分野で協力を行いながら、途上国が中心となって貧困削減戦略文書
（PRSP）の策定が求められていった。

　2000 年代、開発援助の戦略や目標がより明確化され、国際社会全体としての
取組みがさらに求められた。2000 年には国連において「ミレニアム宣言」が採
択された。過去のさまざまな国際開発目標を統合して、2015 年までに達成すべ
きミレニアム開発目標（MDGs）が設定された。MDGs と PRSP については、
2001 年に UNDP と世界銀行との間で合意がなされ、開発目標としての MDGs を

達成する手段として PRSP が位置づけられた。これにより、MDGs と PRSP を国際的な援助における中心的な枠組とするパートナーシップ・アプローチが強化された。2015 年には、MDGs を引き継いで、持続可能な開発のための 2030 アジェンダが採択され、持続可能な開発目標（SDGs）が設定された。MDGs は開発に着目したが、SDGs においては地球環境の持続可能性が重視され、これにより開発と環境の関係性があらためて問い直されている。

2　開発協力の類型

　開発協力は、二国間（バイ）と多国間（マルチ）に区分される。二国間は国から国への資源の流れであり、多国間は、国から国際機構、国際機構から国への資源の流れである。

　開発協力において、国際機構の役割は資源（お金や人的協力など）の受け手であり送り手でもある。受け手としての国際機構は、加盟国からの分担金や拠出金などの資源を得る。世界銀行の場合には債券を発行することによって、市場から資金を得る。送り手としての国際機構は、途上国や民間企業、市民社会に資源を送る。多国間援助の場合には、誰にどの程度の資源を送るのかという決定は、多国間の場において決められた基準や政策などに基づいて実施される。たとえば、政府開発援助（ODA）を国民総所得の 0.7％とする目標は、1970 年に国連総会で採択された。この数値目標を達成している国は DAC28 カ国のうち 5 カ国にとどまり（2019 年 4 月現在）、この目標の達成が引き続き求められている。

　国際機構が関与する多国間援助は、無償援助と有償援助に区別される。前者はユニセフや UNDP など国連諸機関による贈与の形式によるものであり、後者は世界銀行や IMF など国際金融機関による貸付である。無償援助は、被援助国に返済を求めず、同国に対する技術援助に適していると考えられる。その一方で、無償援助は、国際機構の加盟国の自発的拠出金に依存しており有償援助よりも少額である。これに対して、有償援助は、被援助国による返済が求められるものであるが、資金を回転させることにより、新たな援助資金を生み出すことができる。また有償援助により、多額の資金提供が長期間可能になる。

第 2 節　国際機構による開発協力のアジェンダ・セッティング

1　なぜ開発協力においてアジェンダ・セッティングが行われるのか

　今日、開発協力に関連する主体は、国家によるものや国際機構によるもの、また民間によるものなど非常に多岐に渡る。これらの主体が開発協力を行う際には、お互いの合意が必要であるが、その土台となる規範が存在することにより望ましい合意形成につながる可能性が高くなる。また、人的資源や経済的資源には限界があり、途上国のニーズを踏まえつつ、どのような活動を優先して行うかを決める必要がある。さらに、より効果的な活動を行うためには、開発協力に携わる主体間での調整も必要となる。そのため、時代により、また国際情勢や技術革新などの要素なども加味されつつ、開発協力の検討課題や行動計画を示すアジェンダが協議・提唱され、それらに基づいてさまざまな政策も打ち出されてきた。

　開発協力のアジェンダは、「地球共同体」の考え方に基づくもの、新興独立国が直面した開発に関する課題により焦点を当てたもの、東西冷戦の終結やグローバル化の進展に伴った目標設定などに分類できる。以下、開発協力のアジェンダ・セッティングの主体と、2000 年に設定された MDGs、そして 2015 年に設定された 2030 開発アジェンダ／SDGs という開発協力のアジェンダにつき概観する。

2　開発協力におけるアジェンダ・セッティングの主体

　第二次世界大戦直後には「人道」をキーワードとし、戦争の被害救済を目的として設置された国際連合救済復興機関（UNRRA）を中心に、緊急支援や人道支援を中心とした国際機構・機関が設立された。その後、最大の資金拠出国であったアメリカを中心に、ドナー国が提唱した考え方が国際機構・機関の開発協力に対し大きな影響力を与えた。たとえば、トルーマン大統領の「低開発地域における技術協力」（ポイント・フォア提案）や、「南北問題」として知られる「低開発

の南半球」の今後の発展を重要課題として掲げたイギリスのオリヴァー・フランクス演説などである。

　開発協力のアジェンダ・セッティングは、支援国による機関や会合でも行われる。OECD に設置された DAC は、2005 年に採択された「援助効果に関するパリ宣言」など、加盟国に対し開発協力に関するガイドラインや指針を示すとともに、開発協力の潮流ともなりうる報告書の提出も行なっている。

　1970 年代からは、先進国に加え、途上国もイニシアティブをとりつつ、開発に対するアプローチを模索するようになった。たとえば、不公正な国際経済システム是正を求める「新国際経済秩序」に関する宣言と行動プログラムなどがその結果である。1970 年代には、UNCTAD における途上国のイニシアティブの結果、途上国からの輸入品に関して関税上の優遇措置を与える特恵関税制度がガット第四部として追加された。

　世界銀行や IMF、世界保健機関（WHO）など、開発協力に関連する業務を行なっている専門機関や、「計画と基金」と称される国連の自立的補助機関も、開発協力に関連するアジェンダ・セッティングを形作っていく主体である。国連主要機関や補助機関も、開発協力に関するアジェンダ形成の一端を担っている。たとえば国連総会は開発政策に関連する規範や行動計画などを採択し、その補助機関である第 2 委員会では経済や金融を中心とした国際協力が、第三委員会では社会開発につき審議が行われている。第 7 代国連事務総長コフィ・アナンの提案を基に、開発協力に関連する多国間機構やその中の部局によって形成された国連開発グループ（UNDG）のように、国際機構や内部機関、補助機関の連合体も、目的に応じて開発関連のアジェンダ・セッティングを行なっている。

　「開発への課題」を示した第 6 代国連事務総長ブトロス・ブトロス＝ガリや、「一つの国連（One UN）」を提唱した事務総長アナンのように、国連事務総長をはじめとする国連システム諸機関の事務局の長によるイニシアティブも、開発協力の潮流に大きな影響を及ぼしている。

3　今日における開発協力のアジェンダ－ミレニアム開発目標（MDGs）から持続可能な開発目標（SDGs）へ

　開発協力のアジェンダは、時代ごとに異なる主体によって設定され、環境の変化に対応しつつ開発協力の活動に対し影響を与えてきた。一方で、開発協力に携わる主体は先進国と途上国、国際機構に加え、民間セクターや NGO、さらに慈善事業を行う団体や各種基金など、多岐に渡るようになった。それらの主体が個別の方針に基づいて活動を行うことは整合性を欠いてしまう他、支援される国にとっても対応が難しくなるという問題点があった。

　2000 年に設定された MDGs は、冷戦終結やグローバル化の加速に伴い、開発協力に関与する主体が一丸となって取り組むべき目標設定の必要性から生み出され、すでにいくつかの国際的なフォーラムで採択された目標も含め、国連ミレニアム・サミットで採択された。MDGs の特徴は、個々の目標に関連する分野の指標を使用しながら、2015 年までという期限を設けて、世界規模で設定された具体的な数値目標の達成を掲げている点である。また、MDGs では主に貧困撲滅に関連する課題を中心に目標設定がなされた点も特徴の一つである。

　これらの目標は、二国間の協力や国連システム諸機関による実施を前提としているが、目標 8 にあるように、NGO や民間企業との協力関係による達成も想定されている。また、目標は相互に関連している。たとえば、目標 2 にある「初等教育の完全普及の達成」のためには、目標 3 のターゲットに掲げられている初等

表 8-1　ミレニアム開発目標（MDGs）

目標 1：極度の貧困と飢餓の撲滅
目標 2：初等教育の完全普及の達成
目標 3：ジェンダー平等推進と女性の地位向上
目標 4：乳幼児死亡率の削減
目標 5：妊産婦の健康の改善
目標 6：HIV ／エイズ、マラリア、その他の疾病の蔓延の防止
目標 7：環境の持続可能性確保
目標 8：開発のためのグローバルなパートナーシップの推進

（出典：外務省 HP）

教育における男女格差の解消が必要となる。また、目標4「乳幼児死亡率の削減」には、目標5「妊産婦の健康の改善」の他、目標1の絶対的貧困の減少や、目標7と関連する水と衛生の施作も必要となる。

　国連システム諸機関によるMDGsの実施に際しては、各々の国連システム諸機関が活動内容に即したプログラム策定などの形がとられた。たとえば、ユニセフは、初等教育や乳幼児のケアなどの分野でプログラムを実施した。贈与ベースの技術協力では国連最大の援助機関であり、国連全体の開発援助活動の調整役を勤めるUNDPは、世界中に現地事務所をもつ強みを生かし、MDGs実施の調整役を務めた。

　MDGsの進捗状況は、国別に集められたデータを元に国連統計局が管理するデータベース（Devinfo）や、国連システム諸機関が収集したデータを元に評価が行われた。その結果、2015年には、絶対的貧困の割合は1990年の47%から14%と半数以下になり、栄養不足状態にある人の割合も23.3%から12.9%へと半減した。女子の就学率も増加し、全体として初等・中等・高等教育における女子生徒・学生の割合も増えた。マラリアや結核、はしかやHIV死亡率も減少し、安全な飲料水を利用できない人の割合も半数以下に減少した。

　一方、2015年には初等教育への就学率は91%となり、若年層（15歳から24歳）の識字率も91%へと改善したものの、初等教育の完全普及という目標2は達成されなかった。妊産婦の死亡率も2015年には1990年と比して45%減となったが、目標5に掲げた水準には達しなかった。

　国連システム諸機関や国家、民間の主体などがMDGsの目標達成に向け取り組んだ結果、達成できた分野もあるが、達成できなかった分野もある。その理由としては、地域ごとに目標到達度が異なる、MDGsは国単位での達成度を測るが国内における格差などについては反映することが難しい、武力紛争や自然災害の発生、発展をみる新興国がある一方で貧困状態下の人が多い国も存在するなど「途上国」の多様化、などの要因が挙げられている。

　MDGsの「残された課題」や関連する主要な国連の会議などの成果に鑑み、2012年から第8代国連事務総長・潘基文のイニシアティブによって「ポスト2015年開発アジェンダ」の策定が進められた。その結果、2015年の国連持続可

能な開発サミットにおいて、「誰一人として置き去りにしない」ことを主眼とし、環境保護や平和と人権の保障を実現しつつ経済変化に対応するための新アジェンダ「持続可能な開発目標」（SDGs）が採択された。

　SDGs は、2030 年までに実施されるべき 17 目標と 169 のターゲットから構成される。国家は SDGs の主要な実施主体であり、フォローアップとレビューに関しても責任を有している。また、企業や市民社会などの民間部門も各々の分野で役割を有している。

表 8-2　持続可能な開発目標（SDGs）

目標 1：あらゆる場所のあらゆる形態の貧困を終わらせる

目標 2：飢餓を終わらせ、食料安全保障及び栄養改善を実現し、持続可能な農業を促進する

目標 3：あらゆる年齢のすべての人々の健康的な生活を確保し、福祉を促進する

目標 4：すべての人々への包摂的かつ公正な質の高い教育を提供し、生涯学習の機会を促進する

目標 5：ジェンダー平等を達成し、すべての女性及び女児の能力強化を行う

目標 6：すべての人々の水と衛生の利用可能性と持続可能な管理を確保する

目標 7：すべての人々の、安価かつ信頼できる持続可能な近代的エネルギーへのアクセスを確保する

目標 8：包摂的かつ持続可能な経済成長及びすべての人々の完全かつ生産的な雇用と働きがいのある人間らしい雇用（ディーセント・ワーク）を促進する

目標 9：強靱（レジリエント）なインフラ構築、包摂的かつ持続可能な産業化の促進及びイノベーションの推進を図る

目標 10：各国内及び各国間の不平等を是正する

目標 11：包摂的で安全かつ強靱（レジリエント）で持続可能な都市及び人間居住を実現する

目標 12：持続可能な生産消費形態を確保する

目標 13：気候変動及びその影響を軽減するための緊急対策を講じる

目標 14：持続可能な開発のために海洋・海洋資源を保全し、持続可能な形で利用する

目標 15：陸域生態系の保護、回復、持続可能な利用の推進、持続可能な森林の経営、砂漠化への対処、ならびに土地の劣化の阻止・回復及び生物多様性の損失を阻止する

目標 16：持続可能な開発のための平和で包摂的な社会を促進し、すべての人々に司法へのアクセスを提供し、あらゆるレベルにおいて効果的で説明責任のある包摂的な制度を構築する

目標 17：持続可能な開発のための実施手段を強化し、グローバル・パートナーシップを活性化する

（出典：外務省 HP）

　SDGs は MDGs と比較して、より包括的な内容になっており、貧困や飢餓の撲滅、乳幼児死亡率の削減、水と衛生などの分野に加え、環境や労働、政治参加など、社会開発の内容も包含している。さまざまな内容が盛り込まれている SDGs は、他の分野で活動する国際機構との連携も行いやすい。たとえば 2018 年に国連第 9 代国連事務総長アントニオ・グテーレスが公表した「軍縮への課題」においても SDGs との関連について言及する。また、「すべての人々」に対する目標や「あらゆる次元」での目標も掲げており、各国家のさまざまな状況を加味しながらも、先進国、途上国を問わず、SDGs を達成することが求められている。

　SDGs の目標やターゲットの一部は、2020 年あるいは 2030 年までに達成することが定められている。一方で、貧困および飢餓の撲滅に関する目標 1 と 2 以外は、期限が定められておらず努力目標となっている。

　SDGs の実施にあたり、事務総長グテーレスは、2017 年に国連開発システムの再配置に関する報告書を提出した。報告書は、UNDP の事務局長でもある国連副事務総長が国連開発グループの長となるなど副事務総長の役割を強化し、UNDP 常駐代表から常駐調整官の機能を切り離すこと、ニューヨークを基盤とする基金と計画の統治組織の合併など、国際機構・機関の改革に関する内容が含まれている。

第 3 節　国際機構による開発協力の分野別取組み

1　貧困削減

　貧困の代表的なとらえ方として、人々が人間として生存するための所得や最低限の衣食住などの不足や欠如という生活状態という見方がある。国家レベルの低所得の改善のみならず、貧困層の基本的な生活状況に目をむけた貧困削減は、UNDP や世界銀行などの開発援助に関わる国際機構にとって、中心的な課題となってきた。

（１）　国際合意の中の貧困とは

1990 年代以降、生存に絶対的に必要な物資や、活動を維持するための個人や世帯の所得水準に基づいた貧困の計測が行われるようになった。MDGs の目標 1 では「極度の貧困と飢餓の撲滅」として、2015 年までに 1 日 1 米ドル未満で生活する極度の貧困（絶対的貧困）状態にある人口の割合を 1990 年の水準の半数に減少させるとするターゲットをおいた。SDGs の目標 1 も「あらゆる場所のあらゆる形態の貧困を終わらせる」として、ターゲット 1 は、「2030 年までに、現在 1 日 1.25 米ドル未満で生活する人々と定義されている極度の貧困をあらゆる場所で終わらせる」ことを目指す。MDGs の目標は絶対的貧困の半減であったが、SDGs は、絶対的貧困の撲滅を目標として掲げている。

世界銀行の統計によれば、絶対的貧困の割合を示す貧困率は、世界の平均で 1990 年には 36％だったが、2015 年には 11％にまで下がった。貧困層の人々の数は、1990 年に 18 億 9,500 万人から、2015 年には 7 億 3,600 万人に減少した。しかしながら、たとえばサハラ以南アフリカでは貧困率は 2015 年時点で 41％、4 億 3,215 万人に上り、より一層の努力を要する状況である。MDGs、SDGs は貧困削減を世界の人々に動機づける重要な役割を果たしている。2015 年に世界銀行は、国際貧困線を一人当たり 1 日 1.25 米ドルから 1 日 1.90 米ドルに見直し、これが今日広く用いられている。

先進国においては、平均的な生活水準と比較して、所得が著しく低い状態という相対的貧困の問題がある。SDGs では目標 1 のターゲット 2 で、各国の状況に応じたあらゆる次元の貧困状態にある、すべての年齢の男性、女性、子どもの割合を半減させるとしている。

貧困のとらえ方には、所得の水準といった物質的困窮のとらえ方からより包括的な観点が含まれるようになっている。貧困をテーマとした 2000 年の世界銀行の「世界開発報告 2000／2001」にみられるように、貧困者の生活状況やサービスでとらえるもの、社会的排除・孤立といった貧困者の社会的・政治的関係についての脆弱性に目を向けるものがある。その意味で、貧困削減へのアプローチは、所得向上の機会の提供から、病気や災害への脆弱性に対応するセーフティ・ネットの強化、貧困者の社会関係の回復、人々が能動的主体として自らの自由、

自立、充足のために関与を求めるエンパワーメントの促進など多岐に渡る。経済開発はこれらを促進する一手段と位置づけられることになる。

（2）　貧困削減への取組み

①　重債務貧困国（HIPC）への対応

貧困の削減を目的とした国際的な措置の一つとして、貧困状況にある途上国が過重に抱えている債務の削減があげられる。1980 年代以降、二国間の債務削減は先進国サミットで提案され、実施されてきた。これに加えて、国際機構からの融資についても一定の条件のもとで債務削減の救済が行われるようになった。この出発点となったのが、1996 年の重債務貧困国（Heavily Indebted Poor Countries: HIPCs）イニシアティブである。HIPC とは、世界で最も重い債務を負っている途上国のことである。HIPC イニシアティブのために世界銀行・IMF が認定した重債務貧困国は、一人当たり GNP が 695 米ドル以下、1993 年の債務総額が年間輸出額 2.2 倍以上、もしくは GNP の 80％以上に相当する国々である。HIPC イニシアティブは、世界銀行・IMF により、債務救済の適格性や救済水準の基準が定められ、運営体制が組まれている。世界銀行・IMF の理事会により債務救済の適格が決定されると、対象国に対し、持続可能な水準にまで対外債務を削減するよう、国際機構、各国政府は協調して行動する。HIPC と認定されている国々は、39 カ国あるが（2019 年 2 月）、そのうち世界銀行・IMF の定めた諸基準に達し救済を受けている国は、35 カ国である。

MDGs の目標 8 には、開発のためのグローバルなパートナーシップの推進が掲げられ、MDGs 達成のために、2005 年には、主要 8 カ国首脳会議（G8）による提案に基づき HIPC イニシアティブが拡充されマルチ債務救済イニシアティブ（MDRI）が提案された。MDRI では、HIPC イニシアティブの完了の基準に達した国々は、二国間、多数国間、民間を問わず100％債務が免除されることになり、MDRI の期間（2004 ～ 2054 年）、免除された債務を IMF、IDA、アフリカ開発基金（AfDF）が負担するものである。

MDGs を引き継いだ SDGs においても、債務削減に関するターゲットがある。ターゲット 17.4 では、HIPC への対応を行うとともに、債務救済や債務再編のた

め、国際社会が協調して行動をとることを目指す、としている。

②　IMF・世界銀行の包括的開発フレームワークと貧困削減戦略文書

1998 年 10 月の IMF・世界銀行年次総会は包括的開発フレームワーク（CDF）を打ち出し、マクロ経済の安定とともに、所得の分配、人間開発、グッド・ガバナンスなどの経済、社会、政治、行政にわたる包括的な発展を目指す政策を志向した。CDF のもとで、IMF や世界銀行などの開発パートナーを含む参加型プロセスを通じて、途上国が中心となって PRSP を策定する。PRSP は、広範囲な成長を促進して貧困を削減することを目的とし、当該国のマクロ経済上、構造上、そして社会的な政策や計画を記す。PRSP は、3 年ごとに更新される。PRSP は IMF や世界銀行が低所得国に対して行う譲許的融資（緩和された条件のもとでの貸付）基礎となり、低所得国の開発計画ともなっている。最終的に IMF と世界銀行は PRSP の評価を行う。

③　貿易のための援助（Aid for Trade）

貿易のための援助（Aid for Trade：AfT）とは、途上国の貿易の拡大と阻害要因となる貿易障壁の撤廃のための支援のことをいう。2005 年の国連 MDG 貿易タスクフォースの報告は、貧困の削減においては、経済開発のアプローチである国際貿易の重要性を示した。これに基づき、世界貿易機関（WTO）、IMF、世界銀行などは、AfT の考え方を導入した。

MDGs 目標 8 のターゲット 8.B には、「後発開発途上国からの輸入品に対する無税や重債務貧困国（HIPC）に対する債務救済や帳消しなどを含め、後発開発途上国の特別なニーズに取り組む」ことが掲げられていた。AfT は、貿易に関連した技術協力、貿易関連インフラ（流通、貯蔵、通信、エネルギーインフラなど）の整備、国内での生産能力の構築など広範な内容を含む。さらに SDGs の目標 8 のターゲット 1 として、経済成長率の持続と後発途上国の高い成長率維持が定められ、ターゲット 2 で高いレベルの経済生産性の達成、ターゲット 3 で中小企業の設立と成長奨励、ターゲット 7 で強制労働や人身売買を終わらせるための措置、ターゲット 10 で保険・金融サービスへのアクセス促進・拡大が打ち出された。これらとの関係により、途上国国内の貿易関連の支援を行なうなど、国際機構と各国政府が協力して支援することがうたわれている。

④　UNDP

　国連システムにおける主導的開発機関は UNDP である。UNDP は、持続可能な開発と貧困削減、平和で包摂的な社会のためのガバナンス、気候変動と災害リスク削減、危機対応としての緊急支援と復興、ジェンダーなどの分野において、幅広く事業を展開している。

　そして、貧困削減は、UNDP の重点課題として位置づけられ、UNDP は、低所得国（LICs）と後発開発途上国（LDCs）に通常資金の配分を優先的に行なっている。また、絶対的貧困の状況下にある人々を抱える国に対し、UNDP のコア活動資金の 90％ が向けられている。

　UNDP は、開発援助向けの活動資金を集めて途上国の政府機関などによるさまざまなプロジェクトに拠出している。また UNDP は 1990 年から「人間開発報告書」を刊行して開発における人間開発アプローチを打ち出した。同報告書では、人間開発指数（HDI）を導入し、HDI は各国の開発協力に大きな影響を与えた。HDI で用いられる 3 つの指標は、出生時平均余命、成人識字率、一人当たり国民総所得（GNI）である。

　UNDP によれば、人間開発とは、「人間が自らの意思に基づいて自分の人生の選択と機会の幅を拡大させること」、そのためには「健康で長生きすること」「知的欲求が満たされること」「一定水準の生活に必要な経済手段が確保できること」を基盤とし、「人間にとって本質的な選択肢を増やしていくことが必要」だとしている。人間開発の考え方は、貧困とは所得貧困のみではなく、健康や基礎教育の欠如も含むことを示し、貧困の克服には、多角的な方策が必要であることを提示した。

2　グローバル・ヘルス

　人間開発の考え方によれば、健康でないことは克服すべき課題である。今日、保健衛生分野における国際協力は開発分野としても捉えられており、MDGs では、10 項目のうち 4 項目を保健衛生分野が占めていた。

　保健衛生は、経済、社会開発においても重要な柱として位置付けられてきた。

WHO、ユニセフ、UNFPA などの保健衛生分野に関わる機関は、UNDP などの開発機関とともに、国連開発グループを構成して基礎保健分野を開発の問題としてとらえ支援を行っている。感染症の問題を筆頭に、国家、国際機構、民間企業、NGO がパートナーシップを組み、この分野において国境を超えてグローバルな課題に包括的に取り組む必要がある。そのため、従来国際保健と呼ばれていた分野は、グローバル・ヘルスと呼ばれるようになってきた。

（1）　基礎保健分野

1978 年、WHO とユニセフは、プライマリ・ヘルス・ケアに関する国際会議を開催し、アルマ・アタ宣言を採択した。宣言は、「2000 年までにすべての人に健康を」（Health for All by the Year 2000 and beyond）を掲げ、その手段としてプライマリ・ヘルス・ケアを提唱した。これは、コミュニティの住民への包括的なケアのことであり、直接的な病気の治療といった医療面のみならず、長期的な公衆衛生に目を向けた、公的保健衛生サービスの提供、女性への教育、予防接種などの社会的なアプローチである。

プライマリ・ヘルス・ケアの達成のためには、コミュニティにおける保健衛生が必須となる。プライマリ・ヘルス・ケアが目標として掲げた医療への平等なアクセスは今日でも課題となっており、2005 年には WHO 総会がユニバーサル・ヘルス・カバレッジ（UHC）という概念を提唱した。UHC が達成されることにより、経済的負担を心配せず基礎的な保健医療サービスが享受される。SDGs の目標 3 も「あらゆる年齢のすべての人々の健康的な生活を確保し、福祉を促進する」ことを目指している。

（2）　母子保健

母子保健とは、妊産婦・新生児保健の向上につながる保健環境の整備のことである。女性、新生児、子どもの保健ニーズは、相互に関連しており、統合的なアプローチが必要である。MDGs の目標 4 では、乳幼児死亡率の削減、目標 5 では、妊産婦の健康の改善が掲げられた。MDGs で目標未達成の地域もあったため、この課題は SDGs に引き継がれた。SDGs 目標 3 のターゲット 1 では、世界の妊

産婦死亡率のさらなる削減が掲げられている。そして SDGs 目標 3 のターゲット 2 は、新生児死亡率の削減、5 歳未満時死亡率の削減、そして、2030 年には新生児と 5 歳未満児の予防可能な死亡の根絶を掲げている。

新生児、5 歳未満児の死亡の原因には予防や治療可能な病気や下痢、栄養不足が半数に及ぶ。対策のために、発育不良の回避や免疫強化、母乳育児の普及、必須栄養素の摂取が必要である。これらに適切に対応するためには、子どものみならず、母親に対する取組みも必要不可欠である。

（3）　女性の健康

女性の健康は、基本的人権であり、女性のエンパワーメント、ジェンダー平等の一環であると同時に、次世代や家族、コミュニティ全体の健康の向上にもつながっていくため、開発分野にとっての基盤であり、優先事項とされてきた。個々の女性が置かれている立場はさまざまであるが、女性を取り巻く環境が、女性の健康に影響を与える点では一致している。

女性の権利として確認されているものの一つに、リプロダクティブ・ヘルス・ライツ（性と生殖に関する健康および権利）がある。1994 年の国際人口開発会議で採択されたカイロ宣言では、リプロダクティブ・ヘルス・ライツが盛り込まれ、女性が出産に関して有する健康と人権が定められた。リプロダクティブ・ヘルス・ライツは、女性が出産間隔を開けて安全な妊娠出産を確保できるよう、避妊などの家族計画を推進することである。SDGs 目標 5「ジェンダー平等を達成し、すべての女性および女児の能力強化を行う」においても、リプロダクティブ・ヘルス・ライツへの普遍的アクセスを確保することがターゲットとされている。カイロ宣言の履行機関である UNFPA は、リプロダクティブ・ヘルス・ライツの普及とともに、その実現のための環境整備のために、医療・看護面、法的・制度的側面、女性のエンパワーメント支援を行っている。

（4）　感染症の制圧
①　国際保健規則による感染症対策

感染症対策は、長い間、WHO によって担われてきた。WHO による最初の国

際的枠組みが、国際衛生規則（1951 年）である。同規則は 1969 年に国際保健規則と改称され、1973 年には、国際保健規則は、コレラ、ペスト、黄熱病の 3 疾病を制圧する枠組みとなった。

国際保健規則は、2005 年に改正されて、「改正国際保健規則」となり、対象 3 疾病に加えて、対応を必要とする感染症が発生する場合は「公衆衛生上の危機が懸念されるあらゆる新興・再興感染症」（PHEIC）が認定されることになった。これまで、重症急性呼吸器症候群（SARS）、鳥インフルエンザ、エボラ出血熱、新型コロナウイルス感染症（COVID-19）などが PHEIC として認定された。規則に基づいて、感染の国際的拡大を防止するため、感染症の発生地および加盟国による WHO への感染情報の迅速な報告と、報告内容に対する WHO の対策や監視などの対応が義務付けられる。WHO は感染リスクなどの重要情報提供や注意喚起、実施すべき措置の勧告を加盟国に対して行う。

②　予防接種などによる特定疾病の制圧

WHO は、特定疾病の制圧に取り組み、その際に、予防接種や新薬の支援、感染経路の遮断などを行ってきた。たとえば、予防接種やサーベイランス、封じ込めなどによる天然世界天然痘根絶計画によって、1980 年には天然痘の根絶が確認され、WHO は天然痘の世界根絶宣言を行った。

ポリオは、WHO にとって、優先度の高い感染症対策の一つである。1988 年に、WHO は世界ポリオ根絶計画を策定し、着実に成果をあげてきた。WHO は地域事務所も通じてポリオ制圧の取組みをすすめ、1994 年にアメリカ地域（南北アメリカ大陸）において、2000 年には日本を含む西太平洋地域において、2002 年にはヨーロッパ地域において、それぞれの地域を管轄する事務所がポリオの根絶を宣言した。

③　エイズ、結核、マラリアへの対処

現在、世界的に死亡者数の多い感染症は、エイズ、結核、マラリアであり、これらは三大感染症とも呼ばれる。HIV / エイズ、マラリアその他疾病の蔓延防止を掲げた MDGs 目標 6 に引き続き、SDGs 目標 3 ターゲット 3 において、2030 年までに、エイズ、結核、マラリアの根絶が示された。

エイズは HIV（ヒト免疫不全ウイルス）による感染症であり、患者数は 1990

年代に 3,500 万人を超える規模となった。WHO による単独での緊急的対処から、国連エイズ合同計画（UNAIDS）による恒久的・持続的対応に体制が移行した。UNAIDS は、11 の 国 連 機 関・専 門 機 関（ユ ニ セ フ、UNDP、UNFPA、UNHCR、UNODC、WFP、ユネスコ、ILO、WHO、世 界 銀 行、UN Women）が連携するジョイント・プログラムであり、エイズの問題に対して、分野横断的に対応をしている。UNAIDS は国連加盟国と共同スポンサー機関の自発的拠出金を財源としている。UNAIDS によれば、HIV 感染者数は 3,790 万人に及び（2018年末現在）、新規感染者数、死亡者数は数十万単位で減ってはいるものの、治療、予防、ケアへの努力は引き続き必要である。

　結核は、結核菌による空気感染による感染症であり、予防接種などもあるが、蔓延や感染による死亡が世界的に問題となっている。さらには、多剤耐性結核という治療薬が効かない結核も拡大しており、新薬開発の努力が必要とされる。

　マラリアは特定の蚊を媒介とする感染症で熱帯熱マラリア（悪性マラリア）への感染は死に至る。世界の総人口の約半数がマラリアの脅威にさらされている。治療薬や蚊帳を活用したマラリアの予防の展開によって、マラリア対策が進んできたが、アフリカや人口の多い地域、交通の不便な内陸部などにおいて対策がまだまだ必要とされる。

　結核については、2001 年にストップ結核パートナーシップが設立され、2014年には「結核終結への戦略（End TB Strategy）」を WHO 総会で採択し、2030年までに結核の流行の終結の計画を策定した。マラリアについては、1998 年にロールバック・マラリア・パートナーシップを WHO、世界銀行、UNDP、ユニセフが共同して発足させ、これら諸機関・国際機構とマラリア蔓延国による連携した対処の枠組みが作られている。

　以上に加え、三大感染症に対処するにあたり必要な資金を集め、必要な地域に資金支援をするため、2002 年には世界エイズ・結核・マラリア対策基金（グローバルファンド）がスイス・ジュネーブを本拠地として設立された。グローバルファンドは、治療薬、予防設備（殺虫剤浸漬蚊帳の配布など）、医薬品の購入、医療従事者の人材育成や設備の支援、モニタリング、保健システムの整備強化など、多面的な支援を行っている。

3　基礎教育の普及

　途上国において基礎教育の普及が重要であることは、1960 年代からユネスコ により確認されてきた。1980 年代は、途上国の債務危機、経済危機により、教 育開発への支出が減ったことから就学率が下がり教育の質も低下した。そうした 背景を受けて、ユネスコ、ユニセフ、UNDP、世界銀行、UNFPA が共催し、基 礎教育に関する「万人のための教育に関する世界会議」が 1990 年にタイのジョ ムティエンで開催された。同会議には、155 カ国の政府、125 の NGO が参加した。 同会議は、「万人のための教育」（Education for All: EFA）を掲げ、各国政府と 開発援助機関や二国間援助機関、NGO が 2000 年までに基礎教育の普及を進める という共通目的が合意された（→第 12 章参照）。

　1995 年の社会開発サミットなど開発に関連する国際会議においても、特に貧 困削減の関連から初等教育などの基礎教育の重要性が認識された。世界銀行も教 育開発を重視するようになってきた。

　2000 年、セネガルの首都ダカールで、世界教育フォーラムが開催され、181 カ 国の代表とユネスコ、ユニセフなど 31 の国際機構・機関、約 1,500 人の NGO が 集まり、すべての子どもと成人に基礎教育の権利を保障するための「ダカール行 動計画」に合意した。基礎教育とは、「人間の基本的な学習ニーズを満たすため の教育」を意味する。そして基礎教育は、幼児教育、初等教育、前期中等教育、 成人識字を含む生活技能についての教育から構成される。ダカール行動計画は、 次の 6 つの目標を定めた。①就学前保育・教育の拡大と改善、②すべての子ども に無償で質の高い教育の保障、③青年・成人の学習ニーズの充足、④成人識字率 を 50％改善、⑤初等・中等教育における男女格差を解消、男女平等を達成、⑥ 教育のあらゆる面における質の向上、である。

　EFA の目標年に定められた MDGs では、目標 2「2015 年までの初等教育の完 全普及」が定められ、ジョムティエン宣言やダカール行動計画の基礎教育の初等 教育部分を引き継いだ。SDGs の目標 4 では、さらに進めて、すべての人に包摂 的かつ公正な質の高い教育を確保し、生涯学習の機会を促進することが掲げら

れ、ターゲット4.1では、「2030年までに、すべての子どもが男女の区別なく、適切かつ効果的な学習成果をもたらす、無償かつ公正で質の高い初等教育及び中等教育を修了できるようにする」とした。すなわち、SDGsでは、初等教育のみならず就学前教育から生涯教育まで含めた基礎教育全般へのアクセスと質について定められることになった。

　初等教育の無償、アクセスと質の保障をはじめとする基礎教育分野の拡充には、国家予算における教育費の割合を高めるなど教育支出の資金の確保が必要である。途上国においては国際的な資金支援も必要である。MDGsの目標2の達成に向け、世界銀行の主導で、2002年、万人のための教育ファスト・トラック・イニシアティブという国際的な枠組みが開始された。これは2011年に教育のためのグローバル・パートナーシップ（GPE）と改称され、SDGs目標4の達成に向けて、必要な国やコミュニティに資金の提供がなされている。

第4節　国際機構による開発協力の課題と将来の展望

1　開発協力主体の多様化

　国連発足直後の開発協力の主な主体は、資金提供国や国際機構であった。一方で、今日の開発協力分野においては、企業や市民社会など国家や国際機構以外の主体が活動を担ったり、資金を提供したりする機会も増加している。また個人も、NGOの活動への参加を通じて、またクラウドファンディングなどの手段を駆使してなど、開発協力に直接に関わる機会をもつことは可能である。今日では、世界エイズ・結核・マラリア対策基金や、途上国の子どもへの予防接種普及を目的としたGAVIアライアンスのように、国家、国際機構、民間が参画する国際協力の枠組みも存在する。

　このように国際協力の分野に参画する主体が変容する状況において、国際機構がどのようにその強みを活かし、開発協力においてどのような役割を果たしていくのかが問われている。

2　開発協力と成果主義

　国際機構に対して拠出される資金については、特に自発的拠出金において使途を特定しないコア資金に比べ、使途を特定したノン・コア資金の割合が増えてきている。そのため、ドナーから一定の成果を求められる機会が増加している。また、MDGs や SDGs を達成するためにも、開発協力の具体的な成果が求められる。

　開発協力に関連する活動を国際機構が行なうことにより、一定の成果がもたらされることは一般的に望ましい。他方で、必要以上に成果をあげることが強調されてしまうことにより、より成果が現れやすい国家やプロジェクトなどに資金や人員が偏ってしまい、真に支援が必要な人々のところに活動が行き届かない現象も発生してしまう。たとえば、武力紛争下にある国では開発協力のそのものを行うことが困難であると同時に、成果も期待しにくいが、そこで暮らしている人々にとって国際社会の支援は必要不可欠であろう。しかし、開発協力の必要性や可能性を考慮にいれて、国際機構が、いつどのように開発協力の活動をするべきかは模索されなければならない。

3　国際機構と他の主体とのパートナーシップ

　MDGs や SDGs にも示されているように、開発協力において、国際機構と他の主体のパートナーシップは今後も推進されるべきであるし、必要である。一方で、国際機構の活動目的と、他の主体の活動目的は異なることもある。たとえば、民間企業は営利の追求が目的の一つであるが、国際機構は公益を重視することが目的となっている。

　開発協力に多様な主体が携わっている今日、フィールドレベルで、あるいは本部レベルで、行動様式や設立根拠が異なる主体をいかに調整していくかは、今後の課題である。

〔参考文献〕

池島祥文『国際機関の政治経済学』京都大学学術出版会、2014 年

大平剛『国連開発援助の変容と国際政治—UNDP の 40 年』有信堂、2008 年

後藤一美・大野泉・渡辺利夫『シリーズ国際開発第 4 巻　日本の国際開発協力』日本評論社、2005 年

下村恭民・辻一人・稲田十一・深川由紀子『国際協力　その新しい潮流　第 3 版』有斐閣選書、2016 年

ブルース・ジェンクス、ブルース・ジョーンズ編著（丹羽敏之監訳）『岐路に立つ国連開発計画　変容する国際協力の枠組み』人間と歴史社、2014 年

永田実『マーシャル・プラン—自由世界の命綱』中公新書、1990 年

西垣昭・下村恭民・辻一人『開発援助の経済学　第 4 版』有斐閣、2009 年

人間の安全保障委員会『安全保障の今日的課題』朝日新聞社、2003 年

横田洋三編『新国際機構論』国際書院、2005 年

渡辺昭一『コロンボ・プラン—戦後アジア国際秩序の形成』法政大学出版局、2014 年

Stephen Browne and Thomas G. Weiss eds. *Post-2015 UN Development – Making change happen?* , Routledge, 2014

Kelly Lee, *The World Health Organization* (*WHO*), Routledge, 2009

United Nations Development Programme (UNDP), *Human Development Report 1994*, Oxford University Press, 1994

第9章　国際通貨・金融

はじめに

　第一次世界大戦後、ブロック経済の形成や各国の為替切り下げ競争など、貿易、国際金融両面での著しい混乱が生じた。これに対し国際的に適切な管理を行えなかったことが第二次世界大戦を引き起こす一つの契機となった。そこで、1942年頃から連合国の間では、戦後の国際通貨・金融体制のあり方について検討が重ねられ、1945年12月、国際通貨基金（IMF）と国際復興開発銀行（IBRD、World Bank、世界銀行）がそれぞれ設立された。両者は、1944年7月、アメリカのニューハンプシャー州のブレトンウッズで開催された連合国通貨金融会議でその創設が合意されたことから、ブレトンウッズ機構（BWI）と呼ばれている。

　IMFはその設立以来、通貨に関する国際協力の促進や外貨不足国に対する短期の資金供与を通じ、為替の安定を促進することにより、国際的に均衡のとれたマクロ経済の発展に貢献してきた。また世界銀行も、長期的な資金の貸付や保証信用の供与を通じ、戦争によって破壊された経済の復興および途上国の経済発展に寄与してきた。ただし、その手法、具体的な政策や業務内容は、国際政治、経済体制の変容や民間の国際金融システムの進展に応じ、大きな変化をみせている。

　地域的国際機構に目を向けると、欧州連合（EU）加盟国の多くが共通通貨ユーロを使用している。ユーロ導入決定から歳月が経ち、ユーロの管理を担う欧州中央銀行（ECB）の活動も当初予定された任務から拡大してきた。アジアにおいて通貨統合は現実的な選択肢として議論されていないものの、外貨資金の融通において協力するチェンマイ・イニシアティブ（CMI、2000年）を、東南アジア諸国連合（ASEAN、アセアン）、日本、中国、および韓国は強化してきている。これらの動きは、ブレトンウッズ機構、特にIMFの活動や、国際的な金融危機の発生と密接に関連しており、それらと結びつけて理解する必要がある。

第1節　国際通貨・金融と国際機構

1　国際通貨・金融分野における国際協力

国際通貨・金融分野における国際協力は、その活動内容の面から、大きく3つに分けて考えることができる。

第1は、通貨の国際的管理の面での国際協力である。国際協力としての通貨の国際的管理には、主に次の3つの手法がある。

1つ目は、単一の法定通貨や決済通貨を採用し、唯一の中央銀行がそれを管理するという手法である。実現をみなかったが、第二次世界大戦後の国際通貨制度として1943年にケインズが提案した国際清算同盟案が有名である。それは、バンコールという新たな決済通貨単位を核とした世界中央銀行の創設を目指すものであった。また、EUにおける、ECBを中心とする欧州中央銀行制度（ESCB）によるユーロ管理も、この考え方の地域版として理解することができる。

2つ目は、各国の管理通貨制度と固定為替相場制を前提に、通貨の国際的管理を行うという手法である。この手法では、各国通貨の平価を、金ないしは国際基軸通貨を基準として為替レートを固定化することで、マクロ経済の均衡ある発展がはかられることになる。設立当初のIMFは、金・ドル本位制と呼ばれる固定為替相場制を採用した。金1オンスを35米ドルと固定させた国際基軸通貨としての米ドルに対して、各国通貨の交換比率をそれぞれ設定することで、為替レートを固定化させた。各加盟国は、自国通貨の平価を米ドルまたは金で表示し、それをIMFに届け出るよう求められるとともに、為替相場の変動幅を当該平価の上下1％の範囲内に抑えるために、自国通貨の管理を適正に行うよう義務づけられた。また各加盟国が自国通貨の平価の変更を行う場合、独自に行うことは許されず、基礎的不均衡が存在する場合に限定されるとともに、IMFの事前の承認が必要とされた。その意味で、この手法は、強力な規制権限を有する国際機構が通貨を国際的に管理した例といえる。

　3つ目は、変動為替相場制と国際的な政策協調を前提に、通貨の国際的管理を行う手法である。変動為替相場制は、固定為替相場制の際にみられた国家による市場介入の権限を大幅に縮小し、相場の動きは市場の自由な価格決定メカニズムに委ねるという制度である。

　1970年のニクソンショック以降生じた、通貨制度をめぐる国際環境の変化に対応するために、IMF協定の第2次改正（1978年発効）が行われた。この改正により、各加盟国が、IMFの判断を経ずに、独自に、固定為替相場制を放棄し変動為替相場制へと移行することが可能となった。この結果、IMFは、為替の安定化を目的とした、加盟国に対する強力な規制権限を失うことになった。そのため、為替レートの乱高下が生じた場合、IMF加盟国は、各国中央銀行による個別介入、関係国中央銀行による協調介入、当該国の収支安定のための国際金融支援などの手法を用いて、IMFという国際機構の枠外で問題を解決することが可能となった。ただし現実にこれらの手法を通じ為替の安定化をはかることのできる国は、多くの外貨準備残高を有する国や民間市場からの資金調達が可能な国に限られる。そのために、これらの国に対するIMFの影響力は低下することとなった。

　また、欧州通貨制度（EMS）のように、ターゲットゾーン制（目標相場圏制度）を採用することで、為替レートの乱高下の幅を一定の範囲に収める手法も存在する。ただし、EMSの場合、ゾーンが設定されたのは、欧州共同体（EC）加盟国間の関係においてのみであり、域外国との関係においては変動為替相場制がそのまま維持されていた。

　第2は、直接的な資金供与や保証供与を通じ、国際的な資本投資・移動を促進するといった金融支援面での国際協力である。これは金融支援の目的によって、主に次の4つに分けられる。1つ目は、国際収支が悪化している国に対し融資を行う、国際収支安定化のための資金供与である。2つ目は、途上国に対し融資を行う、開発のための資金供与である。3つ目は、紛争後の国家の再建・平和構築努力に対し融資を行う、予防外交的な側面を有する復興支援のための資金供与である。そして最後の4つ目は、重債務貧困国（HIPCs）に対し融資を行う、債務繰延べや債務の帳消しを含む債務救済のための資金供与である。

　第3は、民間金融取引のグローバル化を支援・監督するための国際協力である。民間金融取引が円滑に行われる上で、各国に特有な金融法制度や実務面での慣行などが障害となる場合がある。不要な経済の混乱を回避するために、各国の自主性を尊重しつつも、最小限度の統一基準を設けるなどの取組みが必要となる。またマネー・ローンダリング（資金洗浄）などの犯罪活動を防止し、各国共通の利益の実現を目指す取組みもみられる。たとえば、経済協力開発機構（OECD）内に独自の事務局を有する政府間機関であるマネー・ローンダリングに関する金融活動作業部会（FATF）が注目される（→第7章参照）。そこでは、国際的な資金洗浄・テロ資金供与対策の国際基準の策定や公表、それらの遵守に向けた取組みがなされている。また銀行、証券、保険、会計などの分野でも、バーゼル銀行監督委員会（BCBS）、証券監督者国際機構（IOSCO）、保険監督者国際機構（IAIS）などで、それぞれ統一基準の作成に向けての取組みが積み重ねられてきている。

　国際通貨・金融分野における国際協力は、他の分野のものと同様に、多国間協力と二国間協力とに分けられる。さらに多国間協力は、IMFや世界銀行などの国際機構を通じたもの、G7（7カ国財務大臣・中央銀行総裁会議）やG20（20カ国・地域財務大臣・中央銀行総裁会議）など定期的に開催される国際会議を通じたもの、さらには、G7の提唱に基づき1999年に結成された金融安定化フォーラム（FSF）を強化・拡大する形で、G20の提唱に基づき2009年に設立された金融安定理事会（FSB）などの国際機構間協力によるものがある。このように、現状では、恒常的な多国間協力の形態が多様化することで、審議・意思決定の場が多層化してきている。

　近年、為替相場の維持という通貨の国際的管理の面でのIMFの機能は限定されており、G7やG20での政策協調や意思決定（合意形成）で問題解決をはかろうとすることが多い。また新興国の地位の高まりを受け、G20の影響力が大きくなってきている。実際にIMF理事会の任命理事制度の廃止などは、G20での合意に基づくIMFのガバナンス改革の一例である。また非公式なものではあるが、G7やG20には、IMF総務会、理事会、専務理事に対して助言する役割がIMFの関連規則で認められている。

　またアジア通貨危機後には、IMF の融資資金量の不足を補うために、チェンマイ・イニシアティブ（CMI）などの地域金融協力のシステムも整備されてきた。さらに同地域では、2016 年には，シンガポールの一般国内法人として 2011 年に設立されていた「ASEAN プラス 3 マクロ経済調査事務局」（AMRO）を国際機構とする国際協定が発効した。国際機構となった同事務局は、アジア域内の経済や金融情勢の調査・分析の役割に加え、CMI の発動を勧告する役割を担うようになってきている。これは、アジア版 IMF と評されることもある。

　このような地域枠組みを強化する動きにより、国際収支の不安定時に、IMFに頼らず、地域内での問題解決メカニズムを使って対応しうる国が出てきている。また民間市場からの資金調達が可能な国も、G20 の台頭により、拡がりをみせている。このように、IMF などの普遍的国際機構からの従来型の金融支援に頼らなくとも通貨危機に対応しうる国が増加してきている一方で、依然としてIMF に頼らざるを得ない状況に置かれた国も残っている。すなわち、これらの 2つの手法を利用できる可能性がほとんどない低所得以下に区分される途上国が存在する。これらの国にとって、IMF は、「最後の貸し手（lender of last resort）」であり、後述のコンディショナリティ問題にみられるように、依然として強い影響力をもっている。IMF の影響力の強弱からみると、IMF の加盟国は、階層化してきているともいえる。このような状況は、国際機構における、協力国と国際機構との関係、および、国際機構と受益国との関係にも微妙な影響を与えている。

2　国際通貨・金融問題を取り扱う国際機構

　現在、国際通貨・金融分野では、次のような国際機構やその他の国際的組織体が活動している。

　第 1 に、通貨に関する分野では、普遍的な国際機構として IMF があり、またヨーロッパにおいては、ECB を中心とする ESCB が設けられている。

　第 2 に、開発金融に関する分野では、普遍的な国際機構として世界銀行グループが、地域的な国際機構として米州開発銀行（IDB）、アフリカ開発銀行

（AfDB）、アジア開発銀行（ADB）、欧州復興開発銀行（EBRD）などが存在する。

　第3に、金融取引の国際規制に関する分野では、国際機構であるOECDをはじめ、バーゼル銀行監督委員会（BCBS）、国際決済銀行（BIS）、証券監督者国際機構（IOSCO）、保険監督者国際機構（IAIS）などのその他の国際的組織体が存在する。

　広義には、これらの機構の総称として、国際金融機関（IFIs）と言う用語を使用することもできる。

　しかし、一般的には、金融支援を行うという意味で国際銀行業務に従事する機構に限定し、国際金融機関という用語が用いられることが多い。その場合、IMFや世界銀行と、その他の機構（地域開発銀行）との間に組織や業務の面で多くの類似性がみられることから、それらを併せて、ブレトンウッズ型国際機構と称する場合もある。その類似性として、①意思決定に際し出資額に応じた加重表決制が採用されている点、②理事会などの意思決定機関が、加盟国の代表として選出されるが国際機構によって常勤として給与の支払いを受ける個人的色彩の強いメンバーによって構成されている点、③収益性のある融資業務を展開しているため、国連などの他の国際機構と比べて、財政面での自立性が高い点、などがあげられる。

第2節　国際通貨基金（IMF）

1　沿革

　第二次世界大戦中の1944年7月に開催された、連合国通貨金融会議には、44カ国が参加し、IMF協定が採択された。同協定は、発効要件を満たす29カ国の署名、受諾をもって、1945年12月27日に発効した。翌年3月、創立総務会が開催されるとともに、IMFは、12月に32の加盟国通貨に対する平価を決定し、1947年3月1日からその業務を開始した。なお、会議参加国のうち、協定受諾

期限とされた1946年12月31日までに加盟手続きを完了させた原加盟国は、40カ国であった。

「特別引出権」（Special Drawing Rights：SDR）

　SDRとは、IMFが1969年に創設した国際準備資産を意味する（国際通貨基金協定第15条）。その創設の目的は、加盟国の既存の準備資産（公的金保有、外貨、IMFのリザーブポジション）を補完するために、国際的に管理可能な、国際流動性を有する外貨準備資産を作る点にあった。それまでは、加盟国の準備資産は、主に金や米ドルに頼っていた。しかし、金の生産・供給量には限界があり、また米ドルもアメリカの国際収支の恒常的な赤字からその価値が下落したため、緊急時に対応するには、準備資産がそれらだけでは不十分であり、不確実であるとの評価がなされ、国際収支の安定のためにも新たな制度が必要とされた。2,042億SDR（約2,910億米ドルに相当）が発行され加盟国に配分されている（2019年10月現在）。またSDRは、IMFや他の国際機構における会計単位としての役割も担っている。なおSDRの価値は、主要国通貨（米ドル41.73%、ユーロ30.93%、中国人民元10.92%、日本円8.33%、および英ポンド8.09%）のバスケットに基づいて決められている。この方式は1974年から導入され、2016年には中国人民元が主要国通貨（の一つ）として採用された。また各国通貨のウェイトは5年ごとに見直される（現在の設定は、2016年10月発効）。変動為替相場に伴い、バスケット方式に基づくSDRの価値は、日々変化している。

　IMFの設立基本条約であるIMF協定は、国際政治・経済環境の変化に対応して、7度にわたり、改正されてきた。なお改正にあたっては、総務会の承認が必要であり、承認後、IMFは、加盟国に受諾の有無を照会する手続きをとる（IMF協定第28条a）。改正案は、IMF協定第28条bに規定される事項の場合を除き、総投票権数の85%を有する5分の3の加盟国によって受諾されなければならない。条件を満たした場合、IMFは、すべての加盟国にあてた公式の通報によってその事実を確認することとなっており、通常、公式通報日の後3カ月ですべての加盟国について効力を生ずることになる（同第28条c）。

　第1次改正は、金や米ドルの既存の準備資産を補充する目的で、特別引出権（SDR）制度を導入するためのものであった。第1次のIMF協定改正案は、1968年5月に総務会で承認され（決議23-5）、1969年7月28日に発効した。

　第2次改正は、1975年のキングストン合意を受け、為替相場制度や金の位置づけの変更など、国際通貨制度の抜本的改革を目指すものであった（1976年総

務会承認〔決議31-4〕、1978年に発効)。これにより、一律の固定為替相場制が廃止され、各国の選択で変動為替相場制への移行が認められることになった。

　第3次改正は、加盟国による協定義務の不履行に対する制裁措置として投票権や権利などの停止を導入するためのものであった(1990年総務会承認〔決議45-3〕、1992年に発効)。なお第3次改正は、第9次増資と抱き合わせる形で実施された。

　第4次改正は、加盟国間のSDR配分の不均衡を是正するために、SDRの特別配分を実施するためのものであった(1997年総務会承認〔決議52-4〕、2009年に発効)。前回のSDR配分は、1979～1981年にかけて行われたが、1981年以降に加盟した国(当時の5分の1以上にあたる国)が一度もSDR配分を受けていなかったことから、すべてのIMF加盟国が公平に参加できるようにするための改正だった。これにより、1回限りの特別配分が行われ、加盟国のSDR累積配分額が215億SDR増加した。

　第5次改正は、IMFの投資権限を拡大するためのものであった(2008年総務会承認〔決議63-3〕、2011年に発効)。融資残高の減少を受け金利収入などが大幅に減少し、IMFの財政状況が悪化したことから、投資運用先の拡大や投資勘定に保有する資金だけでなく金の売却益を投資に回すことを可能にする規定改正を行うことで、収入の増加を目指して行われた。これにより、IMFの歳入基盤が強化されることになった。

　第6次改正は、低所得国の発言力と多くの加盟国で構成するグループから選任される理事の機能を強化するためのものであった(2008年総務会承認〔決議63-2〕、2011年に発効)。選任理事は、1カ国で構成されるグループの選任理事を除き、理事会において、グループのすべての加盟国を代表して行動することになる。これまで、増資が行われ出資比例分の投票権数は増加してきた一方、全加盟国に均等に配分される基本票は250票のまま据え置かれてきた。そのため基本票が相対的に重要となる低所得国の発言力の低下が問題とされてきた。これを是正するため、基本票数を3倍の750票とするとともに、今後の増資においてもその総投票権数に占める割合を一定に維持することを目的とした改正であった。またあわせて一定数を超える加盟国を代表する理事が理事代理を2名任命することを可能と

する改正も行われた。たとえば、オーストリア、ベラルーシ、チェコ、ハンガリー、コソボ、スロバキア、スロベニア、トルコの8カ国からなるグループで選任された代表理事は、この制度を利用し、2名の理事代理をおいている。

　第7次改正は、世界経済における新興国・途上国の地位の向上を受け、IMFにおけるそれら加盟国としての地位を相対的に向上させること、つまり発言権強化を目的としたものであった（2010年総務会承認〔決議66-2〕、2016年に発効）。具体的には、IMFへの加盟国の全体の出資総額をほぼ倍増させる（14次増資）とともに、新興国・途上国の出資割合を全体で約6％引き上げること、また理事会における任命理事制度を廃止し24名の理事全員を選挙によって選出するという理事選出方法の変更が含まれていた。

　このように、IMFは、設立基本条約の改正による機構改革を通じ、環境の変化や加盟国からのニーズの変化に、柔軟に対応してきている。

　現在、IMFには、189カ国が加盟国として参加している（2019年10月現在）。また、IMFは、これまでに14度にわたる増資を実施し、その資金規模は、約4,770億SDR（約6,597億米ドル）にまで拡大した（2019年10月現在）。

2　目的および主な活動

　IMFの目的は、①通貨に関する国際協力を促進すること、②国際貿易を拡大し、均衡ある成長を助長すること、またこれにより、高水準の雇用および実質所得の増進、ならびに、生産資源の開発に貢献すること、③為替の安定を促進すること、④多角的決済制度の樹立を支援し、世界貿易の成長を阻害する外国為替制限を除去すること、⑤適切な保証のもとで国際収支困難に陥った加盟国に対しIMFの一般資金を一時的に利用させること、⑥加盟国が直面する国際収支の不均衡の期間を短縮し、その程度を軽減すること、である（IMF協定第1条）。

　このような目的実現のために、IMFは、主に次の3つの活動に取り組んでいる。

（1）　政策監視（サーベイランス）

第1は、加盟国の為替政策などを評価する政策監視（サーベイランス）活動で

ある。

IMF 協定第 4 条 3 項 (b) は、IMF に対し、加盟国の為替相場政策を確実に
監視し、すべての加盟国にとっての為替相場政策に関する指針となる特定の原則
を採択するよう規定している。また各加盟国に対しては、政策監視のために必要
な情報の提供を義務づけるとともに、IMF が要求するときは、IMF と自国の為
替相場政策について協議しなければならないとしている。これは、4 条協議（コ
ンサルテーション）と呼ばれており、加盟国の義務であるから、IMF が加盟国
に対する広範な権限を保持していることを意味している。IMF による政策監視
は、このように、主に個々の加盟国との年次協議を通じて実施されている。この
手法は、二者間監視（バイラテラル・サーベイランス）と呼ばれ、IMF はコン
サルティングの機能を有している。4 条協議の間隔は、18 カ月を超えないものと
規定される。次回協議の開催までが 18 カ月を超えると、遅延とされる。遅延と
なった例には、シリアやリビアなど政治・安全保障上の理由から協議の場が設定
できず遅れた例やギリシャのように政策上の対立から協議がまとまらず遅れた例
がある。またベネズエラやエリトリアのように IMF の政策と距離を置く政策を
とる国では、交渉が決裂し、IMF スタッフの派遣の合意の見通しが立たないか
らという例もある。なお遅延は一部の国にとどまっており、加盟国のほとんど
は、誠実に協議に応じ、その義務を果たしている。

またその一方、IMF は、年 2 回の「世界経済見通し」（WEO）や「国際金融
安定性報告書」（GFSR）などの公表の機会を利用し、世界経済全体の調査・分析
を通じた政策提言を行ったり、国際金融市場の動向の提示を通じて各国に対して
必要な政策対応を取るよう促したりもしている。これらの手法は、多角的監視
（マルチラテラル・サーベイランス）と呼ばれ、IMF はシンクタンク的な機能も
有している。

このような活動を通じ、IMF は、加盟国の対外収支危機の発生を未然に防止
するために努めてきた。その一方、1990 年代前半の中南米通貨危機をはじめ、
1990 年代後半のアジア通貨危機、2008 年以降の国際金融危機（いわゆるリーマ
ンショック）、2010 年以降の欧州債務危機を世界は経験してきた。危機の発生を
事前に予期できず、その対応が遅れたことや、不十分だったことへの反省などか

ら、IMF の資金額の増強など融資対応力の強化に加え、監視機能の強化を求める声も高まっている。以降、IMF は、予防的措置としての協議の実施にも積極的に努めるようになってきている。また危機の原因となりうるリスクの早期特定のためには経済・金融に関する統計のさらなる整備や、不足しているデータ（データギャップ）を埋めるための取組みの重要性が認識されてきた。2012 年にIMF 理事会は、「特別データ公表基準プラス」（SDDS プラス）の導入を決定した。これは 2009 年の G20 で合意されたデータギャップ・イニシアティブを受けたもので、それまでの基準（1996 年 SDDS）を発展させ、より広範囲なデータを公表することを義務づけたより厳格な基準である。この新基準は、日本を含む「システム上重要な金融セクターを有する国（29 カ国・地域）」を対象としているが、制度への参加は任意とされている。

（2）　資金供与のための業務活動

　第 2 は、加盟国に資金供与を行う業務活動である。これは、IMF が、国際収支困難に陥った加盟国に対し、当該国の国際収支の改善を図るために、さらには、経済政策などの調整努力を支援するために、資金の融資（credits）または貸付（loans）を行う活動を指す。

　融資制度の財源には、一般資金と特別資金とがある。一般資金には、加盟国からの割当額（クォータ）に基づく出資部分である通常資金と資金補充のために必要に応じ先進国から例外的に借り入れる部分である借入資金とが含まれる。なお先進国からの借入は、一般借入取極（GAB、1962 年）や新規借入取極（NAB、1998 年）に基づき実施されている。さらには危機時には多量の資金供給が必要とされることから、第 3 の防衛線として二者間借入の制度が 2012 年に採用されている。2016 年には、二者間借入した資金を管理する枠組みが新たに整備された。また特別資金には、IMF の保有していた金の売却益や加盟国からの拠出金などを原資として充てている。

　IMF は、加盟国が陥った国際収支困難の程度や態様に応じて、また国際政治・経済体制の変化に対応するために、さまざまな融資制度を設けてきている。

　近年、これらの融資制度の利用は、市場からの資金調達が不可能な国々に限ら

れている。

　特に 1980 年代の累積債務危機への対応以降、新興国や低所得国が対象国となることが多かった。そのため IMF は、融資対象を途上国に限定した開発金融機関化への道を歩んでいるとの評価も存在する。実際に、このような国々への融資の場合、短期融資から中・長期融資へと IMF の扱う中心領域は変わってきていた。また、融資の目的も、国際収支の改善という短期的なものから、経済政策の調整支援という中・長期的なものへと重点が移ってきていた。実際に IMF の機関として、総務会のもとに、開発委員会が設けられた（1974 年）。この機関は、IMF と世界銀行の合同機関として設置され、途上国への資金移転に関する広範な問題について、IMF 総務会および世界銀行総務会に対し、勧告や報告を行うことをその任務としている。このように合同機関を設置するなど、IMF と世界銀行は、政策連携を強化するようになっている。そのため、両機構の役割分担の境界線が不明瞭になるといった問題が指摘されている。

　しかしながら、2008 年の国際金融危機の際には、アイスランドが、また 2010 年に端を発した欧州債務危機では、ギリシャやポルトガル、アイルランドといった国々が金融支援を要請しており、新興国や低所得国とはいえない国も金融支援の対象国となってきた。

（3）　技術支援

　第 3 は、途上国などの能力強化を目的とした技術支援の活動である。これは加盟国のマクロ経済・財政・金融などの分野での政策立案・遂行能力を高めるために、当該加盟国の要請に基づき IMF が専門家を派遣し、支援を提供する活動である。この活動では、税制度のあり方や徴税システムの整備などへの支援、統計整備のための支援、金融規制に関する法整備支援などが行われている。特に統計整備は、自国の経済情勢や金融情勢を正確に把握するためにも極めて重要であり、金融危機の早期発見などの見極めにも非常に有用なものと考えられている。また IMF スタッフの派遣にとどまらず、加盟国の政策担当者の能力向上を目指し、加盟国の政府・中央銀行の職員を対象とした研修の提供にも積極的に取り組み始めている。

　IMFでは、他の国連の専門機関と同様に、加盟国間協議・交渉の場を提供する活動が行われてきた。加盟国は、IMF協定第4条1項に基づいて、国際通貨制度の基本的目的を認識し、秩序ある為替取極を確保し、安定した為替相場制度を促進するため、IMFおよび他の加盟国と協力することを約束している。また加盟国は、国際収支の調整の妨げになるような行為や競争的な為替相場の切り下げを回避するよう求められている。したがって、自国の政策決定にあたって加盟国は、国際通貨制度や他国に与える影響をつねに考慮することが求められているといえる。そのため加盟国間の政策協調や調整の場が必要となってきており、その協議・交渉を提供する活動がIMFにも本来は期待されていた。しかし、先にみたように、現在、通貨に関する国際協力の場は多様化してきており、加盟国間協議・交渉の場としてのIMFの機能は、以前に比べ、低下している。

3　融資制度とコンディショナリティ

　IMFの融資制度の基本的な考え方は、加盟国の割当額を財源とし、そこから必要な資金を買い入れる（自国通貨と交換で引き出す）というものである。これは、IMF協定第5条3項に基礎を置く。

　通常、加盟国が、協定の規定に合致する目的で外貨を必要とするときには、買入国通貨のIMF保有額が買入国の割当額の200％を超えない範囲で、他の加盟国の通貨あるいはSDRを同額の自国通貨と引き換えにIMFから買い入れる（引き出す）ことができるというものである。なお現在、通常の限度額は、年間で145％、累積で435％にまで引き上げられている。ただし、アジア通貨危機の際の韓国への対応や欧州債務危機の際のギリシャへの対応などにみられたように、理事会の承認を条件に、限度額を超えた融資も可能となっている。

　買入国の割当額とは、出資額と同義であり、加盟国は、加盟時の出資として、出資額のうちの25％をSDRまたは交換可能通貨（米ドル）で払い込み、残りの75％を自国通貨で払い込むこととなっている。なおこの25％相当分にあたる引き出しは、本来自国が払い込んだ部分であり、リザーブ・トランシュに基づくものとして、加盟国に無条件で認められる。また、自国通貨と引き換えに他国が払

い込んだ IMF 資産を利用する場合には、クレジット・トランシュ政策として、一定期間内での買い戻しを条件に、割当額の 25% 相当分を 1 単位とし、その利用はすべての加盟国が行えるように開放されている。自国割当額の最初の 25% 部分は、第一次クレジット・トランシュとして、緩やかな条件で貸し出されるが、それ以降の各部分は、高次クレジット・トランシュと呼ばれ、厳しい条件のもと、IMF の監視下で段階的に実施される。

IMF の具体的な金融支援制度は、市場金利に連動した「レート・オブ・チャージ」と呼ばれる IMF の金利が課される非譲許的な融資制度とゼロ金利などそれより緩やかな条件で行われる譲許的な融資制度に分けることができる。

非譲許的な融資制度は、一般会計によるもので、その利用はすべての加盟国に開かれている。一時的な収支困難に対応する短期融資としてスタンド・バイ取極（SBA）の制度が、経済構造問題に起因する収支困難に対応する中期融資として拡大信用供与措置（EFF）の制度が用意されている。またこれらに加え、信用のある実績国を対象としたフレキシブル・クレジットライン（FCL）や予防的流動性枠（PLL）の制度が、さらにつなぎとなる迅速な金融支援としての小規模なラピッド・ファイナンシング・インストルメント（RFI）の制度がある。

譲許的な融資制度とは、低所得加盟国を支援する目的で特別会計として組まれたものであり、利率や買い戻し期間などの面で譲許的な性格を有している。この財源は、加盟国の拠出（グラント／贈与とコミット〔拠出が約束〕された預入金）と IMF の拠出（金売却利益による一般準備の一部配分）で賄われている。低金利融資として、中期融資として拡大クレジット・ファシリティ（ECF）の制度が、短期融資としてスタンドバイ・クレジット・ファシリティ（SCF）の制度が、そして緊急性を有する低所得国向けの融資としてラピッド・クレジット・ファシリティ（RCF）の制度が用意されている。また重債務貧困国イニシアティブや大災害抑制・救済（CCR）といった債務救済の制度が存在する。これらは、世界銀行グループの国際開発協会（IDA）が行う貧困削減・成長トラスト（PRGT）との連携のもと、協調融資という形で実施されることがある。

加盟国がこれらの融資制度を利用する場合、リザーブ・トランシュによる引き出しなどを除いて、IMF から、加盟国に対し、資金を利用する際の条件（コン

ディショナリティ）が課されることになる。コンディショナリティの内容は広範
で、通貨の切下げ、貿易の自由化、補助金のカット、財政支出の大幅削減、国営
企業の民営化、雇用の縮小、規制緩和の推進、高金利政策など、対象国の構造や
政策を大幅に変更するようなものが含まれている。

　またコンディショナリティには、融資プログラムが IMF 理事会に承認される
前に加盟国によってとられるプレコンディション、および、段階的な資金引き出
しの際の条件として IMF 審査の対象となる達成基準とがある。通常、達成基準
は、IMF スタッフと加盟国担当者との政策対話を経て、加盟国政府から IMF に
提出される趣意書の中に公約として盛り込まれる。また加盟国は、IDA との協
調融資の対象となる IMF の貧困削減・成長ファシリティ（PRGF）を利用する
場合、IMF と世界銀行双方のスタッフとともに、政策枠組文書（PFP）を作成
することが要求されている。PFP には、IMF が求める短期マクロ安定化プログ
ラムに加えて、世界銀行が支持する中期経済調整プログラムの内容が達成基準と
して同時に盛り込まれ、加盟国は両方の受け入れを強いられることになる。これ
が、クロス・コンディショナリティと言われる問題である。ただし両機関は、そ
れぞれに関係する項目だけを扱うにすぎない。

　IMF などのこのようなコンディショナリティに対しては、次のような批判が
出ている。

　第 1 は、コンディショナリティによって加盟国に課される内容は、抜本的な経
済政策の変更を短期間に求めるものであり、途上国に対する主権の侵害、内政干
渉にあたるとする批判である。また、近年、IMF がガバナンスの問題にまで手
を伸ばし、民主化などの政治的コンディショナリティの適用まで模索している
が、これも加盟国の政治問題への関与であり、途上国に対する主権の侵害、内政
干渉にあたるとされている。第 2 は、途上国に対し、ほぼ一律の条件が適用され
ており、各国の特性を無視するような状況のなかでは、所与の成果を期待できな
いのではないかといった、経済的合理性の面からの批判が存在する。第 3 は、補
助金のカット、財政支出の大幅削減、雇用の縮小や高金利政策などの構造調整政
策は、少なくとも短期的には、途上国の国民、特に貧困層に深刻な影響を与えて
いるとの批判である。すなわち、コンディショナリティによる構造調整政策が人

権侵害を引き起こしているとの批判であり、この種の問題は国連の人権理事会の議題としても取り上げられている。

　IMF は、これらの批判に対し、融資プログラム策定にあたって、日常からの継続的な政策対話や技術援助を重視する対応をとってきた。また、第三者の参加のもと、融資制度のあり方についての検討を進めてきた。さらには、貧困の削減を重点領域として打ち出し、融資対象国における社会分野関連の支出動向に留意するとともに社会的セーフティ・ネットの充実に努めるなどの対応もしてきた。このようななか、IMF 理事会は、コンディショナリティの合理化を目的とし、2002 年にコンディショナリティ・ガイドラインを策定した。これは、融資条件に焦点をはっきりと絞るとともにコンディショナリティの目的を明確にすること、また経済支援を必要としている国に柔軟かつ適切に対応することを目指したものであった。その後も、コンディショナリティのあり方に関して、IMF 内部で継続的に見直し作業が進められてきており、2011 年には、その結果が報告書にまとめられている。

第 3 節　欧州中央銀行制度（ESCB）

1　通貨統合と ESCB

　EU に加盟する 27 カ国（2020 年 4 月現在。2020 年 1 月にイギリスが離脱するまでは 28 カ国）のうち 19 カ国が統一の通貨ユーロを使用する。EU に加盟していないアンドラ、モナコ、サンマリノ、およびバチカンも EU と通貨協定を結んでユーロを公式に使用し、独自デザインの硬貨も発行している。EU の一部ではないフランスの海外領土のうちにも、EU と協定を結び、ユーロを公式通貨としている島がある。また、モンテネグロやコソボは、EU との協定を結ばずに事実上ユーロを使用している。

　ユーロは使用地域を徐々に広げているが、ユーロに関わる EU の制度をみてみよう。ユーロの導入に伴い、1998 年に、EU の機関として ECB を核とした

ESCB が発足した。ユーロ圏に関する金融政策を定め、実施するのが ECB である。ECB はドイツのフランクフルトを本拠として 2,500 人以上のスタッフを抱える。ECB は、アメリカの連邦準備制度など国家の中央銀行と比較されるが、国家の中央銀行と同じ部分も異なる部分もある。ECB と EU 加盟各国の中央銀行とが ESCB を構成する。通貨同盟の運営に、EU レベルにおいて政策を決定し執行する新組織として中央銀行が必要となったのは、変化する市況に迅速に対応するためである。複数の加盟国の中央銀行が別個独立に活動しては、単一の通貨政策が成り立ちえない。他方、当時の EU の政治構造なども考慮して、各国の中央銀行をも制度に取り込んで活用することとなった。

　ECB の意思決定機関である政策理事会と役員会が ESCB を運営する。政策理事会が最高意思決定機関であって、役員会のメンバーおよびユーロ参加国の中央銀行総裁で構成される。役員会は、欧州理事会が任命する、ECB 総裁、副総裁および 4 人の理事で構成され、政策理事会が定めた指針と決定にしたがって金融政策を実施し、必要ならば各国中央銀行に指示を与える。ESCB の中で、ECBおよびユーロ参加国の中央銀行からなる部分をユーロシステムという。ユーロに関してはユーロシステムが排他的権限を有し、ユーロ参加国は単一の金融政策に従う。なお、これに対し、ユーロ不参加国は独自の政策を実施できる。

　ESCB の目的、任務や構成については、欧州連合機能条約および付属第 4 議定書「ESCB および ECB 規程」が定める。ESCB の主要な目的は物価の安定の維持であり、その実現のための基本的任務は、① EU の通貨政策の決定と実施、②外国為替の操作、③加盟国の公的外貨準備を保有し運用すること、④決済システムの円滑な運用を促進することである。ECB が行うさまざまな金融政策の例を挙げると、2014 年には、金融機関による企業への貸出しの増加やユーロの為替相場への影響を考慮して、民間の金融機関が ECB に預ける準備預金の超過額などに対する金利をマイナスに定めた。ECB は、他国の中央銀行と協調して為替介入も行う。現在では、加盟国の国債などを購入する公的部門購入プログラム（PSPP）を中心とする、拡大資産購入プログラム（APP）を行っている。なお、任務の遂行や権限の行使にあたり、ECB と各国中央銀行は、EU の他の機関や加盟国政府から指示や影響を受けないなど、強い独立性が保障されている。ECB

が国際法上の法人格を有することも、ECB が政治的影響からの独立を維持するための手段の1つとなっている。

金利など金融政策について決定するのは、政策理事会である。政策理事会は、決定に際しては単純多数決を原則とする。役員会は、政策理事会によるガイドラインや決定にしたがって金融政策を実施し、各国中央銀行に必要な指示を与える。政策の実際のオペレーションは、各国中央銀行が実施する。

ユーロ参加国の増加に伴って政策理事会の人数が増加しても、政策理事会の活動能力が維持されるよう、制度改革も行われた。政策理事会の票決は、リトアニアがユーロ参加国に加わり、参加国が19カ国となった時点（2015年）から1人1票制ではなくなっている。すなわち、役員会のメンバーが常時各1票を有し、中央銀行総裁は計15票をローテーションで行使する制度へと移行した。この制度では、最初に、国内総生産の合計とユーロ参加国の金融機関のバランスシートの合計における各国の割合規模に応じ、総裁数が21人以下のときは総裁を2つのグループへ、22人以上のときは3グループへと分ける。次に、15票から一定の票数を各グループに割り振る。各グループに割り振られた票数は、そのグループに属する総裁の人数よりも少ないため、各グループの中において各国総裁は、一定期間でまわるローテーションで投票権を行使する。経済規模の大きな国の総裁は、構成員数が少なく配分票が多い第1グループへ割り振られる。第2グループでは、ある国の総裁が投票権を行使できる頻度が第1グループに比べて下がり、第3グループでは、そこに所属する国の投票機会はさらに減るように構成員数と配分票が定められている。EU 最大の経済国ドイツは第1グループに属するも、ドイツ中央銀行総裁ですら投票できない時期がある。ここに欧州統合の現状が表れていると評価される。

ECB にはこの外に、ECB 総裁、副総裁、ユーロ未参加国も含めたすべてのEU 加盟国の中央銀行総裁で構成される全体理事会があり、ユーロ未参加国の中央銀行とユーロシステムとの間の政策調整を担う。

ユーロ導入の歴史

　通貨統合の提案や試みは、前節でみた IMF を中心とした国際協力が 1970 年代に動揺するなか、安定した為替相場を求める欧州諸国の動きから始まった。1970 年の「ウェルナー報告書」が経済通貨同盟（EMU）の実現を提案した。提案に基づく通貨統合計画は、経済政策を収斂させる点において各国が対立したことなどから挫折したが、為替相場協力（スネーク）は進んだ。目標相場圏制度をとったスネークも、後に経済成長政策のために英仏伊が離脱し、EC 諸国間での為替相場の安定は失敗に終わった。

　しかし、当時の経済危機の原因が通貨にあるという認識が広がり、欧州理事会は 1979 年から EMS を導入した。EMS は、為替相場メカニズム（ERM）、加盟国通貨で構成するバスケット通貨である欧州通貨単位（ECU）、および欧州通貨協力基金（EMCF）から成る制度であり、通貨統合へ向けた第一歩となった。ただし、国際機構に通貨主権が移譲されるのではなく、各国による通貨協力にとどまったため、通貨統合が必要だとの認識が広まった。

　通貨統合の検討のために設置されたドロール委員会による報告書を経て、マーストリヒト条約（1992 年）が単一通貨の導入を採用した。最初にユーロを導入したのは 11 カ国であった。参加には、物価、長期金利、財政および為替相場において収斂基準（現欧州連合機能条約第 140 条）を満たさなくてはならないが、基準を充足できなかったギリシャ、参加を留保（オプトアウト）したイギリスとデンマーク、そしてスウェーデンも参加しなかった。ユーロは 1999 年から現金を用いない決済通貨として銀行間の取引に導入され、2002 年から現金の流通が開始した。なお、1999 年からはユーロ未参加国の通貨とユーロとの為替相場安定や、ユーロ参加の準備のために ERM II が設立されている。

　2000 年代後半からは、2004 年以降の EU 拡大時に加盟した東欧諸国などもユーロに参加している。リスボン条約（2009 年発効）によって EU からの脱退規定が設けられたが、ユーロからの脱退規定はない。この点は、欧州債務危機後に、ギリシャなどのユーロ脱退論が唱えられるなか、ユーロから離脱するには EU 自体からも脱退すべきか、など EU 法の解釈上の問題を引き起こした。

2　国際金融危機・欧州債務危機への欧州における対応と ECB の活動の拡大

　通貨統合はいくつかのメリットを生み出したが、国際金融危機と欧州債務危機（ユーロ危機）によって、制度に内在していた欠陥や問題があらためて意識されるようになった。2008 年にアメリカのサブプライム問題に端を発した国際金融危機が発生し、各国がそれに対応するなかで政府債務を増大させた。ギリシャの

財政赤字隠しが発覚すると、2009 年から 2010 年にかけて欧州債務危機が始まった。危機に陥った国々のうちスペインやアイルランドにおいては、ECB が定める単一の金利がユーロ圏全体に適用されるために、危機の原因となった経済の過熱に対応しきれなかった。また経済通貨同盟といっても、経済・財政政策における統合が不十分なままに通貨統合が進み、EU 設立条約に危機への対応策も盛り込まれていなかった。

　欧州債務危機に対しては、救済を必要とする債務国への支援メカニズムの構築と、将来における危機の予防と管理のための制度構築が行われた。それらにはEU の枠組内における対応と枠外の対応がある。それぞれの制度に欧州委員会やECB など EU の諸機関が携わり、各機関は従来と異なる任務も担うようになった。まず支援メカニズムの方からみていこう。

　危機に陥ったギリシャに対して 2010 年 5 月に行われた最初の支援は、IMF による SBA とともに、ユーロ加盟国が二国間において資金を貸借する形がとられた。欧州委員会と ECB は、債務国との支援条件の策定交渉を担うなどして援助に携わった。ECB、欧州委員会、IMF の 3 者はあわせて「トロイカ」と呼ばれた。債務国への支援後も ECB は、トロイカの一員としてその実施を監視する。

　2010 年には支援制度として、一方において欧州連合機能条約に基づく規則によって、欧州金融安定メカニズム（EFSM）が設立された。他方において、欧州金融安定ファシリティ（EFSF）もルクセンブルクの国内法上の会社として設立され、ユーロ圏の 17 加盟国と枠組協定を締結した。後者は、欧州の金融の安定のためにユーロ参加国に金融支援を行う時限的な機構と位置づけられていた。EFSF はアイルランド、ポルトガル、ギリシャに対して金融支援を行った。恒久的な救済メカニズムとして欧州安定化機構（ESM）が 2012 年 10 月から活動を開始した以降、EFSF は、債権回収のみを目的として存続し、新規の貸し付けは行わない。

　ESM は、欧州理事会において設立が決定され、ユーロ諸国が国際条約により設立した国際機構であって、ユーロ加盟 19 カ国が出資した。ESM は、ユーロ圏全体および ESM 加盟国の金融の安定を守るために金融支援を行う。2017 年までにスペイン、キプロス、ギリシャ、ポルトガルへ「マクロ経済調整プログラム」

を伴う貸付が行われたものの、ESM が行うことができる 6 つの支援手段のうち、予防的信用枠など 4 つは未だ使われていない。なお 2018 年 11 月現在、ESM の機能を拡充した、「欧州通貨基金」（EMF）の新設も EU で議論されている。

　ESM は、総務会、理事会および専務理事を備える一方、EU の機関に任務を委ねることができる。ESM 加盟国から支援の要請を受けた総務会議長は、欧州委員会と ECB へ、支援の必要性、債務の持続可能性、およびユーロ圏全体の金融の安定へのリスクの評価を委任できる。総務会が支援を決定した後は、加盟国とのコンディショナリティを定めた「了解覚書」（MOU）に関する交渉も委ねられる。

　ESM 条約は、「ESM は IMF と密接に協力〔し〕……技術および金融の両面において IMF の積極的な参加を模索する。ESM に金融支援を求めるユーロ圏加盟国は可能な限り IMF へ同様の要請を行うことが期待される」と定め、IMF には総務会へのオブザーバー参加や、欧州委員会や ECB とともに加盟国との交渉にあたることを認める。

　しかし、IMF と EU の諸機関とでは設立目的や任務が異なるため、コンディショナリティや支援の進め方において各機関や機構の間で見解が相違するなどの問題も生じた。IMF は、EU が 2015 年 8 月に決めたギリシャ支援策へ資金を拠出せず、2017 年 6 月に決定した追加融資ではギリシャの債務負担の軽減を条件として翌月に SBA を承認した。なお、ギリシャへの支援融資は 2018 年 8 月で終了した。その後は ESM や IMF も関与してギリシャの財政状況が監視される。

　なお、金融危機後の EU の対応には、IMF などの金融に関する国際機構のみならず、人権条約機関なども注意を払っている。EU が障害者権利委員会に提出した最初の報告書審査では、金融危機後の EU における緊縮政策が障害者の「相当な生活水準および社会的保護」へ及ぼす影響に懸念を示す最終見解が出された。

　欧州における将来の類似の危機を予防する措置として、各国の財政規律や経済政策の協調が、規則や国際条約を用いて強化され、金融についても監督制度が強化された。2008 年の国際金融危機の翌年に、欧州委員会委員長に助言するため、元 IMF 専務理事を中心とするグループが「ドラロジェール報告書」を出した。

これを受け、2010 年に欧州金融監督制度（ESFS）が設立された。制度は、金融システム全体の安定性に関するマクロ・プルーデンス監督を担う欧州システミックリスク理事会（ESRB）と、個々の金融機関の経営に関するミクロ・プルーデンス監督を担う欧州監督当局（ESAs）から成る。さらに ESAs は、欧州銀行庁（EBA）、欧州証券市場庁（ESMA）、および欧州保険職域年金庁（EIOPA）で構成される。ESFS のもとでは日常の監督業務は各国当局に委ねられ、ESAs の目的は、EU 全域における効率的かつ調和された規制および監督の実施を確保し、域内市場の機能を改善することである。2017 年から、欧州委員会などが ESFS の機能の強化を提案している。

　欧州債務危機に応じ、2012 年 6 月の欧州理事会において「真の経済通貨同盟」が提案され、ユーロ圏における銀行規制の統一が進んでいる。経済通貨同盟に含まれるようになった、この「銀行同盟」は、単一銀行監督機構（SSM）と単一破綻処理機構（SRM）の 2 つの柱から成る。これらは、債務国が危機に陥ると、その国債を保有する金融機関への不安が高まり、それが国家財政の悪化につながる、という悪循環を断ち切るために考案され、EU の設立基本条約に基づいて採択される第二次法によって実現された。ESM により個別の銀行を救済するならば銀行監督も欧州で統一して行われるべきであるため、銀行同盟の完成は重要である。ただし、EU で単一の預金保険制度（DGS）も当該提案に含まれていたが、主にドイツの反対で完全には統一されていない。各国法による実施を予定した預金保険指令は 2014 年に改正されたものの、欧州預金保険スキーム（EDIS）については 2015 年から停滞し、ようやく 2017 年に欧州委員会が新たな提案をした。

　SSM において ECB は、ユーロ圏および希望国の銀行を直接監督することになり、ECB には、2013 年の規則に基づいて監督委員会が設立された。その対象銀行は、規模、EU または参加国経済に対する重要性、および国境を越えた活動の重大性などから決められる。監督機関として ECB は銀行免許のはく奪を含む決定を行う。監督委員会は決定案を政策理事会へ提出し、一定期間内に理事会内で反対がなければ採択されたとみなされる。なお、上記以外の銀行に対する監督は各国の金融監督機関が ECB と協力しつつ担い、EU 全体の銀行監督においては EBA が重要な役割を担い続ける。金融政策と監督任務は厳格に分離されている。

　「銀行同盟」において、ECB は SSM における主要な役割のほかに、2014 年からの SRM においても単一破綻処理委員会にオブザーバー参加し、破綻処理手続において破綻処理委員会と協議あるいは緊密に協力し、銀行が破綻する可能性などの判断を行う。ECB は、経済の混乱を招かないための円滑な破綻処理の一翼を担っている。

　上述のほかにも、ECB は危機に対応するためにさまざまな活動を行ってきており、その権限も強化されてきた。欧州債務危機において ECB は、長期資金供給オペレーション（LTRO）によって銀行に資金を供与し、銀行破綻の懸念を払拭した。2010 年には危機国であるギリシャ、スペインとイタリアの国債を流通市場において購入する証券市場プログラム（SMP）によって危機国の国債の利回りを低下させ、2012 年からはユーロ圏の国家の国債購入プログラム（OMT）を導入した。危機に陥った民間銀行の救済である、「最後の貸し手」としての緊急流動性支援（ELA）も、それ自体は各国の中央銀行の責任で行われるが、ユーロシステムの目的と任務を妨げると考えられると、政策理事会の 3 分の 2 の多数決によって制限される。

　このように、ユーロに参加する EU 加盟国が通貨に関する主権を EU へと移譲し、ECB が中央銀行としての役割を果たしている。欧州債務危機後には、民主主義の文脈における金融政策の説明責任など、国家の中央銀行との比較において ECB に関する構造的問題が指摘された。主権国家のような政府や議会が EU には存在しないにもかかわらず、ECB は独立性を強く保障されているからである。ただし政策理事会の会合の議事要旨は 2015 年から公開されるようになった。他方で ECB は、上記の銀行監督など、新たな任務を担うようになった。そのような新任務を負うことによって、ドイツなどの加盟国の当局とは別個に ECB と SSM が BCBS の完全なメンバーになった。ECB は、欧州委員会とともに FSB のメンバーでもある。国際金融危機後に金融をめぐる国際制度が階層的な仕組みを構成していくなかにおいて、その規制の発展が地域的国際機構である EU からいかに影響を受けるか、また EU が規制にどう対応するかという相互の関係がより注目されよう。

　ほかにも対外的に ECB は、金融市場の円滑な機能の維持および安定性の確保

のため、日本銀行など海外の中央銀行と通貨スワップ取極を締結する。この取極は金融危機後に積極的に締結されたが、通貨危機に対する防衛策としての側面ももつ。第1節でみた、通貨の国際的管理の面で重要性を増しているG20にも、ECBは参加する。通貨安などが国際問題となる世界情勢において、ECBにはユーロ圏を越えた視点からの活動も期待されている。

おわりに

　国際通貨・金融協力を取り巻く情勢は、BWIが創られた当初と比較すると大きく変化した。金融の自由化が進み、投機的な大量の資金移動が短期間に行われるような状況に対応するために、また、個人を中心に据えその幸福追求を国際的に保障していこうとする流れのなかで、現在、第二次世界大戦後の国際通貨体制における中心的な役割を果たしてきたIMFも機構改革を進めている。

　機構改革の1つの柱は、金融危機を予防し解決するためのIMFの対応能力をいかに高めるかという点にある。アジア通貨危機のように、タイで生じた通貨危機が、周辺国の、そして国際社会全体での通貨危機へと転化し、国際的な信用制度全体の混乱を引き起こしたような事態は可能な限り避ける必要がある。そのためには、IMF資金の拡充、サーベイランス（政策監視）機能の強化、情報公開など透明性の確保および早期警報の発信など危機への対応能力の強化が必要とされる。

　もう1つの柱は、個人の視点に立った政策運営をいかに実現していくかという点にある。これまでは、市場原理・自由化・規制緩和に沿った政策を実施することで、投資環境が改善され、持続的成長につながるといった認識に基づき、多くの構造調整政策が優先的に実施されてきた。しかし、このような市場原理による資源配分の効率化を重視する手法は現在見直される時期にきている。確かにIMFも、1999年より、世界銀行と連携してPRGFを導入し、この問題に一定の配慮を払ってきた。しかし、両機関とも活動を継続するためには資金の回転性を担保する必要がある性格の組織である以上、その対応にはおのずから限界があるともいえる。したがって、経済効率性の視点とは異なる、個人の視点に立った政

策を充実させていくためには、世界銀行を中心に行われている包括開発計画（CDF）のように、国際金融機関と贈与ベースで活動を行いうる機関との連携を強化していく動きが必要となってくるように思われる。

　また、国際機構を通じた国際通貨・金融協力の構図において、協力国と国際機構、そして、国際機構と受益国が二分化されている現状にも注意を払う必要がある。協力国は国際機構に対し、資金提供（増資）に際し影響力を行使しうる立場にあり、また、意思決定に際しても大きな発言権を有している。その反面、受益国は国際機構から、資金提供（融資）に際しコンディショナリティが付けられることがあり、その政策の履行を要求される立場にある。このような受益国に対する協力国や国際機構の優位性が、政治的緊張を生んだり助長したりする要因になりかねない。その意味で、政策の決定にあたっては、政策に普遍性を付与する努力が必要となってくる。そのためには、普段からの地道な政策対話を通じた途上国との信頼関係構築の努力がまず必要となる。また、専門家や NGO などとの連携をさらに深めることで、国際世論の動向を政策に反映させる配慮も必要であろう。さらに、コンディショナリティの問題が人権侵害を引き起こす可能性があることに鑑みれば、今後は、現行の連携協定の枠を超えるような、国連との間の政策の調和・一致などに向けた努力も必要となってきているといえる。

〔参考文献〕

井出穣治・児玉千代子『IMF と世界銀行の最前線』日本評論社、2014 年

絵所秀紀「経済開発理論の展開と国際機関」東京大学社会科学研究所編『20 世紀システム
　4. 開発主義』東京大学出版会、1998 年

大隈宏「コンディショナリティの論理と動態 − IMF・世界銀行と開発途上国」山影進編
　『相互依存時代の国際摩擦』東京大学出版会、1988 年

大野健一・大野泉『IMF と世界銀行』日本評論社、1993 年

岡村健司編『国際金融危機と IMF』大蔵財務協会、2009 年

小川英治編『ユーロ圏危機と世界経済』東京大学出版会、2015 年

唐鎌大輔『ECB 欧州中央銀行』東洋経済新報社、2017 年

河村小百合『欧州中央銀行の金融政策』きんざい、2015 年

久保田隆「金融監督規制に関する国際制度の展開」『論究ジュリスト』第 19 号、2016 年

P．B．ケネン（桜井一郎訳）『現代国際金融システムと IMF』同文舘、1989 年

古城佳子「IMF の今日的機能と問題点」『外交時報』1998 年 5 月号（第 1349 号）、1998 年

白井早由里『検証 IMF 経済政策』東洋経済新報社、1999 年

G. マヨーネ（庄司克宏監訳）『欧州統合は行きすぎたのか（上）・（下）』岩波書店、2017 年

田中素香『ユーロ危機とギリシア反乱』岩波新書、2016 年

二宮正人「開発援助とコンディショナリティ － IMF，世界銀行，UNDP の業務活動に関する一考察」『国際政治』第 103 号、1993 年

『日本 EU 学会年報（ユーロ危機と EU の将来）』第 34 号、2014 年

星野郁『EU 経済・通貨統合とユーロ危機』日本経済評論社、2015 年

宮村智「国際通貨・金融組織と法」横田洋三編『国際組織法』有斐閣、1999 年

横田洋三「国際金融機関の組織法上の特色（1），（2）」『国際法外交雑誌』第 70 巻 1・3 号、1971 年

Hans Aufricht, *The International Monetary Fund*, Stevens & Sons, 1964

Erik Denters, *Law and Policy of IMF Conditionality*, Kluwer Law International, 1996

Richard E. Feinberg, "The Changing Relationship between the World Bank and the International Monetary Fund," International Organization, 42（3）Summer 1988

Joseph Gold, *Interpretation: The IMF and International Law*, Kluwer Law International, 1996

John Williamson, *IMF Conditionality*, MIT Press, 1983

第 10 章　貿易

はじめに

　私たちの日々の暮らしは、貿易に支えられている。天然資源がそれほど豊富ではない国は、石油や天然ガスをはじめ、さまざまなものを外国から輸入している。また、国内で企画・製造した製品やサービスを輸出し、国外に拠点を置いて生産や加工、販売などを行う企業も多い。輸出入に必要な手続きに不正がなく、また、よりスムーズに進めば、貿易のさらなる発展にもつながる。以上のような輸出入をはじめとする国際的な取引には、貿易に関する国際機構において、各国が合意した方針や政策、決定が大きな影響を与えている。

　一方、国際公共の観点から、人体や環境に悪影響を与えるものや武力紛争につながる可能性があると考えられる物資などについては、取引を制限したり禁止したりする国際的な枠組も構築されている。

　この章では、貿易に関する国際機構や国際的な枠組について、成立の背景、活動の現状について検討し、今後の展望を考察することにする。

第 1 節　国際貿易機構(ITO)構想から世界貿易機関(WTO)へ

1　ITO 設立構想とその挫折

　第一次世界大戦後、1920 年代から 1930 年代にかけ、世界経済のブロック化が進行した。相対的な力の衰えを懸念したイギリスは、他国製品には高関税を課し為替の交換率を変更して、英連邦内の交易を優遇する政策をとった。東インドを有するオランダも、数量割当など輸入を制限すると同時に、域外からの製品に対し高関税を課す政策をとった。1929 年に端を発した大恐慌以降、アメリカも保

護貿易を推進する政策をとり、中東やアフリカ、ラテン・アメリカにおいても通商条約の破棄や関税の引き上げなどが行われた。このように各国が保護主義的な政策をとった結果、世界的に自由貿易体制の崩壊が進み、第二次世界大戦が引き起こされる要因となった。

　この反省を踏まえ、アメリカは、1945年に「自由かつ無差別な貿易の拡大」を目的とした国際貿易機関（ITO）を設置することを提案した。この提案に基づき、1948年には、53カ国がITOを設立するハバナ憲章に調印した。ITOは、国際通貨基金（IMF）や国際復興開発銀行（IBRD）、いわゆるブレトンウッズ機関とともに、国際経済を調整することにより、第二次世界大戦後の復興をもたらすことが期待されたのである。

　しかし、広範な貿易自由化を掲げたITO憲章は、自国の労働者や産業の保護を望む国家や途上国の賛同を得ることはできなかった。また、無条件の関税引き下げに対しても、特に英連邦間の特恵関税を維持したいイギリスを中心に反発が起こった。何より、ITOの設立を主張したアメリカが、議会の反対によりITO憲章を批准できなかったのである。最終的にITO憲章を批准したのは、署名国のうちオーストラリアとリベリアの2カ国にとどまり、貿易に関する世界的な国際機構は設立に至らなかったのである。

2　ガットの性質と活動

　ITO憲章には、国際的通商規約の設定が盛り込まれており、各国も国際的な貿易ルールの制定と通商に関する国際的な交渉の必要性は認識していた。また、1947年には、アメリカの提案により、23カ国で多角間関税交渉が行われていた。その成果をもとに、関税と貿易に関する一般協定（GATT、ガット）がまとめられ、発効しなかったITO憲章に代わり、国際的な貿易のルールとして広く用いられるようになった。

　ガットの目的は、関税とその他の貿易障壁を軽減し、国際通商の差別待遇を廃止することである。そのため、ガットは、①輸出入に際し、同種の産品に対して課される関税などの措置については、締約国の一方が他の第三国に与える、また

は与える可能性のある最も有利な待遇を許与する（第 1 条、最恵国待遇）、②国内製品に保護を与えるために、国内製品や輸入品に国内税などを課してはならない（第 3 条、内国民待遇）、③輸出入に対しては関税などの措置のみをとることができ、数や量を制限して輸出入してはならない（第 11 条、数量制限の一般的廃止）、などの原則を規定した。これらの原則に加え、多角的に関税を引き下げるため、ガットは締約国による多国間関税交渉を規定した。そして、1947 年に行われた関税交渉に続いて、1949 年以後、数年毎に「ラウンド」と称される多国間の関税交渉が開催された。

　このような原則に基づくものの、ガットには例外規定も設けられている。たとえば、さまざまな要因が重なって特定の産品が多く輸入された結果、国内産業において深刻な影響が出た場合は輸入を制限することができる（第 19 条、セーフガード）。そして、人や動植物の生命・健康の保護、歴史的・考古学的価値のある国宝の保護や有限天然資源の保存などの目的で措置を講じることもできる（第 20 条、一般的例外）。また、ガットの原則の一部は国内法令に適合する範囲で認めるといった内容を含んだ暫定適用議定書も締結され、ガットの法的基盤は弱いものとならざるを得なかった。

　当初ガットには紛争解決の機関がなく、仮に紛争が発生した場合、締約国会議や、紛争当事国を含めた国家で構成する作業部会で問題解決を行っていた。1952 年に、紛争当事国とは別の独立した数名の個人がパネル（小委員会）を構成し、紛争を法的な立場から判断するようになった。以後、ガットはパネルによる紛争処理を制度化した。

3　ガットから世界貿易機関（WTO）へ

　ガットは 1948 年より数十年もの間、第二次世界大戦後の貿易を規律する国際的枠組として機能した。しかし、ガットは ITO が成立するまでの暫定的な協定であったため、一般的な国際機構とは異なり、組織的な基盤の弱さが指摘されてきた。また、紛争解決の制度はあるが、最終的な結果が出るまでに時間がかかることも指摘された。さらに、貿易の対象が物品（モノ）に加え、サービスへの拡

大がみられるなど、時代の変化に伴い、ガットの対象範囲を拡大することも求められた。

このような背景から、国際経済法の専門家であるジョン・ジャクソン教授により、ガットを強化し、世界貿易機関（WTO）を設立することが提唱された。第二次世界大戦後、ITOのような貿易に関する国際機構の設立構想がみられたことや、紛争解決手続を組織化する要望があったことなどにより、1986年から開始されたウルグアイ・ラウンドにおいて、国際機構としてのWTOの設立が決定された。

第2節　世界貿易機関（WTO）の活動

1　WTOの原則

WTOの活動は、WTOを設立するマラケシュ協定（WTO設立協定）を基に、物品の貿易に関する多角間協定・サービス貿易に関する一般協定（GATS）・知的所有権の貿易関連の側面における協定（TRIPS協定）・紛争解決に関する了解（DSU）・貿易政策検討制度（TPRM）という諸協定を実施し、自由貿易を促進することが原則となっている。そのため、WTOに加盟する際には、これらの協定を一括して受諾（シングル・アンダーテーキング）しなければならない。なお、これらの協定に加え、民間航空機貿易と政府調達に関する協定（複数国間貿易協定）も締結されているが、拘束されるのは一部の国のみである。

自由貿易を促進するため、WTOの諸協定は、ガットと同様、最恵国待遇、内国民待遇、数量制限の一般的廃止を原則としている。また、農業分野やサービス貿易を含めた各種分野での自由化を進めるため、多角間交渉を引き続き行う。また、貿易政策検討制度が設置されたことにより、加盟国の貿易政策の審査・検討もなされることとなった。加えて、世界銀行やIMFといったブレトンウッズ機関とも協力を行うことになり、より統一性のとれた経済政策を促進することとなった。

表 10-1　WTO 協定（WTO 設立協定及びその附属協定）一覧

世界貿易機関を設立するマラケシュ協定（通称：WTO 設立協定）

附属書 1

(1) 附属書 1A：物品の貿易に関する多角的協定

　(A) 1994 年の関税及び貿易に関する一般協定（通称：1994 年のガット）

　(B) 農業に関する協定

　(C) 衛生植物検疫措置の適用に関する協定（通称：SPS 協定）

　(D) 繊維及び繊維製品（衣類を含む。）に関する協定（通称：繊維協定）

　(E) 貿易の技術的障害に関する協定（通称：TBT 協定）

　(F) 貿易に関連する投資措置に関する協定（通称：TRIMs 協定）

　(G) 1994 年の関税及び貿易に関する一般協定第 6 条の実施に関する協定　（通称：アンチダンピング協定）

　(H) 1994 年の関税及び貿易に関する一般協定第 7 条の実施に関する協定　（通称：関税評価協定）

　(I) 船積み前検査に関する協定

　(J) 原産地規則に関する協定

　(K) 輸入許可手続に関する協定

　(L) 補助金及び相殺措置に関する協定

　(M) セーフガードに関する協定

(2) 附属書 1B：サービスの貿易に関する一般協定（通称：GATS）

(3) 附属書 1C：知的所有権の貿易関連の側面に関する協定（通称：TRIPs 協定）

附属書 2：紛争解決に係る規則及び手続に関する了解（通称：紛争解決了解）

附属書 3：貿易政策審査制度

附属書 4：複数国間貿易協定

(A) 民間航空機貿易に関する協定

(B) 政府調達に関する協定

(C) 国際酪農品協定（1997 年末に終了）

(D) 国際牛肉協定　（1997 年末に終了）

（出典：外務省）

　このように、WTO は法的基盤をもつ国際機構として成立し、1995 年から活動を開始した。

2 WTO の構成と意思決定

WTO には、国家に加えて、独立関税地域（香港など）も加盟を申請できる。また、WTO 加盟国の国内で異なる関税制度を有する一部地域が加盟を行わない場合もある。たとえば、WTO 加盟国であるデンマークの一部でありながらも、関税を含む広範な自治権が認められているフェロー諸島やグリーンランドは WTO に加盟していない。

WTO に加盟するためには、WTO 事務局長に加盟を申請し、一般理事会の承認後、加盟の条件や WTO への適合性などに関する全加盟国との交渉と、市場アクセスなどについて交渉を希望する国家との2国間交渉を並行して行う必要がある。ガット時代からの加盟国も引き継ぎ、WTO には 164 の国と地域が加盟している（2020 年 5 月現在）。

WTO は、加盟国すべての貿易担当大臣で構成される閣僚会議、加盟国すべての代表で構成される一般理事会、および事務局で構成されている。一般理事会のもとには物品の貿易、サービス貿易、知的所有権に関する理事会と、個別の協定に関する委員会や特定テーマに関する作業部会などの下部機関が設置されており、希望する国家に参加が解放されている。

閣僚会議は、WTO 協定の解釈や改正の決定、新規加盟国の決定、事務局長の任命など WTO における最高の意思決定機関で、少なくとも2年に1度の開催が予定されている。一般理事会は、WTO の実質的な業務運営を行うとともに、紛争解決や貿易政策検討機関の任務も負っている。また、事務局は、事務局長のもと、650 名程度の職員で構成されているが、世界の大半の国が加盟している国際機構としては少ない数である。

WTO における意思決定は、原則としてコンセンサスで行われるが、コンセンサスで決定できない場合は投票によって行われる。今日では、加盟国の増加と多様化に伴い、WTO におけるコンセンサスでの意思決定が難しくなっているのも現状である。

図 10-1　WTO 組織図

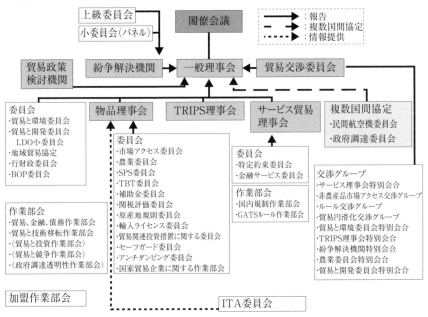

（出典：外務省 HP）

3　WTO と紛争解決手続

　ガット時代に発展した紛争解決の制度は、WTO のもとでさらに制度化が進み、紛争解決了解に関する WTO の協定に基づいて貿易摩擦などの紛争解決が行われている。

　WTO における紛争解決手続は以下のとおりである。まず、加盟国間で貿易に関する何らかの紛争が発生した場合には、当事国間で協議を行うことが要請される。協議要請後、60 日以内に紛争が解決されない場合には、申立てを行った加盟国がパネル（小委員会、通常当事国以外の 3 名の委員により構成）の設置を要請することができる。設置より 6 カ月以内にパネルは最終報告書を紛争当事国に提出するが、仮にパネルの判断に紛争当事国が不服だった場合には、当該事案を 7 名の委員により構成される上級委員会に付託することができる。上級委員会で

の審議後、裁定が紛争解決機関によりネガティブ・コンセンサス方式で採択され、WTO協定の違反が認定されれば是正勧告が行われ、速やかな実施が要請される。仮に速やかに実施がなされない場合には、申立国が是正措置に代わる代償を提供するよう、被申立国に交渉を行うことができる。この代償に関する交渉がまとまらない際には、申立国は、被申立国に対する対抗措置をとることにつき、WTOの紛争解決機関に承認を求めることができる。

　1995年の発足以後、WTOの紛争解決制度は広く活用されており、500以上の申立てが行われている（2019年10月現在）。日本は、1995年にアメリカの通商法第301条および第304条に基づく自動車の輸入措置に関し申立てを行い、合計26の申立てを行っている（2019年9月現在）。また、日本は、1995年に、EC（当時）、カナダおよびアメリカから、酒税に関する申立てを受け、その後WTOの結論に即して酒税を改正した。以後、日本は、合計13の申立てを受けている（2019年8月現在）。

　一方で、WTO協定やその紛争解決手続を不十分とし、米中が2018年より独自に関税の引き上げを行うことにより貿易摩擦が発生するなど、現在のWTO体制に対する限界も指摘されている。そのため、上級委員会の機能回復や、新たな形での貿易自由化・ルール形成の促進など、WTO改革に関する提案も行われている。

第3節　貿易に関する地域的機構とその活動

1　地域的な貿易機構とWTOとの関係

　1947年に作成されたガットは、自由・無差別な原則に基づく多角的な貿易を促進することを目的としていた。一方、ガット作成時には、ベネルクス関税同盟など既に制定されていた地域的な貿易枠組を追認する必要性や、市場統合は世界全体の自由貿易促進に寄与するという考え方なども示された。そのため、結果的にガットにおいても厳格な条件の下、例外として関税同盟が認められることと

図10-2　WTO紛争解決手続と必要な作業（当事国案件で申立国の場合）

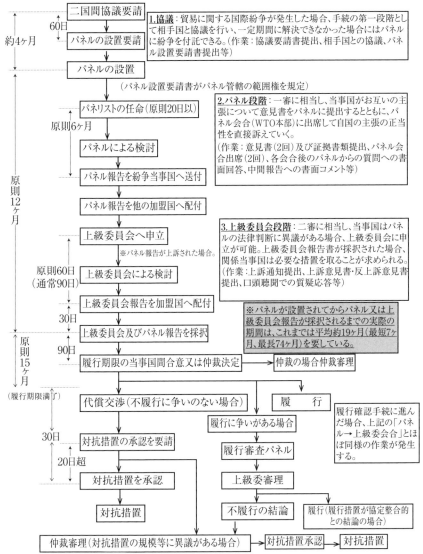

（注）パネル設置、上級委員会報告、パネル報告の採択、対抗措置承認はWTO紛争解決機関がネガティブ・コンセンサス（1カ国でも賛成すれば採択・決定がなされる）で行う。

（出典：外務省）

なった。1948年に改正されたガットでは、その第24条で、例外として認める地域的な貿易枠組の範囲を拡大し、実質上すべての貿易において自由化を行うなど一定の条件の下、特定の国家間でより有利な貿易条件に基づく地域貿易協定（関税同盟、自由貿易地域、中間協定）を締結することを認めた。1958年に欧州6カ国の関税同盟として発足した欧州経済共同体（EEC）は、共通の関税率表および通商政策を有する欧州連合（EU）となり、より深化した関税同盟へと発展した。また、1979年には、ガット締約国団は、途上国間の地域貿易協定に関し、より有利な条件（授権条項）を適用するという決定を行い、アセアン自由貿易地域（AFTA）などが成立した。そして、2015年末には、より幅広い分野での関税撤廃や自由化を目指したアセアン経済共同体（AEC）が発足し、地域におけるより深化した経済統合を目指すこととなった。

　このような地域貿易協定の締結は、協定を締結した国家と協定外の国家との間で異なる貿易条件を生じさせるため、本来、ガットの最も重要な原則の一つである最恵国原則の原則に形式上は抵触することとなる。しかし、ガット第24条は、地域的な貿易枠組による経済統合の発展は、自由貿易を促進するものであって貿易障壁を引き上げるものではないと位置付けている。

　ガット第24条は、地域貿易協定へ参加する締約国に対し、その情報をガット締約国団に提供するよう要請し、これに応じて、締約国団が報告と勧告を行うと規定する。実際には、ガット内に地域貿易協定ごとの作業部会が設置され、貿易量などの量的な側面と分野別の質的な側面から、協定がガットに定められた要件に沿ったものかどうかが審査されていた。しかし、たとえばEECはアフリカ諸国に対する関税の徴収を容認していたことなどから、EECはガット第24条上の「実質上すべての貿易において自由化」が達成可能か否か問題となるなど、初期の段階からガット第24条の解釈をめぐり議論が起こっていた。このため、ウルグアイ・ラウンド以降、ガット第24条を明確化するための解釈了解が作成されるようになった。

　WTOにおいても、ガット第24条における地域貿易協定に関する規定は引き継がれた。また、WTO協定の一つであるサービスに関する一般協定においても、一定の条件の下域内でサービス貿易を自由化することが認められ（第5条）、地

域貿易協定の対象範囲が拡大された。ガット時代には物品貿易に限定されていた自由貿易協定は、今日、さまざまな分野を含んだ包括的な内容が盛り込まれることも多くなっている。

　1996 年には、WTO のすべての加盟国に開放された地域貿易協定委員会が設置された。同委員会では、地域貿易協定の通報が行われた場合、多国間貿易への影響などを議論することとなった。2006 年には、一般理事会において地域貿易協定の透明化メカニズムが採択され、地域貿易協定へ参加する締約国に対し、可能な限り速やかに通報を行うとともに、協定の全文など所定の情報を提供するよう求めた。そして、WTO 事務局は、提供された情報に基づいて事実報告書を作成し、地域貿易協定の検討を行う会合の 8 週間前までに加盟国に配布され、WTO 加盟国が質問やコメントを行うことも可能となった。そして、通常通報から 1 年以内に検討を終えることとし、審査基準の明確化と、審査をより迅速に行うための工夫がなされている。

　2018 年 5 月現在、WTO に対し、459 件の地域貿易協定に関する通報が行われ、そのうち 287 件の地域貿易協定の効力が発生している（特恵貿易協定を除く）。

2　地域的な貿易枠組みの興隆と WTO の意義

　ガットの成立当初に予想されていた地域的な貿易枠組は、比較的小規模な関税同盟であったが、その後途上国間の特恵を推進する目的などから範囲が拡大され、さらに欧州（EEC、EFTA など）や北米（NAFTA など）において、規模の大きい地域貿易協定が成立したことから、ガット第 24 条に規定される地域貿易協定が重要視されるようになった。

　1980 年代以降、貿易の機会拡大を求めた新興国や途上国がガットにより積極的に参画するようになった。1995 年の WTO 設立後、社会主義市場経済体制の下で急速に経済発展を遂げた中国や、旧ソ連時代には計画経済体制の下にあったロシアなど、さまざまな国家が WTO への加盟を果たした。その結果、WTO 加盟国の利害関係が一致しないことが多くなり、コンセンサスによる意思決定を行うことが次第に困難になっていった。たとえば、2001 年より、貿易を通じた途

上国の開発を重要課題の一つとして、農業、知的財産権、環境などの分野につき交渉する「ドーハ開発アジェンダ」（ドーハ・ラウンド）が開始されたが、最終的な合意にはまだ至っていない（2020年5月現在）。

その一方で、WTO成立後は、地域貿易協定の対象範囲が拡大し、広範な分野に及ぶ地域貿易協定を締結することが可能となった。加えて、多国間の貿易交渉を行うWTOにおいて、閣僚レベルでの合意形成が難しくなっていることから、近年では、特定国間で利害関係の一致をみることができ、包括的な内容も盛り込むことができる地域貿易協定をより重視する動きが出てきている。現状では、環太平洋パートナーシップ協定（TPP）のように、署名時には世界貿易の4割を占める国々が参加を表明した「メガFTA」や、授権条項に基づいた途上国間での地域貿易協定、さらには投資受け入れに意欲的な途上国と自国国民の投資保護などを行いたい先進国との間での地域貿易協定も存在する。

このような地域貿易協定が多数存在する状況は、「スパゲティ・ボウル」とも称される。また、2017年に、ドナルド・トランプ大統領就任後、アメリカがTPPからの離脱を表明し新たな枠組みが模索されるなど、さまざまな要因で地域貿易協定が変更を余儀なくされることもある。現在では、貿易に関し、普遍的な国際機構と地域貿易協定が並存しているが、世界的な自由貿易体制のなかで、地域貿易協定が保護主義的なブロック化の方向に進むのであれば問題である。地域貿易協定が、国際的な自由貿易体制を促進することが望ましく、普遍的な貿易関連の国際制度と地域的な貿易枠組との関係が模索されている。

第4節　途上国と貿易

1　国連貿易開発会議（UNCTAD）と途上国

第二次世界大戦後に独立した国家の多くは、農産物や原材料などの一次産品が主力産業であったが、短期間で経済成長を成し遂げることはできず、途上国の範疇にとどまっていた。一方で、自由貿易を促進するガットは、先進国の利益をよ

り反映する国際的な制度であって、途上国の主張は反映されにくいと捉えられていた。そのため、途上国間では、共通の関心事項である開発に関する課題や、貿易を通じた経済発展を包括的に取り扱うフォーラムの設立に対する関心が高まっていった。

1962 年に開催された非同盟諸国経済会議は、一次産品に関する貿易や先進国・途上国間の経済問題を扱う国際会議の招集を求めた。同年、国連総会は、貿易と開発に関する会議の招集を決定した。この決定により、1964 年に、スイスのジュネーブで 1 回目の UNCTAD が開催され、同年、国連総会はその補助機関として UNCTAD を設立する決議を採択した。

経済学者であり、UNCTAD の初代事務局長であったラウル・プレビッシュは、第 1 回総会において、一次産品を主力とする途上国の交易条件は長期的に悪化するとし、世界経済の構造的な問題を指摘したいわゆる「プレビッシュ報告」を提出した。以後、UNCTAD は、途上国により有利な国際貿易の方法や形態を模索し、提案を行うようになった。UNCTAD の推進力により、1965 年には、ガットに「開発と貿易」と題する第 4 部が加えられ、ガット内に貿易開発委員会を設置する契機となった。また、UNCTAD は、途上国の輸出を促進するため、一般特恵制度（GSP）の国際的合意を提唱し、1971 年には、ガットの最恵国待遇の例外として、一般的な途上国の輸出品に対する特恵関税の運用が開始された。

一方、1970 年代以降、特定の一次産品の価格が急上昇し、特に原油の価格上昇が顕著となった。そのため、途上国間では経済発展の度合いに違いがみられるようになっていった。また、1980 年代には、累積債務問題が深刻になった他、サハラ以南のアフリカ諸国のように、経済の低迷が著しく最貧国と称される国家も増えた。その結果、UNCTAD を推進していた途上国間に格差が生じていき、コンセンサスを形成することが難しくなっていった。

現在、UNCTAD は、最貧国の経済状況など途上国の分析や、世界貿易へ途上国をより統合させるため、関税や物流、金融システムなどの分野で、具体性のある技術協力に重点を置くようになってきている。また、UNCTAD は、途上国の WTO 加盟支援も行っている。WTO における途上国の合意形成支援などを通じ、UNCTAD と WTO との関係も構築されつつある。

2 国際商品協定と途上国

　途上国のなかには、特定の一次産品が主力産業であり、輸出の大半を占める国もある。その場合、一次産品の国際的な価格変動が時に国の経済に大きな影響を及ぼす。一般的に、世界的な需要や供給の変化や、農産品の場合は気象の変化などによっても、一次産品の価格は大きく変動するため、特定の産品については価格安定化を指向する国際的な取組みがなされてきた。そのような取組みの一つが、特定の一次産品につき、その生産国や消費国などが国際会合を開いて期間中の生産量などを決定する国際的な取極、すなわち国際商品協定の締結である。

　一次産品に関する国際的な取極の萌芽は1920年代にみられ、当初の目的は主に一次産品の生産者の利益を重視した価格調整や生産調整を行うことであった。一方、UNCTADは、1964年に、一次産品に関する商品協定が途上国の経済発展に果たす役割を強調する勧告を行った。そして、UNCTADが行った一次産品総合プログラムのなかから、対象産品の研究・開発や市場振興、情報交換などを通じ、より競争力の高い産品を生産して市場の拡大を図るという目的をもった国際商品協定も生まれてきた。

　第二次世界大戦後、小麦を対象とする商品協定（国際小麦協定）が1949年に締結された。これ以降、砂糖、すず、コーヒー、ココア、オリーブ油、天然ゴム、ジュート、熱帯木材に関する国際商品協定が締結された。そしてこれらの協定に基づき、国際小麦理事会（IWC）（現在の国際穀物理事会）、国際砂糖機関（ISO）、国際すず理事会（ITC）、国際コーヒー機関（ICO）、国際ココア機関（ICCO）、国際オリーブオイル理事会（IOOC）、国際天然ゴム理事会（INRO）、国際ジュート機関（IJO）、国際熱帯木材機関（ITTO）という国際機構が設置された。協定で扱っている商品の輸出入国など、各々の商品協定の内容に合意する関係国および政府間機関がこれらの国際機構に加盟することができ、商品の価格帯や在庫の運用、国別の生産量、輸出量や輸入量などを決定する権限をもつ場合もある。

　国際商品協定には、対象産品に関連する情勢の変化に対応するという目的で、

通常は、数年間の有効期限が設定されている。このため、国際商品協定毎に設置されている国際機構も、形式的には時限付きの設置となっている。1990 年には、国際すず理事会が債務超過のため解散し、それに伴って国際すず協定も失効に至った。また、国際天然ゴム協定は 1999 年に、国際ジュート協定は 2000 年に終了した。

　しかし、他の国際商品協定は、内容の変化はみられるものの現在でも更新されており、協定毎の国際機構も活動を継続している。たとえば、国際小麦協定は、改定や名称変更が行われた後に、1995 年には小麦に加え、とうもろこし、大豆、米なども範疇に入れたより包括的な国際穀物協定へと発展した。これに伴い、1995 年には IWC に代わり国際穀物理事会（IGC）が設置され、継続して活動を行っている。また、IOOC は、2006 年に国際オリーブ理事会（IOC）へと変更が行われた。そして、基盤となった国際商品協定は終了したが、INRO の活動の一部は国際ゴム研究会（IRSG）に、IJO は UNCTAD 下の国際ジュート研究会（IJSG）に引き継がれている。

3　WTO の途上国支援

　1960 年代に UNCTAD 設立を促進した多くの途上国は、現在 WTO への加盟を果たしている。これは、途上国が自由貿易体制に組み込まれ、WTO において「体制内化」したとも評される。

　一方、国内法の不備や人材の不足から、WTO 加盟後も、WTO 諸協定を実施することが困難な途上国が存在するのも事実である。また、グローバル経済のもと、競争力をもつ産品が乏しい途上国が不利な状況に置かれる場合もある。

　WTO 協定は、このような途上国（特に後発途上国）の事情に配慮し、協定を実施するまでの猶予期間を設け、先進国に技術支援を求める規定を置いている。また、WTO 事務局内にセミナーやワークショップ、ブリーフィングや専門家派遣を行う部局を設け、途上国が WTO 協定を実施する能力を高めることができるよう、支援を行っている。また、1997 年に、WTO は IMF、国際貿易センター（ITC）、UNCTAD、UNDP および世界銀行を中核パートナーとして、後発途上

国に対する貿易関連技術支援の統合フレームワーク（IF）を発足させた。2007年には、WTOを始めIFにおいて中核となった国際機構を中心に、拡大統合フレームワーク（EIF）が開始された。EFIは、後発途上国が貿易を開発の中心的な政策とし、貿易を行う上での障壁を軽減し能力開発を行うため、先進国を中心とした国家の拠出金による信託基金を設置し、後発途上国において貿易関連のプロジェクトを行っている。このEFIの事務局はWTOが務め、51カ国が支援を受けている（2019年10月現在）。

第5節　国際機構による貿易手続円滑化の促進

1　世界税関機構（WCO）とその活動

国際的な物品の輸出入を行う際には、各国に設けられた税関において、関税や消費税などの税金の徴収や通関手続が行われる。そこでは、不正の有無についてのチェックや、輸入が禁止されている物品が持ち込まれないよう監視も行われる。一方、輸出入の手続に時間がかかり過ぎたり、提出書類が多いなど手間がかかったり、本来徴収されるべきではない料金の徴収が行われたりすると、輸出入が滞る原因となる。そのため、貿易を円滑に行う方策の1つとして、国際的に関税制度の調和・統一や、技術的協力の実施などを行うことにより、貿易を円滑化する取組みが求められてきた。

第一次世界大戦の終了から第二次世界大戦の勃発に至る戦間期には、国家間の公平・開放的な通商関係を樹立するため、貿易円滑化を目的とする国際協調が呼びかけられた。国際連盟規約においては、交通の通過の自由や、国際連盟加盟国の通商に対する衡平な待遇の確保が規定された（第23条）。これを受け、1923年には、対外貿易の障壁を除去し、税関手続規則や通関貨物の関税率の公表などを定めた「税関手続の簡素化に関する条約」が採択された。また、国際連盟総会は、1927年に大規模な国際経済会議を開催し、関税率表の簡素化や統一、関税率の安定、1923年の税関手続の簡素化に関する条約の批准などを勧告した。

　第二次世界大戦後に発効したガットにも、通過の自由（第 5 条）、輸出入に関する手数料や手続の限定化や簡素化（第 8 条）、関税率などの貿易規則の公表（第 10 条）といった貿易円滑化に関連する条項が置かれ、WTO にも引き継がれた。ガット・WTO は、これらの条項に基づき、米国の税関手数料（1988 年パネル採択）や日本のフィルム国内流通（1998 年パネル採択）など、いくつかの紛争解決を行ったが、貿易の円滑化を促進するために積極的な施策を取っているとはいえないのが現状である。

　今日、貿易円滑化の推進に直接携わっている主要な国際機構として、世界税関機構（WCO）がある。WCO は、1950 年に署名された関税協力理事会（CCC）を設立する条約に基づき、1953 年にヨーロッパ 17 カ国を加盟国として発足した。WCO の目的は、関税制度の調和・統一、関税技術と関税法制の発展と改善であり、国家に加え、独立の関税地域（香港など）も加盟することができる。また、WCO の活動は、関税事項の協力に関して研究を行い、関税制度の技術的側面に関する経済的要素を検討することや、条約を作成すること、税関の規則や手続の情報を普及させることなどである。WCO には、183 の国と地域が加盟しており、世界のほぼすべてに近い貿易を包含している（2019 年 5 月現在）。

　WCO の最高意思決定機関は、すべての加盟国の税関当局の最高責任者（関税局長・長官）が代表として参加する総会（Council）である。総会の下、主要政策課題を検討する政策委員会、財政を規律する財政委員会が置かれている。さらに、関税と貿易関連、WCO により制定された条約の運営など手続および統一化の関連、執行およびコンプライアンス関連、キャパシティ・ビルディング関連の分野ごとに、複数の委員会と小委員会が設置されている。これらの機関を支援し、WCO の戦略計画を実施するため、ベルギーのブリュッセルを本部とする事務局を始め、世界各所に地域情報連絡事務所（RILO）、キャパシティ・ビルディング地域事務所、地域研修センターが設置されている。

　WCO の主な活動は、税関や貿易円滑化に関する国際条約の締結などの立法活動と、税関に関連する研修などの技術支援活動、また不正薬物の取締りなど税関業務に関連する情報交換である。2017 年 12 月までに、WCO は、「商品の名称及び分類についての統一システムに関する条約」や、「税関手続きの簡素化及び調

和に関する国際規約」（改正京都議定書）など、18 の税関や貿易円滑化に関連する条約を作成・締結している。また、WCO は国境を越えたテロ活動の増加や企業のサプライ・チェーンの変化などに対応するため、2006 年に、「国際貿易の安全確保及び円滑化のための WCO・SAFE 基準の枠組み」を総会で採択した。この枠組みは、国境を越えた貿易をより安全かつ円滑に行うため、事前電子貨物情報収集を国際標準化し、輸出国がリスクを有すると考える貨物を検査するなどの手段を講じるとし、さらに一定の基準を満たす民間企業には優遇措置を与えるとしている。このような決議は法的拘束力を有するものではないが、実務上は有益であって強く実施が求められている。この他にも、WCO は、条約の内容をより精緻化した勧告や、国際規範の形成を図るための宣言、標準化を進めるためのガイドラインなどを採択している。また、RILO は地域プロジェクトとして各地域の情報ネットワークの中心となり、情報交換や分析に基づいて密輸摘発に貢献するなど、各国税関における国際違法取引の効果的な取り締まり強化に寄与している。

2 国際機構による貿易円滑化協定の実施

先進国・途上国を問わず、輸出入手続の簡素化や迅速化や貿易規則の透明化を進め、貿易を円滑に進めることは望ましいと考えられる。そのため、WTO においては、2004 年の一般理事会において、貿易円滑化をドーハ・ラウンドの交渉分野に含めることとし、多国間協定の締結と実施を目指すこととなった。その際、特恵関税など途上国に対する貿易上の優遇的取扱いや、協定を実施する目的で、途上国および後発途上国に対する技術支援などの必要性につき、留意することが必要とされた。さまざまな交渉を経て、2013 年 12 月に、貿易円滑化協定を含む 3 つの文書によって構成されるパリ・パッケージが採択され、2014 年 11 月に、WTO 一般理事会は、貿易円滑化協定を WTO 協定に追加することにつき、全加盟国の合意を得て採択した。そして、2017 年 2 月に同協定は発効して実施が促進されるようになった。

貿易円滑化協定は、WTO 加盟国に対し、輸出入及び通過に関する情報などを

速やかに公開することを求めることにより、手続の透明化を図っている。また、電子的な手続など物品の引き取りや関税・手数料などの納付などの手続を迅速に行うことを可能とし、輸出入および通過の手続や書類を統一化し、輸出入に関する単一の入口（シングルウィンドウ）を導入するなど、より簡素な手続で輸出入および通過を行うことを可能とする施策を規定している。また、各国の税関間での協力や情報交換など、国際的な協力関係の強化も盛り込まれている。さらに、貿易円滑化協定は、途上国および後発途上国に対しては、分野別に協定の実施の延長あるいは免除を規定するとともに、先進国や国際機構の支援を受けることもできるとし、途上国に対する配慮や優遇措置を規定している。

　この協定の発効により、貿易にかかるコストを大幅に削減できるとともに、途上国への恩恵も期待される。協定は、途上国が IMF、経済協力開発機構（OECD）、UNCTAD、WTO、世界銀行などの国際機構とも協力して、協定を実施することを要請している。

　いくつかの国際機構は、貿易関連の既存の支援プログラムに加え、貿易円滑化協定を実施する活動を行なってきた。WCO は、協定の実施ガイダンスを作成し、技術協力を行うためのメルカトール・プログラムを策定した。世界銀行は、世界各国の事務所に貿易円滑化の専門家を置き、貿易のソフト面（制度および手続の構築、手続の簡素化、物流の改善など）およびハード面（道路や港湾などのインフラ整備など）から受入国に支援を行ってきた。そして、貿易円滑化協定の実施支援を行うため、世界銀行は、国内における貿易円滑化委員会の設立・強化や、協定を実施するためのプロジェクト支援なども行っている。また、WTO は、途上国に必要な支援のアセスメントや研修の実施を想定し、2014 年に貿易円滑化ファシリティを設置している。

第 6 節　貿易を制限する国際枠組

　貿易に関する国際機構が設立され、より自由に貿易を行うことができるようになって経済の活性化が計られ、さまざまな分野で人々に恩恵が行き渡るのは望ましいことである。一方で、人々の健康や環境に悪影響を与えるような物品の貿易

は制限・終了されることが望ましい。また、国際公共の観点から、特定の物品の
貿易を制限する国際枠組が締結されることや、国際政治上の事由に基づいた貿易
制限が行われることもある。以下、分野別に、国際機構による貿易制限の代表的
な事例や、貿易を制限する国際的な枠組につき説明する。

1　国連安全保障理事会決議に基づく貿易制限

　国連安全保障理事会によって経済制裁の決定が行われた場合、制裁の対象と
なった物品やサービスの取引は制限される。たとえば、安全保障理事会が1990
年にイラクに対する全面的な禁輸を決定した際には、イラクを仕向地とする輸出
やイラクからの輸入は原則として禁止された。

　国連安全保障理事会は、対アル・カーイダ制裁のような団体や個人などを対象
として特定する経済制裁に加え、決議1373や1540に代表されるような制裁対象
を特定しない経済制裁措置も決定している。その際には、国家が安全保障理事会
決議による制裁措置を適用する対象を指定し、指定された制裁対象との取引の停
止・終了あるいは制限が求められる（→第7章参照）。

2　安全保障・軍縮上の貿易制限に関する国際枠組み

　安全保障上の理由から、特に武器などに関連する物資や技術などに関する貿易
の制限が行われることもある。冷戦中は、西側先進国は対共産圏輸出統制委員会
（COCOM、ココム）と称する共産圏およびその周辺諸国向け輸出を統制する国
際的な機関を発足させ、特に戦略物資を中心に禁輸措置を講じた。冷戦終結後、
1994年にココムは解散したが、その後、紛争国やテロ支援国に対し、通常兵器
や軍事転用の可能性がある汎用品および技術の輸出管理枠組であるワッセナー・
アレンジメントが発足した。ワッセナー・アレンジメントには法的拘束力はない
が、参加国間で合意した物品や技術につき、国内法令に基づいた輸出管理が行わ
れている。

　軍縮条約や軍縮に関する国際的枠組に基づき、貿易が制限されることもある。

核兵器の不拡散を規定する NPT は、NPT 上の非核兵器国に対する核兵器やその他の核爆発装置の移譲の禁止を規定している。また、化学兵器禁止条約は、化学兵器の取得および移譲を、生物兵器禁止条約は生物兵器やその原料につき取得および移譲を禁止している（→第 3 章参照）。

　2014 年に発効した武器貿易条約（ATT）は、特定の通常兵器（戦車、攻撃ヘリコプター、ミサイルなど）につき、国連安全保障理事会によって武器禁輸が決定された場合や、ジェノサイドまたは戦争犯罪の実行に使用されるであろうと知り得た場合には輸出を禁止するとしている。また、締約国が、条約上特定された兵器が平和に寄与しない、国際人道法や国際人権法の重大な違反を犯すか助長する、テロ関連条約上の違反行為などに該当するなどと判断した場合、輸出を許可してはならず、輸入、通過、積替えおよび仲介を規制するための措置も講じると規定している。ATT の締約国は、条約に基づいて自国で講じた措置につき、ジュネーブに設置された事務局に報告を行う。

3　環境上の貿易制限に関する国際的枠組

　国内の環境保護や、地球全体の環境保護を促進するために、特定の物品について国際的な取引を制限・禁止する国際的な枠組も成立している。

　絶滅のおそれのある野生動植物を保護することを目的とし、1975 年に発効したワシントン条約は、絶滅のおそれのある動植物を 3 つに分類し、国際取引を制限している。絶滅のおそれが一番高いとされる付嘱書 I に掲載されている動植物（オランウータン、ジャガー、ジャイアントパンダ、コウノトリ、ウミガメなど）については、学術研究目的以外での取引は禁止されている。取引を制限しなければ将来的に絶滅の可能性がある種となるおそれがある付嘱書 II に掲載されている動植物（クマ、ケープペンギン、フクロウ、イグアナ、タツノオトシゴ、サボテンなど）については、商業目的での取引も可能だが、輸出国政府による輸出許可証などが必要となる。締約国が自国内での保護のために他国の協力を必要とするとして付嘱書 III に掲載された動植物については、商業目的での取引は可能だが、輸出国政府が発行する輸出許可証あるいは原産地証明などが必要となる。

　ワシントン条約の締約国会議は少なくとも2年ごとに開催され、国連環境計画（UNEP）が事務局を務めている。UNEPはまた、条約が効果的に実施されていない場合などに、関係締約国に通告を行うことができる（→第11章参照）。

　また、1970年代より問題化していた有害廃棄物の国際的な移動（特に先進国から途上国への移動）がOECDとUNEPにおいて協議され、1989年には、有害廃棄物の越境移動をルール化したバーゼル条約が締結された。バーゼル条約において特定される有害廃棄物を輸出する際には、輸入国の同意が必要になる他、二国間あるいは多国間の協定を結ばない限り、条約非締約国との廃棄物の輸出入は禁止される。廃棄物の不法取引は処罰の対象となり、廃棄物の越境移動が契約どおりに行われない場合には、輸出国は廃棄物の引取りも含めた適切な措置をとる必要がある。

　バーゼル条約上の履行確保措置の実施と条約遵守のため、15カ国で構成される履行および遵守委員会が設置されている。また、バーゼル条約の事務局はジュネーブにあり、事務局の人事権はUNEPが有する。

4　薬物などの貿易制限に関する国際的枠組み

　人間の健康に害を与えると考えられている物品についても、国際的に取引を規制する枠組が設けられている。

　麻薬に代表される薬物は、人体に大きな悪影響を及ぼす他、その取引は犯罪と関連することも多い。1946年には、国連経済社会理事会の補助機関として麻薬委員会が設置され、麻薬などの薬物に関する国際的統制に関する審議が行われてきた。1961年には、医療・学術用以外のコカインやアヘンなどの薬品の生産や輸出入を禁止する麻薬単一条約が締結され、以後、特定の向精神薬の取引を制限する条約や、麻薬および向精神薬の不正取引を罰し、国家間の捜査協力や司法共助を規定した条約などが採択されている。この条約の履行監視は、国連麻薬委員会に加え、個人資格に基づいて経済社会理事会が選出する国際麻薬統制委員会も担っている（→第7章参照）。

　また、WHOは、健康への悪影響という観点から、1999年よりたばこの規制に

関する条約の策定に取り組み、2003 年に、たばこの規制に関する WHO 枠組条約が締結された。この条約では、締約国に対し、公共の場所における受動喫煙の防止策や、たばこの健康への影響を包装やラベルに明示すること、たばこの販売促進の規制を行うことなどに加え、たばこ製品の国際的な取引監視や不法取引を減少させるための措置を講じることを求めている。

おわりに

　第二次世界大戦後、冷戦時の西側先進国が主導してきたブレトンウッズ・ガット体制は、国際社会の変動とともに大きな転換点を迎えている。グローバル化が加速する今日、貿易に関する国際機構は国際取引の変化への対応も求められるが、開発援助の観点からは途上国への貿易に関連する支援を行う必要があり、国際公共の観点からは特定品目の貿易制限が要請されている。国際的なルールに基づきつつ、世界全体が恩恵を受けることが可能な貿易のあり方を模索することが、国際機構においてもさらに求められるであろう。

〔参考文献〕

池田美智子『ガットから WTO へ―貿易摩擦の現代史』筑摩書房、1996 年

石田暁恵編『一次産品貿易の国際取極　資料と解説』アジア経済研究所、1985 年

世界銀行東京事務所「世界銀行グループにおける貿易円滑化」『貿易と関税』第 739 号、2014 年 10 月号

谷口眞司「WTO 貿易円滑化協定の実施－ WCO 及び我が国の役割－」『経営と経済』第 95 巻第 3・4 号、2016 年

田村次朗『WTO ガイドブック　第 2 版』弘文堂、2006 年

千葉泰雄『国際商品協定と一次産品問題』有信堂、1987 年

日本国際経済法学会編・村瀬信也編集代表『国際経済法講座 I　通商・投資・競争』法律文化社、2012 年

藤岡博『貿易の円滑化と関税政策の新たな展開― WTO 体制と WCO 体制の国際行政法的分析』日本関税協会、2011 年

中川淳司『WTO　貿易自由化を超えて』岩波書店、2013 年

松下満雄・米谷三以『国際経済法』東京大学出版会、2015 年

山中逸平編『UNCTAD の新発展戦略』日本貿易振興会アジア経済研究所、2001 年

第11章　環境と資源

はじめに

　地球は長い歴史のなかで寒冷化や温暖化を幾度も繰り返してきたと考えられているが、近年観測されている地球温暖化現象は産業革命以来の人間の活動によるものであり、大気や海洋の平均気温の上昇に伴って、干ばつ、異常気象、海面水位の上昇、感染症の拡大、生態系の変化や生物種の絶滅などの二次的な問題が多く含まれている。このような環境問題の被害は全世界で深刻であることから、国際社会はこれらを共通の問題として捉え、科学的なデータに基づきながら対策を進めている。しかし同時に、環境対策に伴うコストの負担や政策の優先度の違いから各国において利害が対立しており、環境問題は合意形成が難しい分野である。さらに、国際社会には環境分野を包括的に扱う単一の機関がないため、国家をはじめ、NGO、企業などのさまざまな行為主体（アクター）は、多岐にわたる環境問題のうち、各々の問題関心領域に集まり、時には協働し、時に対立しながら問題に取り組んできた。ここでの国際機構の役割は、議論の場を提供したり、議論を主導したりするほか、アクター間の政策の調整を行ったり、枠組み形成や条約の策定を行い、それらを履行するようアクターに促すなどである。

　この章では、国際社会の環境問題への意識の高まりと環境に関する主要な会議と条約を概観しながら、条約の目的のための政府間の調整、国際機構の資金調達の仕組み、企業による環境への社会的配慮、国際機構とさまざまなアクターとの協働といった具体的な活動について検討する。

第1節　環境・資源と国際機構

　環境保護に関わるアクターを類型化すると、第1に、環境保護活動のために設立された国際機構やその機関がある。国連環境計画（UNEP）などの国連機関

（総会や経済社会理事会の補助機関）、さらに、各種環境条約の事務局もアクターである。環境条約の事務局そのものは条約のもとに設置された機関であり、定義として国際機構には入らないが、種々の環境条約がUNEPを事務局としている。また、UNEPを事務局と指定せず、独立して事務局をもつ場合もある。第2に、国連専門機関などで環境保護に密接な関わりをもつ機関、たとえば、世界気象機関（WMO）、国連海事機関（IMO）、国連教育科学文化機関（ユネスコ）、国連人間居住計画（国連ハビタット、UN-Habitat）、国連労働機関（ILO）などがある。第3に、地域的機構、第4に、各国政府や自治体、企業、NGOなどの市民社会も環境保護に積極的に関わっている。

1　地球環境問題の重要性の高まり

　環境問題が国境を越える問題として、また、地球規模、人類共通の課題として注目されるようになったのは、ヨーロッパでの高度経済成長期に生じた公害問題がきっかけである。一方アメリカでは、1962年にレイチェル・カーソンによって発表された『沈黙の春』が、有害物質による環境汚染の危険性を訴えて、環境に対する世論の関心を集めた。その後、環境問題に関して、国際社会の関心であることを確認し、具体的取組みを実行に移すきっかけとなったのが、1972年にストックホルムで開催された「国連人間環境会議」である。110カ国以上の政府代表が会して開かれたこの会議では、「かけがえのない地球」をスローガンに掲げ、「人間環境宣言」が採択された。宣言には、天然資源および野生生物の保護、再生可能な資源、有害物質の排出規制、海洋汚染の防止、一次産品の価格安定、居住・都市化計画、大量破壊兵器の廃棄、国の権利と環境への責任、国際機関の役割などの課題が盛り込まれ、国際社会全体で努力することが宣言された。第4代国連事務総長クルト・ワルトハイムは、この宣言を、「産業革命以来200年の歴史に修正を加えた」として評価した。

　また、人間環境宣言を実現するための「環境国際行動計画」は、同年に学識経験者の集まりであるローマ・クラブによって発表された『成長の限界』とともに、その後の環境保全活動に大きな影響を与えたほか、ユネスコによる世界遺産条約

採択や UNEP 設立の契機にもなった。

　1972 年に設立された UNEP は、国連の機関として、国連システム内での環境政策などの全般的な調整、さまざまなアクター間の政策を含む協力の推進、環境汚染や動植物の生態系保護に関する国際条約の交渉を主導して成立させてきた。UNEP は環境関連の条約の事務局としても指定され、条約の管理も行っている。国際社会における環境政策のほとんどに UNEP が関係している。特に、気候変動、災害・紛争、生態系管理、化学物質・廃棄物の分野を中心に関連政府や国際機構と連携して活動するほか、環境専門団体と協力した資料の分析と提供、政策を実施するための途上国の能力形成などの支援も行っている。また、UNEP には 6 つの地域事務所があり、各地域の環境問題に取り組んでいる。

　日本にある UNEP 国際環境技術センターは、途上国や経済移行国における廃棄物の管理や廃棄物の環境技術の移転を行っている。

　UNEP の活動としては、たとえば、二酸化炭素（CO_2）を効果的に吸収する機能を持つマングローブや湿地、海藻などを「ブルーカーボン」生態系として注目し、気候変動を緩和するための新たなツールと捉えて管理を行う活動を展開している。生態系を賢く管理し、市場を開拓すれば、海岸線の保護、観光、水質管理、漁業による食糧の供給にも繋がるとして、アラブ首長国連邦、モザンビーク、マダガスカル、カメルーン、ケニア、エクアドル、インドネシアといった国家に加えて、下部組織の世界自然保全モニタリングセンターとともに、沿岸域を中心に科学的な研究を続けている。このモニタリングセンターは生物多様性の保全と持続可能な利用に関する情報を、他の国際機構や企業に提供している。たとえば、同センターが、ウガンダの農業研究機構に、降雨量や降雨パターンなどの気象情報を収集・分析するシステムの開発を支援したことによって、降雨の季節的な特徴を踏まえたトウモロコシの耕作の開始、休止時期や耕作期間の分析と収穫量の管理が可能になった。

2　環境と開発の両立に向けて

国連人間環境会議では、環境と資源保護の重要性については、国際社会全体で

共通認識が形成されたが、環境と開発をめぐっては、開発を抑制して環境保護を強調する先進国と、未開発や貧困が最も重要な人間開発の問題として、経済成長のために、環境保護よりも開発を優先させる途上国との意見が対立した。

　また、国連人間環境会議をきっかけに環境問題への高まりをみせた国際社会だったが、会議の翌年に第4次中東戦争やその影響によるオイルショックが起こり、世界経済が低成長の時代に入ったことで、環境問題への関心が低下した。次に国際的な環境会議が開かれたのは20年後であり、この間に、経済開発と環境保全の両立をいかに図るかが、国際社会にとっての大きな課題となった。国連の場では、節度ある開発の在り方について議論が重ねられた。

　そして、将来の世代のニーズを損なうことなく現代の世代のニーズを満たすような発展の在り方として、「持続可能な開発（発展）」(sustainable development)の概念が生成されていった。この用語が初めて登場したのは、「国際自然保護連合」（正式名称は、自然及び天然資源の保全に関する国際同盟、IUCN）が発表した「世界保全戦略」（1980年）においてであり、その後、国連に設置された「環境と開発に関する世界委員会」（WCED）によって広く知られるようになった。

　WCEDは、国連人間環境会議から10周年に開催されたUNEP管理理事会特別会合（1982年）の際に、日本の提案によって設置された。WCEDは21人の有識者によって構成される「賢人会議」であり、後にノルウェーの首相となるグロ・ブルントラントが委員長を務めたことから、「ブルントラント委員会」としても知られている。また、委員会での会合の内容をまとめた報告書「われら共通の未来」によって、持続可能な開発の概念は広く普及され、この後の地球環境保全のための取組みの重要な道しるべとなった。

3　国際的な取組みへ──会議と報告書

　再び環境国際会議が開かれたのは、人間環境会議から20年後の1992年であった。リオデジャネイロで開催された「環境と開発に関する国連会議」（UNCED）、通称、地球サミットである。

（1）　国連環境開発会議（地球サミット）

　地球サミットには、180 カ国以上の政府代表と NGO、企業、地方公共団体か
らのべ 4 万人が参加して、持続可能な開発の実現のための具体的な方策が話し合
われた。会議では、地球規模でのパートナーシップの構築に向けた「環境と開発
に関するリオデジャネイロ宣言（リオ宣言）」と、宣言を実行するための行動計
画「アジェンダ 21」、「森林原則声明」が採択された。また、別途協議が続けら
れていた「気候変動枠組条約」と「生物多様性条約」が採択され、これらの条約
への署名が開始された。

　「リオ宣言」には、各国は自らの政策に沿って自らの資源を開発する主権的権
利を有すること、自国の活動が他国の環境に責任を負うことが盛り込まれた。

　「アジェンダ 21」は、21 世紀に向けて持続可能な開発を実現するための行動計
画である。英文で 500 ページにわたる行動計画は、「社会的・経済的側面」、「開
発資源の保全と管理」、「NGO、地方政府など主たるグループの役割の強化」、
「財源・技術などの実施手段」のテーマに分けられ、女性、貧困、人口、居住な
どの分野を網羅する。この計画を実施するために、経済社会理事会によって設立
されたのが、「持続可能な開発委員会」（CSD）（1993 年）である。CSD の活動に
は、行動計画の進捗のレビュー、資金とメカニズムの定期的な見直し、各国によ
る条約の履行状況の検討、NGO との対話の強化が含まれる。委員会は、地理的
衡平を考慮して選出された 53 カ国で構成されている。

　また、地球サミットでは、長年の懸案事項であった、環境問題への先進国と途
上国の責任について一歩踏み込んだ考え方として、「共通だが差異ある責任」
（Common but Differentiated Responsibility）が示された。これは、地球環境問
題の責任はすべての国家にあるが、責任の程度には差異を設けるという考え方
で、環境問題の責任の大部分は先進国にあると主張する途上国と、途上国にも共
通の責任があるとする先進国との主張の折衷案である。この考え方は、気候変動
に関する条約でも採用され、温室効果ガスの削減目標や削減期間の調整に反映さ
れている。

（2）　ヨハネスブルグ・サミット

　地球サミットで採択された行動計画「アジェンダ21」の実施状況を検証するために、ヨハネスブルグで開催されたのが「持続可能な開発に関する世界首脳会議（ヨハネスブルグ・サミット）」（2002年）である。この会議は、地球サミットから10周年にあたることから「リオ+10」とも呼ばれる。同サミットでは、「アジェンダ21」の公約に基づいて、環境、食糧、女性、子ども、水資源などの状況が検討され、今後の取組みの強化が確認された。会議の成果文書、「ヨハネスブルグ宣言」には、化学物質の利用と生産、生物多様性の損失率の削減など、達成時期を定めた特定の目標に関する関与が含まれたほか、持続可能な生産と消費のパターンといった新しい問題も取り上げられた。さらに、自主的なパートナーシップの構築に基づいて200以上の具体的なプロジェクトが登録された。

（3）　国連持続可能な開発会議（リオ+20）

　ヨハネスブルグ・サミットからさらに10年後、つまり地球サミットから20年後の2012年に開かれたのが「国連持続可能な開発会議」であり、地球サミットと同じリオデジャネイロで開催されたことから、「リオ+20」と呼ばれる。

　リオ+20では、環境保全や持続可能な循環型社会を目指す「グリーン経済」と「持続可能な開発に向けた制度的枠組み」に焦点があてられた。グリーン経済への移行については、多くの途上国は、経済成長の制約になるとして懸念していたが、会議を通じて、途上国のグリーン経済への理解は深まり、成果文書では国際社会全体でグリーン経済を進めることで合意がなされた。同時に、グリーン経済への移行に欠かせない環境技術の重要性も確認された。

　また、会議では、持続可能な開発を実現するためには、従来通り、国連を中心に制度を強化することで意見が一致した結果、UNEPの強化案が採択された。UNEPを「世界の環境アジェンダを設定する世界の主たる環境当局」として役割を強化していくこと、また、その意思決定は普遍加盟方式（全国連加盟国の参加）でなされることも会議で決定された。さらに、「ミレニアム開発目標」（MDGs）の達成期限が近づいていたことから、ポストMDGsとして、「持続可能な開発目標」（SDGs）がMDGsに統合されることで合意された。

　このように、持続可能な開発の概念は国連の主導によって進められたが、持続可能な社会の創設のためには、政府間の合意や技術的な関与だけでは達成できず、ひとり一人が、環境、貧困、人権、平和、開発といった問題を自らの課題と捉えて身近なことから取り組むことが重要であるとして、環境教育の在り方が議論されてきた。それを主導してきたのが、ユネスコである。

　「ヨハネスブルグ宣言」に沿って、「国連持続可能な開発のための教育の 10 年」（DESD）（2005 ～ 2014 年）が、日本の NGO の提言から日本政府によって提案され、各国政府や国際機構の賛同を得て開始された。DESD の推進機関がユネスコである。リオ +20 では、DESD 以降も環境教育を行うことで合意がなされた。DESD 最終年にはユネスコと日本政府の共催で、愛知県で会議が開催され、DESD の後継枠組として「グローバル・アクション・プログラム」（GAP）が発表された。GAP の目標は、持続可能な開発に貢献できる人材の育成であり、「政策的支援」、「機関包括型アプローチ」、「教育者」、「ユース」、「ローカル・コミュニティ」を優先行動分野として環境教育を推進してきた。これらの実践拠点として活用されているのは、「ユネスコスクール」のネットワークである。182 の国と地域において 1 万以上の小・中・高校がスクールに参加し、環境問題やエネルギー問題、文化財の保護について学んでいる。

　ユネスコのユネスコ・アジア文化センターが、教育や環境の専門家と共同開発した教材、PLANET（Package Learning Materials on Environment）は、アニメーション、小冊子、ポスターで構成されており、子ども達が、水質汚染、森林保護、ごみ処理、防災について学んだ知識を日々の行動に繋げる動機づけとなっている。

第 2 節　環境と資源の国際的な保護と管理

　環境問題は合意形成が難しい分野であるため、国際機構とりわけ国連は、さまざまなアクターを招いて議論の場を提供し、活動の調整を行い、枠組み形成や条約の策定を主導してきた。環境保護活動の対象分野は数多くあるが、この節では、気候変動、公害・環境汚染、自然と動植物生態系、資源の持続的な利用、の

4つに分類して、国際機構を中心とした保護と管理の活動を概観する。なお、本文中の条約の正式名称については、表11-1を参照されたい。

1 気候変動から生じる諸問題への対策

地球温暖化は、大気や海洋の平均気温の上昇に伴って、干ばつ、異常気象、海面水位の上昇、感染症の拡大、生態系の変化や生物種の絶滅などの二次的な問題も含まれる。

（1） 砂漠化への対策

アフリカ大陸にみられるような土地の砂漠化は、土地の生産能力が極端に低減することから貧困問題と大きく関係する。その要因として、薪炭材の搾取や過耕作によるものや、地球的規模の大気循環の変動に起因する乾燥地の移動などが指摘されてきた。一部の分野の対策は1970年代に始まったが、多くは、国際的な環境会議と連動して1980年代以降に対策がとられ始めた。

1977年にケニアのナイロビで開催された「国連砂漠化防止会議」において採択された「砂漠化防止行動計画」、また、1994年の国連総会で採択された「国連砂漠化対処条約」（1996年発効）は、砂漠化の影響を受ける国自身が防止計画を作成すること、先進国はその努力を支援することを定めた。

（2） 温暖化への対策

大気や海洋の平均気温の上昇に関する条約が策定され始めたのは1990年代半ばである。地表面の温度の上昇を促す温室効果ガス（京都議定書の付属書に定められた、二酸化炭素やメタンなどの6つの物質）によって引き起こされる温暖化現象は、島しょ国の国土消失の危機、「環境難民」の発生、生態系の変化などを招くことから、国際機構が連携して調査を進めてきた。

地球サミットの行動計画「アジェンダ21」の実施を支援してきたのは、世界気候計画（WCP）である。WCPは、国連専門機関の世界気象機関（WMO）が中心となり、UNEP、ユネスコ、さらに、各国の主要な学術機関をとりまとめる

国際学術連合会議（ICSU）と連携して進めてきた国際的な共同計画である。WCPの活動は1979年に始まり、その計画は大きく4つに分けられる。すなわち、世界気候利用・サービス計画、世界気候影響評価・対応戦略計画、世界気候研究計画、世界気候資料計画である。これらの計画は、気候や気候変動に関する科学的な情報を各国に提供すること、既存のデータを応用することによって持続可能な社会に向けた活動を支援すること、自然および人工的な要因による顕著な気候変動を調査すること、気候が人類の経済や社会活動に与える影響に関して政府に警告することなどを目的とする。ICSUは2018年に改組され、現在の名称は、国際学術会議（ISC）である。

　また、気候変動対策の国際的な枠組みが、気候変動に関する国連枠組条約（UNFCCC）である。1992年の地球サミット直前に採択され、サミットの場で155カ国が署名し、1994年に発効した。1995年には第1回締約国会議（COP1）がベルリンで開かれた。2017年5月現在、197の締約国（地域を含む）が年一回の締約国会議（Conference of the Parties: COP）に出席する。そこでは科学的見地によって変動する基準に基づいて条約が策定され、条約の履行状況を監視している。

　1997年に京都で開催されたCOP3では、先進国に拘束力のある削減目標を規定した京都議定書が採択され、世界全体での温室効果ガス排出削減に向けて大きな一歩を踏み出したが、その後、当時の最大排出国であったアメリカが経済への悪影響と途上国の不参加を理由に離脱したことなどで効果が半減した。

　議論の末、2015年にパリで開かれたCOP21では、世界の平均気温の上昇を2度未満に抑えるための取組みに全参加国が合意し、ポスト京都議定書として、パリ協定が採択された。パリ協定は、京都議定書以来18年ぶりの気候変動に関する国際的な枠組みである。削減の履行は各国に委ねられるが、すべての参加国が温室効果ガスの削減に努めると約束したのは初めてであり、地球温暖化の阻止へ歴史的な一歩を踏み出したといえる。温室効果ガスの二大排出国であるアメリカと中国も当協定を批准したことで協定の発効に向けて大きく前進した。

　パリ協定と京都議定書との最大の違いは、先進国のみが温室効果ガスの排主削減について義務をもつのではなく、途上国も削減義務を負うことに合意した点で

ある。2020 年以降の温暖化対策の法的枠組みとなる一部の協定には法的拘束力
があり、一部は自主的な行動目標となる。これによって、すべての国が削減目標
を 5 年ごとに提出・更新すること、共通かつ柔軟な方法でその実施状況を報告し、
レビューを受けること、技術や資金メカニズムで連携することなどを約束した。

　2016 年秋には、世界の温室効果ガスの 40% を排出する中国とアメリカがパリ
協定を批准したことで協定の実効性に大きく弾みが付いたが、その後、アメリカ
は政権交代による政策変更により、2017 年 6 月に協定からの離脱を表明した。

2　公害・環境汚染への対策

　現在の公害問題は広範囲で多岐にわたる。たとえば、酸性雨による生態系や文
化財への影響、化学物資や放射性産業廃棄物の放棄による環境と人体への影響な
どがある。このような環境汚染について、国家は、国際会議で採決された条約や
取り決めに基づいて、国内の政策および法を整備し、条約の履行に努力してい
る。

　2002 年のヨハネスブルグ宣言に基づき、国連欧州経済委員会（UN/ECE）に
よって越境大気汚染に関する初の国際条約、長距離越境大気汚染条約（ECE 条
約）が採択された。この条約のもとに、各種の議定書が作成され、窒素酸化物や
硫黄酸化物などの削減を定めている。同条約は加盟国に越境大気汚染防止の対策
を義務づけるとともに、酸性雨の被害や影響のモニタリングを行っている。

（1）　有害廃棄物の規制

　ストックホルム条約（POPs 条約）（2001 年採択、2004 年発効）は、人や生物
への毒性が高く長距離移動性が懸念される残留性有機汚染物質の製造、輸出入、
使用を原則禁止するほか、途上国への代替品開発や物質処理に関する支援を行
う。

　また、有害廃棄物の越境移動と処分に関する手続きを規定するのはバーゼル条
約（1989 年採択、1992 年発効）であり、国家に特定の有害化学物質を輸出する
際に、輸入先の同意を事前に得ることを求めるのがロッテルダム条約（PIC 条

表 11-1　環境汚染への対策、動植物生態系保護に関する主な条約と国際的な取組み

＊カッコ内は条約および議定書の正式名称。

年	公害・環境汚染への対策	自然保護・動植物生態系の保護
1971		ラムサール条約（特に水鳥の生息地として国際的に重要な湿地に関する条約）
1972	国連人間環境会議（ストックホルム）、国連環境計画（UNEP）設立	ロンドン条約（1972 年の廃棄物その他の物の投棄による海洋汚染の防止に関する条約）、世界遺産条約（世界の文化遺産及び自然遺産の保護に関する条約）
1973	海洋汚染防止条約（船舶による汚染の防止のための国際条約）	ワシントン条約（絶滅のおそれのある野生動植物の種の国際取引に関する条約）
1979	長距離越境大気汚染条約、マルポール条約（1973 年の船舶による汚染の防止のための国際条約に関する 1978 年の議定書）	ボン条約（移動性野生動物種の保全に関する条約）
1982	国連海洋法条約（海洋法に関する国際連合条約）	
1985	ウィーン条約（オゾン層保護に関するウィーン条約）	
1987	モントリオール議定書（オゾン層を破壊する物質に関するモントリオール議定書）ウィーン条約のもとで、オゾン層破壊物質を具体的に指定し段階的削減を義務づける。	
1988	気候変動に関する政府間パネル（IPCC）発足	
1989	バーゼル条約（有害廃棄物の国境を越える移動及びその処分の規制に関するバーゼル条約）	
1990	モントリオール議定書改正（2000 年までにフロンガス全廃。その後の改正で時期を早めた。）	
1992	気候変動枠組条約（「気候変動に関する国際連合枠組条約」）	生物多様性条約 森林原則声明（すべての種類の森林の経営、保全及び持続可能な開発に関する世界的合意のための法的拘束力のない権威ある原則声明）
	地球サミット（リオデジャネイロ）、アジェンダ 21、リオ宣言	

1994		国連砂漠化対処条約（深刻な干ばつ又は砂漠化に直面する国（特にアフリカの国）において砂漠化に対処するための国際連合条約）
1995	気候変動枠組条約第一回締約国会議（COP1）	
1997	国連気候変動枠組条約のCOP3、京都議定書採択	
1998	ロッテルダム条約（国際貿易の対象となる特定の有害な化学物質及び駆除剤についての事前のかつ情報に基づく同意の手続に関するロッテルダム条約）	
2001	ストックホルム条約（POPs条約）（残留性有機汚染物質に関するストックホルム条約）	
2002	ヨハネスブルグ・サミット、ヨハネスブルグ宣言	
2003		カルタヘナ議定書（生物の多様性に関する条約のバイオセーフティに関するカルタヘナ議定書）
2005	京都議定書発効	
2010		名古屋議定書（生物の多様性に関する条約の遺伝資源の取得の機会及びその利用から生ずる利益の公正かつ衡平な配分に関する名古屋議定書）
2013	水銀に関する水俣条約	
2015	COP21、パリ協定	

（筆者作成）

約）（1998年採択、2004年発効）である。この条約は、UNEPを事務局として定めている。

　また、オゾン層は有害な紫外線を吸収して生物を守る役割があるが、冷蔵庫やエアコン、電子部品などに使用される人工化学物質のフロンによるオゾン層の破壊は問題とされてきた。オゾン層の破壊によって増加する有害紫外線は、眼球や皮膚免疫機能、植物の成長や葉の色素の形成などにも悪影響を及ぼすことから、オゾン層保護の枠組みとしてのウィーン条約（1985年）に基づいてモントリ

オール議定書（1987 年）が採択され、フロン類の製造使用の禁止や制限などが定められた。この条約は、UNEP を事務局として定めている。

　一方、原子力発電所や核関連施設、病院からの廃棄物から排出される放射性廃棄物は、環境と人体に長期的で重大な影響を及ぼすことから、廃棄物の海洋への投棄を禁止する取組みがなされてきた。国連人間環境会議の勧告で採択されたロンドン条約（ロンドン海洋投棄条約）（1972 年採択、1975 年発効）は、陸上で発生した廃棄物の海洋への投棄や洋上での焼却処分などで海洋が汚染されることを防止する国際条約である。同条約は、1993 年にはすべての放射性廃棄物の海洋投棄を禁止した。

（2）　大気汚染・海洋汚染の防止

　原発事故による大気・水質汚染の解決策や、放射性廃棄物の海洋投棄問題に取り組んでいるのは、原子力の平和的利用を進める国際原子力機関（IAEA）である。

　また、海洋の汚濁・汚染、水質汚染は、海を介して周辺の国や海域に影響が及ぶことから、国際的な条約が策定されてきた。国連海洋法条約（1982 年採択、1994 年発効）は、海洋汚染の原因を、「陸からの汚染、海底資源探査や沿岸域の開発などの活動による生態系の破壊、汚染物質の海への流入、投棄による汚染、船舶からの汚染、大気を通じての汚染」と定義し、湾岸戦争の際の大量の油の流出のように、戦争も海洋汚染の原因と捉えている。

　水銀に特化した規制枠組みが、水銀に関する水俣条約（2013 年採択、2017 年発効）である。水銀の一次採掘から貿易、水銀添加製品や製造工程での水銀利用、大気および水や土壌への放出、廃棄物に至るまで、水銀が人の健康と環境に与えるリスクを低減するための規制である。水俣病を経験した日本が UNEP と協力して政府間交渉を進めてきた結果、2013 年の熊本県の会合で採択と署名が行われた。

　また、船舶の安全、海洋汚染防止、海難事故発生時の対応、被害者への補償、円滑な物流の確保などの観点から、船舶の構造の安全基準や船舶からの有害物質の排出規制などに関する条約の作成および改訂を行う国連専門機関が、IMO で

ある。

　船は世界中を航海し、港には多くの国からの貨物船が集まるが、かつて、船舶に関する各国の規制は多様であり、船の大きさや安全性、環境に関しての基準にも差があり、受入国の港で混乱を招いていた。そこで、国際的な航海を行う船について、全世界で統一のルールが必要となったことから政府間海事協議機関（IMCO）が設立され、その後、IMO に改称された。北大西洋上で氷山と衝突して沈没したタイタニック号の事件後に、それまで各国が国内法で規制していた船舶の安全に関する措置を国際条約の形にしたのも IMO である（海上における人命の安全のための国際条約〔SOLAS 条約〕、1914 年）。

　IMO はこれまで国際条約を数多く作成してきた。たとえば、海洋汚染防止条約（1973 年）は、タンカー座礁などに起因する環境汚染（油、有害液体物質、危険物、汚水、廃棄物及び排ガスなど）を防止するため、構造設備などに関する基準を定めたものである。また、マルポール条約（1973・78 年）では、規制物質の投棄と排出の禁止、通報の義務とその手続きなどが規定された。

　また、タンカーによる油濁事故による汚染被害の責任と補償のための枠組みが、「国際油濁補償基金」である。タンカーの所有者は、船舶からの油濁による汚染被害に対して一定額までの補償の責任を負うが、それが被害者を補償するために十分ではない場合に、同基金の加盟国内で生じた被害については追加的な補償をこの基金から支弁することができる。また、IMO は、国際海運の観点から温室効果ガス排出削減にも取り組んでおり、新造船に対してエネルギー効率改善規制を導入するとともに、全船舶に対して効率的な運航計画の策定を義務付けている（→第 13 章参照）。

3　自然保護・動植物生態系の保護

　湿原、沼沢地、干潟などの湿地は多様な生物を育み、特に水鳥の生息地として重要だが、湿地は放っておくと乾燥しやすく、また人の居住地に近い場所では開発の対象になりやすいため、その破壊をくい止める必要性が認識されている。湿地には国境をまたぐものもあり、水鳥の多くは国境に関係なく渡りをすることか

ら、国際的な取組みは、UNEP、ユネスコ、国連食糧農業機関（FAO）、国際熱帯木材機関（ITTO）によって主導されている。

（1）　湿地および生息する動植物の保護

　特に水鳥の生息地としての湿地と、そこに生息・生育する動植物の保全を促し、湿地や地下水系、浅海域の適正な利用に関する国際条約がラムサール条約（1971年採択、1975年発効）である。同条約は、1971年に、イランのラムサールで開催された「湿地及び水鳥の保全のための国際会議」で採択された。この条約は、採択当初から、「持続可能な利用」の概念を採用しており、環境条約のなかで先駆的な存在である。

　また、絶滅のおそれのある野生動植物種を保護するために国際取引を規制する条約が、ワシントン条約（1973年採択、1975年発効）である。同条約は、UNEPによって管理されている条約であり、絶滅のおそれの程度により、野生生物種を附属書Ⅰ（商業目的の国際取引を原則禁止）、附属書Ⅱ（商取引に輸出国の許可が必要）、附属書Ⅲ（Ⅱとほぼ同じだが、原産国が国際協力を必要とする種を独自に決められる）に分類し、国際取引を規制してきた。同条約は、象牙やべっ甲、毛皮などの装飾品だけでなく、死体や剥製、生体の一部、それらによって作られた製品、たとえば食品、化粧品や漢方薬などの商業取引も禁止している。

　移動性の動物の保護を目的とした条約が、ボン条約（1979年採択、1983年発効）である。同条約は、渡り鳥のほか、トナカイ、クジラ、ウミガメ、昆虫類などの移動性動物の種と生息地の保護についての国際的なガイドラインを決めている。また、この条約は、絶滅のおそれのある移動性の種と、国際協定の対象となる移動性の種について、移動を確保するための生息地の保全と回復、外来種の制御などを加盟国に求めている。

　また、多様な生物をその生息環境とともに保全し、持続可能であるように利用することを定めた条約が生物多様性条約である。この条約は、IUCNなどの環境保護団体の要請を受け、UNEPの主導で採択された（1992年）。ワシントン条約（→第10章参照）やラムサール条約のように特定の動植物や生息地を対象とする

のではなく、生物の多様性を、「生態系」、「種」、「遺伝子」のレベルで包括的に捉え、締約国には、能力に応じた生物多様性の保全を求めるとともに、資源提供国と利用国との間での利益の公正かつ公平な配分を求めている。同条約を遂行するために採択されたカルタヘナ議定書（2003 年）は、遺伝子組み換え作物の貿易の際に、輸出国が輸出先の国に、事前に同意を得ることを義務づけている。また、名古屋議定書（2010 年）では、遺伝情報から得られた利益は、資源を提供した原産国（主に途上国など）と利用国で分け合うことが定められた。

（2） 文化・自然遺産の保護

　文化遺産および自然遺産の保護を目的とする条約が、ユネスコの世界遺産条約（1972 年採択、1975 年発効）であり、この条約に基づいて、「人間と生物圏計画」（Man and Biosphere：MAB）が進められている。MAB 計画は、110 カ国以上の 630 を超える地域を生物圏保存地域として研究フィールドに指定し、原生的な核心部の「コアエリア」と人間活動の影響を受け得る「バッファゾーン」に分け、それぞれの生態系を比較調査している。日本では、屋久島、志賀高原、白山、南アルプスなどが生物圏保存地域に指定されている。

4　資源の持続的利用のための保護と管理

　海底に眠る鉱物資源、植物資源、水や石油などの天然資源の保全と管理は、「人類の共同遺産」（マルタのパルド国連大使が 1967 年の国連総会で提唱）であるとの考えに基づいて、専門機関によって進められてきた。

　2015 年に発表された SDGs の「世界を変えるための 17 の目標」には、環境に関連する目標として、「安全な水とトイレを世界中に」、「海の豊かさを守ろう」、「陸の豊かさも守ろう」といった具体的な目標が含まれている。

（1） 海洋および深海底の資源

　国連海洋法条約（UNCLOS）は、海洋に関する権利と義務を包括的に規定した多国間条約であり、この条約に基づいて、1994 年に国際海底機構（ISA）が設

置された。

　海洋技術の進歩は、陸上の数十倍から数千倍といわれる深海底の鉱物資源の利用を可能にしたが、経済的にそれらを利用できるのは一握りの先進国に限られているため、途上国を中心に、「人類の共同遺産」概念に基づく国際的な管理制度が主張されてきた。そこで、ISA は、UNCLOS が「人類の共同の遺産」と規定したマンガン、銅、ニッケル、コバルト、白金などを含む深海底鉱物資源の概要の調査と探査規則を採択し、深海底の鉱物資源活動を一元管理している。

　ISA は、海底の鉱床について探査規則を定め、企業体が海底機構に探査申請を行い、鉱区が設定され、承認を受けた国はそれぞれの公海域において排他的探査権を付与されて探査などの活動を行う。たとえば、日本政府は、南鳥島の南東に位置する公海域で 1980 年代後半からレアメタル鉱床の賦存状況調査を実施してきた。実際に探査活動を開始したのは、ISA に探査鉱区の申請を行い、排他的探査権を確保した 2012 年以降である。

（2）　ダイヤモンド

　鉱物資源のうち、ダイヤモンドは、2003 年に発足した国際的な認証制度である「キンバリープロセス認証制度」によって管理されている。紛争地で産出されるダイヤモンドは武器調達の資金源となることから、紛争が長引く原因のひとつである。そこで、各国にダイヤモンドの輸出入と取引高の記録を義務づけることで取引の透明性を強化し、不法な取引と採掘の際の人権侵害を断つ目的から、同制度が設立された。この制度の設立を主導したのはダイヤモンド業界であり、アムネスティやグローバル・ウィットネスなどの NGO も設立に貢献した。この制度は、国際機構によるものではないが、ダイヤモンドの保護と管理に重要な役割を担っている。

（3）　水産資源

　水産資源についても、その保護と管理の観点から、秩序ある捕獲が進められている。国際捕鯨取締条約によって設置された国際捕鯨委員会（IWC）は、鯨族を保護するとともに、捕鯨産業の秩序ある発展を目的とし、研究・調査に関する

勧告、鯨類の現状と捕鯨活動の影響に関する統計的資料の分析に関する任務を担う。調査捕鯨（海洋生態系バランスを維持しながら科学的根拠に基づく捕鯨）を行ってきた日本を中心とする捕鯨支持国と、オーストラリアを中心とする反捕鯨国の議論が対立する場でもある。2018 年 12 月、日本は IWC から脱退し、商業捕鯨を再開した。

　また、マグロやカツオのように、広く海洋を泳ぎまわる回遊性魚種は公海上の水産資源であるとの認識に立ち、それらを乱獲や無秩序な操業から保護するための国際的な資源管理が必要であるとの認識から、各国に漁獲枠の規制が促されている。大西洋まぐろ類保存国際委員会は、大西洋のまぐろ類の保存のための国際条約（1969 年発効）に基づいて設立された。この条約は、地中海を含む大西洋全域を対象に、クロマグロ、カツオ、カジキなどの資源を持続可能な漁獲量の維持と保存管理の措置を定めている。日本近海を含む中西部の太平洋では、マグロ・カツオ類の漁獲量が世界全体の半分を占め、そこで漁獲されるマグロ・カツオ類の 8 割近くは日本で消費されていることから、日本の動向が注目されている。

（4）　陸上の資源

　陸上の資源の保護と管理も国際的に進められている。熱帯雨林は、全世界の生物種の半数以上が生息している生物多様性の宝庫であるが、農地の開拓や住民による伐採から著しく減少し、これにより生物多様性の減少を招いている。地球サミットのアジェンダ 21 と森林原則声明で、国際社会全体で森林の持続可能な経営及び保全の強化に向けて取り組むべきとされ、森林に対する各国の主権の確認がなされた。

　熱帯木材の安定的な供給と熱帯林の適切で効果的な保全は、国際熱帯木材協定に基づき、1986 年に設立された ITTO によって進められている。加盟国は、熱帯木材の生産国と消費国の両方で、本部は横浜市にある。ITTO の全加盟国が保有する森林は世界の熱帯雨林の約 75％を占め、熱帯材取引の 90％以上を扱う。ITTO の主な活動は、熱帯林経営と保全、木材統計の整備、未利用樹種の利用のためのプロジェクトの実施であるが、近年は、持続可能な経営が行われている森

林から生産された木材の認証制度を進めている。

　FAO も、持続可能な土地の利用や、森林の持続可能な経営と有効利用を促すために活動している。FAO は、各国政府や国際機構に、林産業開発や熱帯林生態系の保全計画を提案する。また、土壌保全の問題、農薬などによる食品汚染問題、動植物の検疫の問題、焼畑農業や商業伐採による森林の破壊の問題、遺伝資源の保存の問題などについては、UNEP と協力して行動計画を立案する。栽培植物の原種保護、家畜などの系統保護、野生生物の地域個体群保護などについては、FAO は遺伝資源保護の観点から進めている。

（5）　水資源

　エネルギーとしての水資源の確保も重要である。国際エネルギー機関（IEA）は、加盟国におけるエネルギーの安全保障と安定需給を目的とする OECD 内の機関であり、第 1 次石油危機後に、当時のアメリカ国務長官であったキッシンジャーの提唱を受けて設立された（本部パリ）。IEA は、人口増、農業の集約化、気候変動などによる利用可能な淡水資源の減少に備え、未来のエネルギー供給確保のために水の持続可能な利用を各国に促している。

（6）　植物資源および石油資源

　植物資源、石油資源については、国際商品機構や国際商品カルテル（生産国連合）によって管理されている。植物資源に関わる国際商品機構として、国際穀物理事会、国際オリーブ油理事会、国際コーヒー機関、国際ココア機関、国際ジュート機関、ITTO などがある。たとえば、国際ココア機関は、ココアの生産国すべてが途上国であることから、干ばつなどによる減産によって需給バランスが崩れることのないように、ココアの需給と価格の安定を図っている。

　また、原油資源については、生産・輸出国によって構成される代表的な国際商品カルテル（生産国連合）として、石油輸出国機構（OPEC）とアラブ石油輸出国機構（OAPEC）がある。OAPEC は、OPEC の政治的戦略を補完するため、また、アラブ諸国の経済的基盤拡充のために、石油関連の合弁事業や商取引を担う。

第3節　地球環境保護のメカニズムの模索

　これまで概観したように、国際社会では国際機構を中心として、環境に関する幅広い問題について、数多くの国際会議が開かれ、条約および議定書が策定されてきた。持続可能な開発に向けた国際的な協力はこれらの会議や条約に基づいて徐々に形成されてきたが、重要なのは、条約がいかに履行され、いかに目的が達成できるかにある。そのためには、政府間の調整、市民社会の関与、企業による環境への配慮、そして、資金調達のためのメカニズムが必要である。

1　条約目標達成のための調整と資金調達メカニズム

　環境政策を進めるために、税や補助金を用いて市場メカニズムを活用し、対象とする主体の行動を環境保全的なものに導く経済的手法の利用は、近年の特徴である。同じレベルの環境基準の達成を目標とした場合、直接的な規制よりも少ない社会的費用で目標を達成できることが知られている。さまざまなアクターに対して汚染物質を削減するインセンティブが働くのも、この手法の利点である。

（1）　地球環境ファシリティ

　1989 年にパリの郊外で行われた先進国首脳会議（アルシュ・サミット）で、持続可能な開発を支えるための基金の設立が提案されたことを受け、世界銀行、UNDP、UNEP の 3 機関による国際的な資金メカニズムとして、地球環境ファシリティ（GEF）が設立された。GEF は、5 つの環境関連条約（気候変動枠組条約、生物多様性条約、砂漠化対処条約、ストックホルム条約、水銀に関する水俣条約）を実現するための信託基金であり、世界銀行、UNDP、UNEP などが、GEF の原則無償資金援助を活用してプロジェクトを実施する。GEF は 183 カ国（2018年 11 月現在）のパートナーシップによって構成され、途上国や経済移行国が環境問題に取り組むための活動を支援するファシリテーターとしての役割も担う。

　資金提供の対象となる事業分野は、生物多様性、気候変動、オゾン層破壊、国

際水域、土地劣化、残留性有機汚染物（POPs）の 6 分野であり、国内の環境保
全ではなく、地球環境保全を目的とする。世界銀行は大規模な投資プロジェクト
と基金の形成と管理を、UNDP は技術協力プロジェクトの形成と管理や市民社
会の参加促進を、UNEP は地球規模の科学的プロジェクトの形成と管理を主に
行う。2018 年 6 月までに、150 カ国以上で 1,500 近くのプロジェクトに対して、
合わせて 195 億米ドル以上が供与された。

　たとえば、生物多様性の分野では、絶滅危惧種の保全のために、インドやネ
パールでのトラの保全、中央アジアでの鶴の保全、アフリカゾウやサイの密猟お
よび違法取引の問題に取り組んでいる。また、気候変動の分野では、日本と連携
して、エジプトのカイロの郊外に集光型太陽熱発電を導入したほか、中国の微小
粒子状物質（PM2.5）を削減するためのエネルギー効率の改善も行っている。ま
た、国際水域の分野では、日本を含む十数カ国の政府と協力して、ナイル川やメ
コン川流域の水質改善と海洋生態系の保全を、流域の経済開発も視野に進めてい
る。

　一方、UNEP が主導する国連環境計画・金融イニシアティブ（UNEP FI）は、
世界各地の 300 以上の銀行・保険・証券会社と協働で、環境と社会に配慮した金
融システム作りを進めている。たとえば、不動産投資の分野では、物件に太陽光
発電などの省エネ機器を搭載することによって入居率を上げ、投資効率を向上さ
せたり、ビルのテナントにリサイクルプログラムを提案して廃棄費用を削減し、
環境保護に貢献したりといった事例が参加機関間で共有されている。このよう
に、環境への社会的配慮に積極的に取り組めば、より大きな投資収益を実現でき
るという認識が広がっている。

（2）　その他の資金調達メカニズム

　環境問題に必要な資金調達には、経済的手法が取り入れられている。COP3 で
採択された京都議定書では、温室効果ガスの削減目標達成を容易にするための
「京都メカニズム」が定められた。国内の排出削減以外に、海外で実施した温室
効果ガスの排出削減量などを自国の排出削減約束の達成に換算できる柔軟性措置
として、「共同実施」、「クリーン開発メカニズム」、「排出量取引」のほか、森林

の吸収量の増大も排出量の削減への算入が認められた。

「共同実施」とは、複数の国が技術、知識、資金を持ち寄り、共同で事業に取り組むことで、全体として費用効果的に地球温暖化対策を推進することをいう。先進国が共同で排出削減や吸収のプロジェクトを実施し、投資国が自国の数値目標の達成のためにその排出削減単位をクレジットとして獲得できる仕組みである。

また、「排出権取引制度」とは、あらかじめ国や自治体、企業などの排出主体間で排出する権利（限度）を決めて割振っておき（排出権制度）、権利を超過して排出する主体と権利を下回る主体との間でその権利の売買をすることで、全体の排出量をコントロールする仕組みである。京都議定書では、温室効果ガスの排出権取引が採択された。先進締約国が京都議定書の定める以上に更に排出を削減できた場合には、その余剰分を、金銭を対価として他国へ売却（あるいは購入）できる。取引は任意であり、購入についても、削減目標値を達成できなかった際の罰則ではなく、多く削減すれば他国へ売却できるモチベーションとなる。イギリスでは 2002 年に世界初の国内排出権取引市場を作り、日本では、東京都や埼玉県などの地方自治体レベルで制度を運用している。

一方、「クリーン開発メカニズム」は、「京都サプライズ」ともいわれる革新的な手法であり、先進国の政府や企業が省エネルギープロジェクトを途上国で実施することをいう。具体的には、先進国と途上国が共同の温室効果ガス削減プロジェクトを途上国で実施し、そこで生じた削減分の一部を先進国がクレジットとして得て、自国の削減に充当する。具体的なルール作りに難航したが、2001 年にモロッコで開催された COP7 において、マラケシュ合意が定められた。

2　環境への社会的配慮

開発プロジェクトが環境に及ぼす影響（環境費用）と地域住民への負担（社会的費用）を事前に検討し、特に途上国の人々が環境破壊の被害を受けないように配慮する考え方を「環境への社会的配慮」という。これは、環境保護に関わる諸機関に共有されている考え方であり、開発援助機関の実務家、有識者、NGO な

どによって環境への社会的配慮のためのガイドライン作りも進められている。

（1） 国際的な金融機関による社会的配慮

環境への社会的配慮を制度化した機関として1993年に設立された世界銀行インスペクション・パネルは、世界銀行が融資する開発プロジェクトが、自然環境や住民に悪影響を及ぼさないことを確保するためにセーフガード政策を行う機関である。世界銀行によるプロジェクトが対象地域の住民に被害をもたらすことが危惧される場合には、その住民やNGOなどの関係者は、借入国政府や世界銀行のマネジメントを越えて、パネルに直接異議申立てができる。同パネルは、世界銀行の政策と手続きを調査して報告することができる独立機関として機能している。

たとえば、世界銀行は当初、中国西部内の貧困削減プロジェクトに約1億6,000万米ドルの融資を予定していたが、漢民族への影響や自然環境と野生動物への影響を理由として、住民から委託されたアメリカのNGOが異議申立てを行ったケースがある。世界銀行は、環境評価が不十分だったことを認めて、結局は、総合的な判断からプロジェクトへの融資を中止した。しかし、融資中止後に、中国が自己資金で実施することが決まった。このように、環境への社会的配慮に従って、世界銀行が融資を中止しても、当事国政府の判断でプロジェクトが続行される場合もある。

（2） 企業による社会的責任

企業は国際社会の一員であり、自社の利益、経済合理性を追求するだけではなく、その経済活動が社会に与える影響に責任をもち、ステークホルダー（利害関係者）全体の利益を考えて行動するべきであるとの考えが、「企業の社会的責任（CSR）」である。現在は、環境に対する企業の責任だけでなく、労働、安全、衛生、人権（対従業員）、雇用の創出、品質（対消費者）、取引先への配慮など、CSRは幅広い分野に拡大している。これは、社会の要請から出てきた考え方であり、企業が主導している。

CSRを国際的な規格として示し、経済活動に取り入れる仕組みを提供するの

表 11-2　国連グローバル・コンパクトの 10 原則

【人権】	原則 1	企業はその影響の及び範囲内で国際的に宣言されている人権の擁護を支持し、尊重する。
	原則 2	人権侵害に加担しない。
【労働】	原則 3	組合結成の自由と団体交渉の権利を実効あるものにする。
	原則 4	あらゆる形態の強制労働を排除する。
	原則 5	児童労働を実効的に廃止する。
	原則 6	雇用と職業に関する差別を撤廃する。
【環境】	原則 7	環境問題の予防的なアプローチを支持する。
	原則 8	環境に関して一層の責任を担うためのイニシアティブをとる。
	原則 9	環境にやさしい技術の開発と普及を促進する。
【腐敗防止】	原則 10	強要と賄賂を含むあらゆる形態の腐敗を防止するために取り組む。

（出典：国連広報センター HP）

は、国際標準化機構（ISO）である。ISO は、工業分野と農業産品の規格の標準化を目指す各国の標準化機関の連合体であり、民間団体である。CSR の国際規格化は、第 1 世代の「品質」（ISO9000）、第 2 世代の「環境」（ISO14000）、第 3 世代のマネジメント「企業の社会的責任」（ISO26000）に分類されている。

　一方、国連が企業団体に呼びかけている指針が、国連グローバル・コンパクト（UNGC）である。第 7 代国連事務総長コフィ・アナンは、1999 年の世界経済フォーラム（ダボス会議）において、「企業および団体が社会の良き一員として行動し、責任あるリーダーシップを発揮することによって持続可能な成長が実現できる」として、国際的な枠組み作りへの自発的な参加を呼びかけたことに始まる。グローバル・コンパクトは、国連が形成してきた人権・労働・環境に関する原則（表 11-2）を、経営指針や研修を通じて、企業に受け入れるよう呼びかけている。160 カ国の 9,500 を超える企業や団体が UNGC に署名済である（2018 年末現在）。

3　国際機構とさまざまなアクターとの協働

　国際機構とりわけ国連は、さまざまなアクターが環境問題を議論する場を提供したり、活動の調整を行ったり、枠組みや条約に正統性をもたせるなどの活動を

してきた。国際会議では、国際機構は積極的な関与を表明し、参加国家や企業は他のアクターと協働して、条約や国際的な合意の実現に取り組む誓約を立ててきた。

（1）　政府、自治体との協働

先進国が途上国に政府開発援助（ODA）を供与する際に、供与先の環境と社会に配慮を十分に行うことは主流になり、各国の援助実施機関は、ガイドラインを作成して、環境社会配慮の徹底に努めている。途上国における環境問題は、貧困や技術の遅れなどによって先進国以上に深刻なものとなっており、先進国による援助は、資金面と技術面の両面で不可欠である。

また、各国政府は、環境問題を政府間で定期的に議論する場に参加している。気候変動に関する政府間パネル（IPCC）は、地球温暖化の問題を各国政府の間で検討するために、UNEPとWMOの共催によって1988年に設置された会議体である。各国の研究者が政府の資格で参加し、気候変動のリスクや影響および対策について議論するための公式の場であり、気候変動に関する科学技術文献をレビューし、評価する。

各国の自治体も持続可能な社会の実現を目指して国際的なネットワークを構築している。国際環境自治体協議会（ICLEI、イクレイ）は、1990年に国連で開催された持続可能な未来のための自治体世界会議で設立された。現在は、持続可能な都市と地域をめざす自治体協議会（ICLEI、イクレイ）へと名称を変更している。本部はドイツのボンにあり、124カ国から1,500を超えるさまざまな規模の自治体が参加している（2018年1月現在）。イクレイは、地域での環境問題への取組みをまとめて、国連の会議で提言を行うほか、UNEPや国連ハビタットと協力して、世界各都市の生態系保全活動の報告書を公表している。イクレイ日本は、大震災を経験した仙台市が防災環境都市として持続可能な街づくりを進める活動、飯田市が地域ぐるみでISO14001に挑戦する活動、京都市が水素で走る自動車のカーシェアリング事業を行う活動などを支援し、国内の自治体の取組みを海外の自治体向けに発信している。

（2）　市民社会との協働

　近年の環境問題への取組みの特徴として、NGO を含む市民社会などの非国家的主体の関与が大きいことが挙げられる。特に、環境保護活動を行う環境 NGO の影響力は大きい。京都議定書の策定過程では、政府や国際機関に政策提言を行ったり、各国の政策を評価したりするなどのアドボカシー型の NGO が活躍している。また、政府や企業が NGO のネットワークを活用するケースもあり、異なるアクター間で連携が築かれている。環境 NGO のなかには、ローマ・クラブ、世界自然保護基金（WWF）、IUCN、グリーンピース、ワールドウォッチなどのように、専門的の高い組織もある。

おわりに

　1960 年代のヨーロッパで始まった環境問題への国際的な取組み以来、数多くの会議が開催され、さまざまな文書が策定されてきた。持続可能な開発を進めていこうという認識は確実に国際社会に浸透してきたが、環境問題は、気候変動、環境汚染、動植物生態系、資源の減少など多岐にわたる問題が複雑に影響し合っているだけでなく、貿易や開発、人権といった他の問題領域とも密接に関連している。そのために、条約の履行ひとつとっても、さまざまなアクターが足並みを揃えて協働していくことは容易ではない。各国政府は条約達成のために他国と調整を図り、国内では NGO などと連携して環境問題に取り組むことが期待されている。また、企業による環境への社会的配慮もさらに求められている。国際機構には引き続き、アクター間の利害の調整、国際社会で協働していくための理念やコンセンサスの形成、条約の策定と正統性の付与、条約の履行を促すための仕組み作りなどの役割とともに、環境への取組みに必要な資金調達メカニズムをより有効的に動かしていくことが期待されている。

〔参考文献〕

石弘之『地球環境「危機」報告』有斐閣、2008 年

磯崎博司『国際環境法　持続可能な地球社会の国際法』信山社出版、2000 年

太田宏・毛利勝彦編著『持続可能な地球環境を未来へ——リオからヨハネスブルグまで』大
　　学教育出版、2003 年

蟹江憲史『環境政治学入門—地球環境問題の国際的解決へのアプローチ』丸善、2004 年

信夫隆司編『地球環境レジームの形成と発展』国際書院、2000 年

滝澤美佐子・冨田麻里・望月康恵・吉村祥子編著（横田洋三監修）『入門　国際機構』法律
　　文化社、2016 年

多田満『レイチェル・カーソンに学ぶ環境問題』東京大学出版会、2011 年

日本国際連合学会編『グローバル・コモンズと国連』国際書院、2014 年

毛利勝彦『生物多様性をめぐる国際関係』大学教育出版、2011 年

渡部茂己・望月康恵編著『国際機構論　総合編』国際書院、2015 年

第12章　学術・文化およびスポーツ

はじめに

　学術・文化およびスポーツは、人命救助のように緊急性の高い領域ではない。しかし、平和が永続的に確保されるためには、人類の知的・精神的連帯が必須であるという考えのもとに、国際平和や人類共通の福祉という国連の目的達成を目指して、国際連合教育科学文化機関（ユネスコ）をはじめ、各種の国際機構がその活動に携わっている。国連の専門機関であるユネスコは、学術、文化分野における国際協力の中心的な存在である。教育の一環として、スポーツもユネスコが当初から担当している。このほか、より実践的な立場から専門性の高い教育・訓練を行う国連の補助機関として、国連訓練調査研究所（UNITAR）と国連大学（UNU）を取り上げる。

　国連は、1990年代より、スポーツやオリンピックの理想（オリンピズム）が、教育、健康のみならず、平和や開発を促進する手段としても有効であることに着目し、2008年に事務総長のもとに開発と平和のためのスポーツ事務局（UNOSDP）を立ち上げた。その主導のもとで、国連内のさまざまな機構がスポーツ団体やスポーツ選手と連携している。

　以下、本章の前半では、ユネスコの国際機構としての概要や、その具体的な事業例である文化遺産保護制度を詳しく検討する。第3節では、その他の教育関連の国際機関、第4節では国際スポーツ政策に関わる国際機構を取り上げる。

第1節　国際連合教育科学文化機関（ユネスコ）とその活動

1　ユネスコの沿革

（1）　国際知的協力委員会（ICIC）と国際知的協力機関（IIIC）

　第一次大戦後に設立された国際連盟は、真の国際平和のためには各国の相互理解が欠かせないと考え、1922年に諮問機関として国際知的協力委員会（ICIC）を設立した。これは、国家の代表ではなく個人の資格で参加する専門委員からなる組織で、設立時に理事会が任命したメンバーには、H.ベルグソン（哲学者）、A.アインシュタイン、M.キュリー（ともに物理学者）など、欧米で活躍する著名な知識人12名が名を連ねていた。その設立には、国際連盟の事務局次長でICIC代表幹事を務めた新渡戸稲造の貢献が大きな役割を果した。

　1926年には、ICIC理念の実施機関として、国際知的協力機関（IIIC）がフランス政府の財政的支援を得てパリに創設された。IIICは、アメリカの民間団体であるロックフェラー財団などの支援を得て、大学、図書館、知的財産、芸術、情報、メディアなどの分野で具体的な活動に着手したが、第二次世界大戦の開戦により中断を余儀なくされた。ICICは、教育は各国の主権に委ねるものとして関与しなかった。しかし、教育問題を扱う国際機関の必要性も広く認識され、1925年に、主として初等・中等教育に関する情報交換と調査研究のため、ジュネーブに国際教育局（IBE）が設立された。IBEは、当初は非政府組織であったが、1929年に政府機関に改組され、第二次世界大戦勃発まで、毎年、国際公教育会議を開催した。

（2）　ユネスコの設立（1946年）と日本の加盟（1951年）

　第二次世界大戦中の1942年、連合国側の欧州諸国政府は、ロンドンで第1回の連合国教育大臣会議を開催、その後も戦後の教育・文化協力体制について議論を重ねた。大戦後間もない1945年11月には、英仏両国政府の招聘によりロンド

ンで「教育文化機関設立のための国連会議」が開催され、参集した 44 カ国はユネスコ憲章を採択した。憲章前文では、「戦争は人の心の中で生まれるものであるから、人の心の中に平和の砦を築かなくてはならない」、「真の永続的な平和は人類の知的及び精神的連帯に基づくものである」とユネスコ精神が高らかに謳われている。大戦前に創られた IIIC はユネスコ文化局に、IBE は同教育局に引き継がれた。ユネスコは、当初、教育と文化を専門とする国際機構として構想されていた。しかし、原子爆弾の投下など科学技術と倫理の問題が強く関係者に意識されたことから、最終段階で科学も主要な柱の 1 つに加えられた。1945 年に採択されたユネスコ憲章は 1946 年 11 月に発効して、正式にユネスコが発足した。同月には第 1 回の総会がパリで開催された。日本は、1951 年 7 月に 60 番目の加盟国となった。日本にとってユネスコは、国連加盟（1956 年）に先立ち、戦後初めて参加を認められた国際機構である。

2　ユネスコの加盟国と組織構造

（1）　本部と地域事務所、加盟国

ユネスコ本部は、フランスの誘致によりパリに置かれた。地域事務所は、世界 53 カ所に設置されている。加盟国数は、2020 年 4 月現在で 193 カ国および 11 準加盟地域である（2018 年末付でアメリカとイスラエルが脱退した）。ユネスコに加盟していて国連に加盟していない国は、クック諸島、ニウエおよびパレスチナで、ユネスコの準加盟国にはアンチグアなど英連邦の国々、中国マカオ、オランダ領のアルーバなどがある。逆に、国連に加盟していてユネスコに加盟していない国は、イスラエル、アメリカ、リヒテンシュタインである。

（2）　組織構造

ユネスコの内部組織は、総会、執行委員会、事務局の三部構成をなし、最高意思決定機関である総会は 2 年に 1 回、執行委員会は年に 2 回開催される。全加盟国によって構成される総会では、機構の活動方針の決定や予算の承認などを行う。表決は、原則として一国一票制である。執行委員会は 58 カ国で構成され、

図 12-1　ユネスコ機構図

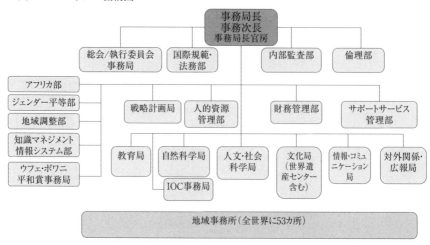

（出典：文部科学省 HP）

委員の任期は4年、再選可能で、日本を含め半数のメンバーが毎回選出されている。設立当初、執行委員は個人の資格で選ばれていたが、1954年以降は各国政府代表とするよう規定が改定された。事務局は、事務局長以下の職員からなる。活動内容は、教育、自然科学、人文・社会科学、文化、情報・コミュニケーションの5分野に分かれている。

　ユネスコ事務局の最高責任者である事務局長は、執行委員会で指名された後に総会において選出される。任期は4年（1998年総会における変更までは6年）で、2期まで再選可能である。事務局は事業計画を含む予算案や活動計画案、条約、宣言などを準備し、事務局長がこれを執行委員会に提出、同委員会の勧告に基づいて総会により決定される。事務局は、承認された活動計画の実施も担当する。歴代の事務局長は以下の表12-1の通りである。1999年11月から2009年11月までは、アジア初の事務局長を日本の松浦晃一郎が務めた。

　ユネスコには、加盟国内に国内委員会（National Commission）を置く制度があり、国内委員会は各国とユネスコ本部との結節点となっている。また、国際科学会議（ICSU）をはじめ、高度な専門性をもつ国際的なNGOがユネスコ事業の運営に主要な役割を果たしている。ユネスコ活動を市民の立場から支える各国

表 12-1　歴代ユネスコ事務局長

	事務局長名	出身国	在任期間
1	ジュリアン・ハクスレー	イギリス	1946.12 〜 1948.12
2	ハイメ・トレス・ボデー	メキシコ	1948.12 〜 1952.12 ※
3	ルーサー・エバンズ	アメリカ	1953.7 〜 1958.12
4	ビトリーノ・ベロネーゼ	イタリア	1958.12 〜 1961.11 ※
5	ルネ・マウ	フランス	1962.11 〜 1974.11
6	アマドゥ・マハタール・ムボウ	セネガル	1974.11 〜 1987.11
7	フェデリコ・マヨール・サラゴサ	スペイン	1987.11 〜 1999.11
8	松浦晃一郎	日本	1999.11 〜 2009.11
9	イリナ・ボコヴァ	ブルガリア	2009.11 〜 2017.11
10	オードレ・アズレ	フランス	2017.11 〜

※ 1952.12 〜 1953.7 は、アメリカのジョン・テイラーが、1961.11 〜 1962.11 は、フランスのルネ・マウが事務局長代理を務めた。

のユネスコ協会など、民間の組織が果たす役割も大きい。

3　ユネスコの財政と分野別事業活動

（1）　ユネスコの財政

　ユネスコの通常予算は、加盟国の分担金によって賄われている。2018 年〜2019 年（2 年間）の通常予算総額は 12 億 2,474 米ドルである。2011 年にアメリカがパレスチナの加盟を理由に拠出金支払を停止したことにより、本体事業の予算額が 22％源となったため、経営合理化、事業縮小が行われている。ユネスコには、事業別の任意拠出金の制度があり、通常予算とほぼ同額が執行予算に当てられている。日本は、文化、科学、教育分野の特定の信託基金を通じて支援を行っている有力な協力国である。

　ユネスコは、加盟国数の観点からは普遍性の高い国際機構であるが、上記の通り、予算規模はあまり大きいとはいえない。このため、本部の活動は、担当分野における専門家会議や政府間会議を開催する、国連諸機関、加盟各国、関連NGO などに協力を呼びかけて事業の調整を行うなど、専門的な立場からの企画・

調整が活動の中心となっている。

（2） 教育分野プログラム

　教育はユネスコの中核的な活動分野で、教育局には全予算の約三分の一が充てられている。活動内容としては、設立当初から国際理解教育が主要な事業とされてきた。旧植民地から独立したアジア、アフリカの国が次々と加盟した 1960 年代以降は、途上国における開発重視の視点から、基礎教育、特に非識字の撲滅に焦点が当てられるようになった（→第 8 章参照）。1990 年には、ユネスコ、ユニセフ、国連開発計画（UNDP）、世界銀行との共催により、タイのジョムティエンで、第 1 回閣僚級「万人のための教育世界会議」（WCEFA）が開催され、155 カ国の政府、33 の国際機関、125 の NGOs が参加した。同会議では、「万人のための教育（Education for All）世界宣言」を採択し、初等基礎教育の徹底的な普及は、開発の基礎として必須であるとした。ここで掲げられた考え方は 2001 年の国連ミレニアム開発目標（MDGs）の目標 2 にも取り入れられた。2002 年には国連総会において日本が提案した「持続可能な開発のための教育の 10 年（DESD）」が採択され、2005 年からの 10 年を DESD とするとともに、ユネスコがその主導的な機関に指名された。DES は、2015 年の韓国、仁川の閣僚級会議で採択された 2030 年までの世界共通の教育目標の行動指針や、同年国連が採択した持続的開発目標（SDGs）の教育目標にも取り入れられている。

（3） 人文社会・自然科学および文化分野のプログラム

　人権の尊重はユネスコの基本理念であるが、人文社会科学局で具体的な事業が着手されたのは、1970 年代以降のことである。1970 年代初頭、人権・平和部部長カレル・ヴァサクは、途上国を中心に新しく主張されるようになった発展の権利、平和への権利、環境権などを「第三世代の人権」として提唱した。この新世代の人権、特に発展の権利は、その後のアフリカ人権憲章（バンジュール憲章）や 1986 年の国連総会決議「発展に関する宣言」（A/RES/41/128）の採択にも繋がった。他方、発展の権利の集団的側面については、西側先進諸国は批判的な立場をとった。同局は、1990 年代からは科学の進歩と倫理の問題にも積極的に取

り組み、国際生命倫理委員会（IBC、1993 年）や科学的知識と技術の倫理に関する委員会（COMEST、1997 年）を設立した。1997 年には、ユネスコ総会で「ヒトゲノムと人権に関する世界宣言」が採択された。

　自然科学局では、個別の事業のほかに、グローバルな規模での観測、災害対策のための情報交換も行う。2008 年から始まった地球規模の水資源問題に関する「世界水アセスメント計画（WWAP）」についても、ユネスコが国連システム全体の連絡・調整役を担当する。文化局は、第 2 節で詳述する文化遺産の保護活動に加えて、文化政策関連の事業にも取り組んでおり、1990 年代から 2000 年代にかけては、冷戦終焉に伴う国際関係の変動を反映して、「文化・文明間の対話」、「平和の文化」、21 世紀に入ってからは、とりわけ「文化多様性の尊重」を標榜した事業を展開している。

（4）　情報・コミュニケーション分野のプログラム

　世界の情報・メディアに関わる諸問題を扱うのが 情　報（インフォメーション）・コミュニケーション局である。情報格差（デジタルデバイド）の問題から、表現の自由や情報の偏向性、情報操作の問題まで、その守備範囲は広い。同局は 1990 年に大きく組織が改変されて今日に至っており、1992 年に始まった「世界の記憶」事業も所管する。このほか、ユネスコには、複数の局を横断する事業として、貧困、とりわけ極貧の削減、および、教育、科学、文化の発展および知識社会の構築のための情報・コミュニケーション技術（ICT）への貢献があり、これらの事業も情報・コミュニケーション局が担当している。

5　ユネスコと国際政治

（1）　冷戦中の英米の脱退とアメリカの分担金不払い

　平和友好の促進を目標に掲げるユネスコでも、運営方針、事業内容をめぐる意見の不一致が、加盟国間の激しい対立に至ることは少なくない。1980 年代には、冷戦時代の東西対立と、先進国と途上国の間の南北問題が絡み合い、英米が一時脱退した（脱退期間は、アメリカ：1984 ～ 2003 年、英国：1985 ～ 1997 年、こ

のほか、シンガポールも 1985 ～ 2007 年に脱退）。ユネスコ総会で途上国側が「新国際情報コミュニケーション秩序」（NWICO）を打ち出し、「欧米中心主義的」な情報秩序の是正を唱えたことは、西側諸国（特に米英）の強い反発を招いた。さらにアジア・アフリカの新興国（第三諸国）やソ連の衛星国（東側諸国）がアフリカ出身の事務局長と結託してユネスコの「政治化」をもたらしたという否定的な認識や、総会がパレスチナ解放機構（PLO）にオブザーバー資格を与えたことに対する反発がアメリカの脱退を推進した。米、英といった主要国の脱退は、ユネスコの予算問題に直ちに大きな打撃を与えた。2003 年に、アメリカは、ユネスコの運営に改善が見られたとして 19 年ぶりに復帰したものの、2011 年のパレスチナ加盟に対して異議を唱え、国内法を理由に分担金の支払いを凍結し、2018 年 12 月末日をもって脱退した。ユネスコには、国連の安全保障理事会のようなコントロール機関がなく、また、その表決方法は IMF や世界銀行のように加重投票制でもないため、一部の有力国の意向に反して、大多数を占める途上国の意見がユネスコ総会においてそのまま通りやすい。このことが、アメリカの不満に繋がったと考えられる。

（2）「世界の記憶」（Memory of the World MOW）と歴史認識

「世界の記憶」（MOW）は世界の重要な文書や絵画、写真などの記録物の保護と振興を目的として 1992 年に創設された。1995 年のユネスコ総会決議を経て活動を開始し、1997 年からは 2 年ごとにリストへの資料の選定および選定された資料のデジタル化と一般公開も行われている。

登録手続きについては、国の代表ではなくユネスコ事務局長の任命による 4 名の委員からなる国際諮問委員会が、各国から寄せられる提案書を審議して結論を出す仕組みになっている。世界遺産のように国際条約に基づく場合と異なり、選考に際しては専門的な審査のみが行われて、主に古文書学的な視点からの審査であるため、資料の真正性（＝真贋性、オリジナルであるかどうか）と「顕著な普遍的な価値」のみが問題とされる。加盟国政府の意向を反映することなく結論を出すことができ、その議論の過程が非公開なため、関係国間の意見の相違が著しい歴史認識の問題に関して、結果として一方だけの主張をインターネット上に公

開することもあり得る。2015 年 10 月に中国が申請した南京問題に関する資料の登録に日本が反発するなど、関係国間の歴史認識の相違に絡んだ外交上の問題も生じている。

　この点についてはユネスコ内部でも反省があり、制度改定が検討中である。なお、日本では、当初、「記憶遺産」と称していたが、現在は「世界の記憶」と改めている。

第 2 節　ユネスコの遺産保護活動

1　人類の文化を守るユネスコ 6 条約体制

　ユネスコ憲章には文化財の保護が使命の 1 つに掲げられている。以来、1954 年から 2005 年の間に、以下のような 6 つの国際規範を作成して遺産保護のための包括的な国際的枠組みを提供している。とりわけ松浦事務局長のもとでは、既存の 3 条約を活性化し、新たに 3 条約を採択して、文化遺産 6 条約体制とも呼びうる総合的なシステムを作り上げた。

「武力紛争の際の文化財の保護に関する条約（ハーグ条約）」は、6 条約のなかで最も古く、武力紛争時の文化財保護に関する初めての普遍的な国際条約である。重要な文化遺産（可動・不動文化財）や、図書館、博物館、文書館、文化財避難施設、さらに文化財や施設が集中する地区を対象としており、平時および戦時下に適用される。その後、冷戦終了後に、国家再編成に伴う民族紛争が多発し、そのなかで、異なる民族の文化遺産がその象徴する価値によって意図的な攻撃の対象となり破壊される事態が生じた。こうした動きに対応して採択されたのが「ハーグ条約第二議定書」である。その前年 1998 年には国際刑事裁判所に関するローマ規程（ICC 規程）が採択されており、ICC の対象犯罪の一つである戦争犯罪が「宗教、教育、科学または慈善のために供される建物、歴史的建造物、病院及び傷病者の収容所であって、軍事目標以外のものを故意に攻撃すること」を含んでいることも、同議定書採択の背景として重要である。

表12-2　ユネスコの６条約

	条約	採択年	発効年	日本の批准年	エンブレム
1	武力紛争の際の文化財の保護に関する条約及び第一議定書、ならびに第二議定書	1954 1999	1956 2004	2007 2007	
2	文化財の不法な輸入、輸出及び所有権移転を禁止し防止する手段に関する条約	1970	1972	2002	
3	世界の文化遺産及び自然遺産の保護に関する条約	1972	1975	1992	
4	水中文化遺産保護条約	2001	2009	未批准	
5	無形文化遺産保護条約	2003	2006	2004	
6	文化的表現の多様性の保護及び促進に関する条約	2005	2007	未批准	

　文化財保護には、ハーグ条約のように、文化遺産を人類共通の価値あるものとして国際社会が共同で保護するという考え方とともに、国家あるいは民族の文化的アイデンティティの象徴的存在として文化遺産を本来の所有者に返還してその保護に委ねるべきであるという考えもある。両者は必ずしも対立するものではないが、「文化財の不法な輸入、輸出及び所有権移転を禁止し防止する手段に関する条約」（1970年ユネスコ条約）には、後者の理念の色合いが濃い。1970年ユネスコ条約の採択に至る背景には、植民地時代あるいは戦時に不当に持ち去られた文化遺産をその本来の所有国に返還して欲しいという強い要望があった。しかし、同条約では1970年以前に移動された文化遺産は対象にならない。それを補

う目的で、文化財返還促進委員会（ICPRCP）という政府間委員会が 1978 年に設立され、植民地化や外国による占領によって失われた重要な文化財の回復や返還を求める活動の支援を行っている。

　盗掘対策が必要なのは地上に限らない。科学技術の進歩に伴い、水中深くに埋没していた沈船の「宝探し」が容易になる一方、長い間、発見者原則の適用によって、歴史的・考古学的価値のある水中文化遺産が引き揚げられて散逸していた。これに対して、規制に取り組んだのが「水中文化遺産条約」である。この条約は、科学的な調査を行う場合を除いた水中文化遺産の原位置保存原則を尊重し、その商業目的利用を禁止する。同条約は、国連が 1982 年に採択した「海洋法に関する国際連合条約」（UNCLOS）を補完し、その海域区分と整合性を保ちながら、公海の下の深海底を含むあらゆる海域の水中文化遺産に対して、適切で包括的な保護を確保することを目的としている。

2　世界遺産条約と無形文化遺産条約

　6 条約のなかで最も知名度が高く、また新しい概念の普及という意味でも重要なのが、「世界の文化遺産及び自然遺産の保護に関する条約」（世界遺産条約）である。ユネスコは、1960 年代、ヌビアのアブシンベル神殿の遺跡を、アスワンハイダムの建設による水没の危機から救済するために、募金活動を兼ねて国際キャンペーンを発足させた。キャンペーンの結果、神殿は解体された後、高台に移築され、水没から免れることとなった。その成功を受けて、その後、同様の国際キャンペーンがベニスやボロブドゥールなどの遺跡に対して行われ、文化遺産保護に対する国際意識が高まった。さらに、1970 年代の世界的な環境問題への関心の高まりのなか、1972 年に世界遺産条約が採択された。この条約によって、自然遺産と文化遺産保護が統合され、より包括的な遺産保護のための国際協力体制が創設された。ここで重要なのは、「人類の共同遺産」という概念が打ち出され、遺産世代間継承の視点が含まれる点である。

　人類全体にとって貴重な価値を持つと認定された遺産は、世界遺産リストに記載される。

リストに記載される手続きは以下の通りである。まず締約国は、「顕著で普遍的価値」（OUV）を有する遺産を、世界遺産リスト登録に推薦する。締約国が作成し、ユネスコの世界遺産センターに提出された推薦書類は、「世界遺産条約履行のための作業指針」の定める基準に沿って、文化遺産は国際記念物遺跡会議（ICOMOS）、自然遺産は国際自然保護連合（IUCN）の専門家によって評価される。その勧告を受けて、21 カ国の政府代表からなる世界遺産委員会が、毎年開催される世界遺産政府間会議において、登録の可否についての決定を行う。世界遺産登録を受けた遺産は、その保存・管理について、世界遺産委員会の監視下に置かれる。世界遺産センターには、世界各地の遺産関係の NGO や個人から、世界遺産の保存・管理状況について、情報が絶えまなく寄せられている。これらの情報を受けて、世界遺産センターは、締約国政府の注意を喚起するとともに正確な情報を要請し、必要な場合には、専門家を現地に派遣する。また、世界遺産条約第 11 条によって、世界遺産登録を受けた遺産が、人為的災害や自然災害によって危機に瀕する世界遺産（危機遺産）登録を受けることが出来る。

採択から約 40 年の間に、世界の多様な遺産に対応するために、世界遺産の評価基準（OUV）の弾力化が進められ、1992 年には、木造文化遺産の真正性の解釈について、その文化的特殊性を考慮すべきという「奈良文書」が採択された。また、「文化的景観」という新しい概念も導入された。2019 年 8 月現在、167 カ国に計 1,121 件の世界遺産が登録されている。そのため、登録数を増やすことから、世界遺産保存・管理の効果的なモニタリングへのシフトが試みられている。

上記の世界遺産条約で対象となるのは、有形の不動産のみである。これに対して、伝承、舞踊や音楽、口承文学など、社会、集団および個人が、自己の文化遺産の一部として認めるけれども有形の遺産には該当しないものを無形文化遺産と承認し、その保護を目指すのが、「無形文化遺産保護条約」である。無形文化遺産にも登録リストが存在するが、その選択基準は異なり、目録の作成にあたっては、無形文化遺産保持者の同意と、関連するコミュニティの参加が特に強調され義務付けられていること、その遺産を有するコミュニティの評価を尊重し平等主義にたって、その価値の格付けは行わないことを特徴とする。同条約は、設立当初は西欧諸国の従来の遺産概念との整合性の問題が指摘され、懐疑的な見解の先

進国も少なくなかった。しかし、大多数を占めるアジア・アフリカ諸国の支持を
受けて条約として成立してからは、その考え方に共鳴する国々が増え、批准国数
の最も多い条約の 1 つとなっている（178 カ国、2019 年 8 月現在）。

3　文化多様性宣言と文化多様性条約

　戦時 / 平時、有形 / 無形、動産 / 不動産、地上 / 水中とさまざまな状況に対応
した遺産保護に関する諸条約に加えて、多様な文化の存在そのものが人類共通の
遺産であるという視点に立つのが、2001 年の「文化多様性に関する世界宣言」
である。この文書の設立の背景には、グローバル化に伴う文化の均一化、固有の
文化の消滅の危機がある。その後、同宣言に基づき専門家会議、政府間会議など
での審議を経て、「文化的表現の多様性の保護および促進に関する条約」（文化多
様性条約）が採択された。同条約は、文化的活動・財・サービスが文化的側面と
経済活動の側面という二面性をもっているという特殊性をあげて、文化的表現の
多様性の保護・振興のために、各国が自国の文化政策を作成し実施する権利をも
つことを定めている。この条約の背景には、関税及び貿易に関する一般協定
（GATT）が世界貿易機関（WTO）に発展する過程でのウルグアイ・ラウンド交
渉（1986 ～ 1994 年）において、音響・映像部門（映画・テレビ）に対する割当
（クオータ）制などの自由貿易制限措置を「文化的例外」と認めるか否かに関す
る議論があった。反対派のアメリカと賛成派の EC/カナダが対立したため、結
局、音響・映像部門はウルグアイ・ラウンド交渉からはずされることとなった。
グローバル化の波にさらされている途上国の文化多様性保護の必要も取り込ん
で、最終的に採択された文化多様性条約は、文化と貿易のバランスをとることを
目指し、そのための人材育成や国際協力の重要性を盛り込んでいる。
　ユネスコの遺産保護政策は、折々の時代の要請も反映しつつ今日の形に発展し
てきた。対象となる遺産も、その選択基準も、加盟国の価値観の多様化を反映し
て、現在ではより柔軟で広範なものとなっている。ユネスコは、そうした異なる
価値観の国々の見解の相違を議論するフォーラムとしても重要な役割を果たして
いる。

第3節　国連の学術・研究に関する補助機関

1　国連訓練調査研究所（UNITAR）

UNITARは、経済社会理事会および国連総会決議に基づき、研修を専門とする国連の補助機関として1965年に発足した。その主たる目的・使命は、開発途上国の外交官や公務員、途上国出身の国連・専門機関などの職員を研修して国連自体の能率、国連の実効性を高めることである。UNITARの予算は、各国政府からの任意拠出金および特定目的のための贈与ならびに民間からの寄付金によって賄われている。本部はジュネーブで、ニューヨークと広島に地域事務所を置く。2003年7月にアジア太平洋地域事務所として開設された広島の地域事務所は、2008年1月にUNITAR広島事務所と改称した。UNITARはこれまで、イラク、アフガニスタン、南スーダンなどを対象に、紛争後の復興のための国家建設を担う人材づくりに焦点をあてて、幹部研修・セミナー、トレーニングを行っている。また、公開シンポジウムなどの企画を通じて、広島市の地域性を活かした平和構築、核軍縮・不拡散分野における内外への広報活動にも積極的に取り組む。2015年9月には黒田博樹・元広島東洋カープ選手がユニタール親善大使に任命され、9月2日の国連平和デーにはプロ野球チーム広島東洋カープの協力で平和を呼びかける広報イベント「世界平和デー」を開催するなど、地元コミュニティとの連携も推進している。

2　国連大学（UNU）と国連平和大学（UPEACE）

UNUは、第3代国連事務総長ウ・タントの推進により、第28回国連総会（1973年）採択の国連大学憲章（国連決議3081（XXVIII））に基づいて設立された。日本政府の誘致により東京に本部を置く唯一の国連機関である。当初は教授陣や学生を擁する国際的な大学として構想されたが、これに欧米先進諸国が難色を示

したため、主にグローバルなシンクタンクとして活動する学術機関として設立され、1974 年に活動を開始した。UNU 学長は、国連の事務次長級の職務で、国連事務総長が、国連大学の理事会と協議して任命する。12 名の UNU 理事も、個人資格で任命される。国連大学学長、国連事務総長、ユネスコ事務局長、UNITAR 所長の 4 名がさらに職権上の理事として加わり、計 16 名のメンバーが理事会を構成する。東京本部の他に、ニューヨークの国連事務局とパリのユネスコの 2 カ所に連絡事務所を構えるほか、世界 12 カ国にある 13 の研究所と連携して事業を展開している。

　UNU とその付属機関である国連大学高等研究所（UNU-IAS）は、設立以来、国連と世界各国の学術機関との連携をとるネットワークのハブとして活動を続けてきた。しかし、2009 年に第 64 回国連総会で、国連大学憲章に修正（付加）事項として第 1 条第 8 項および第 9 項 2 bis を加えることが承認された（国連総会決議 64/225）のを受けて 2010 年 9 月に開設された UNU 付属の国連とサステイナビリティ・平和研究所（UNU-ISP）では、大学院教育と修士の学位授与も行う。UNU-ISP は、2014 年に UNU-IAS と統合して新 UNU-IAS となり、現在、サステイナビリティ、気候変動、開発、平和構築、人権といった、国連が取り組んでいるテーマに関する学際的な研究を行っている。

　南米のコスタリカには、1980 年に設立された国連平和大学（UPEACE）があり、国連の使命に呼応したテーマを設定して、大学院教育を行っている。国連決議（国連総会決議 35/55）には UPEACE が「国連憲章の目的実現のための教育研究活動をおこなうこと」が明記されているが、UPEACE は民間の大学で、国連システムに属する組織ではない。

第4節　スポーツにかかわる国際機構

1　ユネスコと世界アンチドーピング機構（WADA）

（1）　ユネスコ主催の国際スポーツ会議

　スポーツを通じての国際協力については、ユネスコ教育局内に担当部署が設置された1952年から、国連本部が本格的に関与を始める1990年代までは、ユネスコが活動の中心を担ってきた。ユネスコは、1976年には、パリで第1回体育・スポーツ担当大臣等国際会議（MINEPS）を主催し、1978年の第20回ユネスコ総会では、体育・スポーツ国際憲章を採択した。同憲章は、体育・スポーツの実践はすべての人にとっての基本的権利（スポーツ権、right to sport）であるとして、「スポーツ・フォー・オール」（Sports for All）の世界全体への普及を提唱している。ユネスコは、1984年には国際オリンピック委員会（IOC）との協力活動を開始し、1988年にはモスクワで104カ国の加盟国代表やオブザーバーとして複数のNGOを集めて、第2回体育・スポーツ担当大臣等国際会議を開催、ドーピング対策や開発とスポーツの関わりを大きく取り上げた。1998年にはIOCと正式に協力合意を締結して、翌1999年に「スポーツを通じた平和文化のための教育とスポーツの世界会議」を共催した。国連本部のスポーツに対する関心の高まりを背景に、同会議には、UNDP、国連環境計画（UNEP）、国連麻薬統制計画（UNDCP）、国連難民高等弁務官事務（UNHCR）、ユニセフ、世界保健機関（WHO）、国連食糧農業機関（FAO）、国際労働機関（ILO）、万国郵便連合（UPU）、世界気象機関（WMO）、国際電気通信連合（ITU）などの国連機関、各国政府機関、NGOからの代表が多数参加した。同会議でも再びドーピングが問題となり、その後の議論を経て2005年の第33回ユネスコ総会で「スポーツにおけるアンチドーピングに関する国際条約」（アンチドーピング条約）が採択されるに至った。この条約は、アンチドーピング分野における初めての世界的規模の政府間の合意であり、ドーピング撲滅を目指して、世界アンチドーピング機構

（WADA）を中心とした国内レベルおよび世界レベルの協力活動を推進・強化する体制を確立することを目的としている。

（2）　世界アンチドーピング機構（WADA）

　WADA の設立メンバーには、IOC、パラリンピック委員会（IPC、1989 年設立）、および国際陸上競技連盟（IAAF、1925 年設立）など各種国際スポーツ競技連盟、欧州連合や欧州委員会といった地球国際機構、さらにアフリカ、アメリカ、アジア、オセアニア諸国の政府代表が加わっている。WADA は、法律上はローザンヌにあるスイス法人である。活動本部はカナダのモントリオールにある。2003 年 3 月には IOC 医事規程に代わって WADA の世界アンチドーピング規程（WADA 規程／ WADA Code）が正式に国際的なルールとして採用され、その後 3 回の改訂を経て、2015 年からは、WADA が独自のドーピング捜査権をもつことも規定された。これに基づき、国家の後援による組織的なドーピングの捜査とその報告が WADA によって推進されるようになり、過去の事例の告発、今後のスポーツ競技大会での取締り、予防処置が本格化している。

2　国連本部とスポーツ

（1）　オリンピック停戦と国連

　IOC は、古代ギリシャのオリンピック精神を尊重し、1968 年の総会で、オリンピック開催中に戦争や政治的抗争の一時的中断を求める「オリンピック停戦」（Olympic Truce）を決議している。その立場から、1992 年に国連安全保障理事会がユーゴスラビア連邦共和国（当時）に対してスポーツに関する制裁を行ったのに際して、国連に「オリンピック停戦」を呼びかけた。これを受けて国連は、1993 年にオリンピック休戦の遵守に関する総会決議 48/11 を採択、1994 年の冬季オリンピック・リレハンメル大会期間中には当時のサラマンチ IOC 会長がサラエボ入りし、「オリンピック停戦」が実現した。同年に国連総会は、国際スポーツ年とオリンピックの理想に関する決議 49/29 を採択した。

（2） パラリンピック

　障がいのあるトップアスリートが出場できる世界最高峰の国際競技大会がパラリンピックで、その起源は、1948 年にロンドン郊外で負傷兵たちのリハビリの一環として行われたアーチェリー大会に遡る。この競技大会はその後も回を重ね、1952 年には国際大会となった。種目数も増え、1960 年のローマ大会からはオリンピック開催国で開催されることになり、1985 年には、もう一つの（Parallel）オリンピック（Olympic）という意味で、パラリンピック（Paralympic）と公式名称が定められた。2000 年にシドニーで開催された第 11 回パラリンピック競技大会では、IOC とパラリンピック委員会（IPC）が基本事項に合意して、正式な協力関係を確立するに至り、2008 年の北京大回からはさらにその関係が強化されている。

（3） 国連開発と平和のためのスポーツ局（UNOSDP）

　2001 年、第 7 代国連事務総長コフィ・アナンは、アドルフ・オギ元スイス大統領を特別顧問として、事務総長に直属する「開発と平和のためのスポーツに関するタスクフォース」を設置した。2005 年には国連総会決議 58/6 により 2005 年を「スポーツ体育国際年」として、スポーツ普及のための各種イベントを世界各地で推進した。2008 年には、スポーツの社会目的の唱道者として幅広い活動を行っていたヴィルフリート・レムケが、国連事務総長特別顧問に任命され、その補佐を行う組織として国連開発と平和のためのスポーツ局（UNOSDP）も設立された。UNOSDP は、スポーツの分野横断的かつ学際的な交流の核となって活動しており、FIFA ワールド・カップやオリンピックのような世界規模のスポーツイベントの準備段階や開催中に国連全体の調整を行い、国連諸機関の中心的な機関として機能している。2009 年からは国連と IOC の連携によって「スポーツ、平和そして開発に関する国際フォーラム」が隔年毎に開催されている。2013 年には、国連総会決議 67/296 により、国際オリンピック大会が初めて行われた 1896 年の 4 月 6 日を記念して、毎年 4 月 6 日を「開発と平和のためのスポーツの国際デー」と定めた。2015 年には、「持続可能な開発のための 2030 アジェンダ」の採択に際して、2016 年から 2030 年までに達成すべき目標ターゲットの中にス

ポーツ振興が含められている。

（4）　国連システム諸機関のスポーツ関連事業

　国連本体の主導に呼応して、UNEP は、1994 年に IOC と協力合意を結んで「スポーツと環境委員会」を発足させ、1995 年から 2001 年まで 2 年ごとに「スポーツと環境の世界会議」を開催し、1999 年の大会では「スポーツと環境のアジェンダ 21」を作成した。UNDCP は、1995 年に「スポーツによる麻薬対策」（Sports against Drug）を世界的に展開した。UNDP、UNHCR、UNRWA、UNV、UNICEF も 1990 年代半ばより、国際的な各種スポーツ団体とのパートナーシップのもとに、スポーツがもつ影響力をそれぞれの組織活動と結びつけた各種プログラムを展開している。スポーツ界の最高峰をなす著名な運動競技選手を国連機関が親善大使に指名して広報活動に起用する例も少なくない。スポーツを開発と平和のための国連活動に活用する試みは、さまざまなコミュニティのレベルでも実践されている。

おわりに

　本章で取り上げた諸分野の国際機構の活動は多岐にわたるが、敢えてそれらの共通項や特徴を挙げるなら、以下の 3 点を指摘出来るだろう。①人間性、特にその知性・倫理性に信頼を置き、国際交流・国際協力により相互理解を推進することが、人類の平和と発展の礎になるという信念に基づき活動している。②文化の多様性を積極的に認めながら、国際交流・国際協力の実践的な視点から、より普遍的な統一基準を作成・普及するための調整機関として機能している。③伝統的に民間部門の果たす役割が大きい。WADA のように、国家以外の設立主体を含むグローバルな組織が個別の国家の査察に入ることを認めるなど、国際協力のための組織の態様や活動内容も多様化しつつあることも近年の動向である。

　学術、文化およびスポーツ分野における国際機構の活動は、人々の心に働きかける側面が強い。しかし、そうした限定的な影響力ではあるものの、長期的には、世界の平和と友好促進の基盤を築き、経済の振興と人々の福祉、また、とり

わけ人権の国際的保障の推進に着実に貢献して、その本来の役割を果たしている
と言って良いだろう。

〔参考文献〕

阿曽村智子「ユネスコの遺産保護体制と『文化的アイデンティティ』の概念」『文京学院大
　　学外国語学部紀要』第 10 号、2010 年

内海和雄『スポーツと人権・福祉』創文企画、2015 年

河野 靖『文化遺産の保存と国際協力』風響社、1995 年

斎藤一彦・岡田千あき・鈴木直文『スポーツと国際協力』大修館書店、2015 年

高橋 暁『世界遺産を平和の砦に：武力紛争から文化を守るハーグ条約』すずさわ書店、
　　2010 年

西海真樹「第 9 章　文化・知的協力」滝澤美佐子・富田麻理・望月康恵・吉村祥子編著（横
　　田洋三監修）『入門　国際機構』法律文化社、2016 年

野口 昇『ユネスコ　50 年の歩みと展望』シングルカット社、1996 年

松浦晃一郎『世界遺産—ユネスコ事務局長は訴える』講談社、2008 年

最上敏樹『ユネスコの危機と世界秩序』東研出版、1987 年

Lyndel V. Prott, *Witnesses to History*：*A Compendium of Documents and Writings on the
　　Return of Cultural Objects*, UNESCO Publishing, 2009

United Nations Inter-Agency Task Force on Sport for Development and Peace, *Sport for
　　Development and Peace: Toward Achieving the Millennium Development Goals：
　　Report from the United Nations Inter-Agency Task Force on Sport for Development and
　　Peace*, United Nations, 2003

Brian Wilson, *Sports & Peace: A Sociological Perspective*, Oxford University Press, 2012

Abdulqawi A. Yusuf, *Standard-Setting in UNESCO Volume I : Normative Action in
　　Education, Science and Culture*, UNESCO Publishing, 2007

第13章　通信・交通・技術

はじめに

　私たちの生活は世界とつながっている。インターネットや衛星放送などを利用して、自宅や会社であらゆる情報に接し入手できる。多くの人が仕事や旅行として国境を越えて外国に出かける。2019年には2,000万人以上の日本人が海外に出かけ、3,100万人もの外国人が日本を訪れた。日々の生活において越境する人もいる。このように、情報や人の移動が可能となったのは、技術の発展のおかげである。国境を越えた活動については、国の多様な利害について調整を行う国際機構に注目する必要があるだろう。この章では、通信・交通・技術の各分野における国際機構の活動について概観する。

第1節　交通分野における国際機構

1　海上交通に関する国際機構

（1）　国際海事機関（IMO）
　交通分野における国際協力は古くから発達していた。海上交通に関しては19世紀以降、船舶の安全航行の確保や人命・財産の救助を含む、海上における安全の確保などの規定を主な目的とする条約が結ばれ、国際的な組織が設立されてきた。1889年のワシントン国際海事会議で、海上衝突の防止および浮標や灯台の国際的統一に関する討議が行われ、また1914年のロンドン会議では、海上での人命の安全に関する議論を経て、条約が制定された。第一次世界大戦後には、国際連盟が「交通および通過の自由」の問題を取り上げ、1923年に「海港の国際制度に関する条約」が成立した。

　海上交通の行政的側面に関する国際協力がより一層強化されたのが、第二次世界大戦中に行われた連合軍の戦時協同作業である。1942 年、英米両国政府は「合同海運調整局」を設置して、全連合軍の船舶を対象とした海運に関する緊密な協力体制を確立した。戦後、この組織は「連合海運協議会」に再編成された。1946年に連合海運協議会は、国連の要請に基づいて、国連の専門機関としての常設的な機構を設置する条約案を作成した。この条約案は 1948 年にジュネーブで開催された国際連合海事会議で審議され、政府間海事協議機関（IMCO）の設立および活動に関する IMCO 条約として採択された。この条約に基づき、1958 年 3 月に IMCO が設立され、ロンドンに本部が置かれた。IMCO の第 1 回総会では、国連との連携協定についての議題が採択され、IMCO は 1959 年 1 月 31 日をもって国連の専門機関となった。また 1982 年に IMCO は国際海事機関（IMO）へと名称変更された（加盟国 174 カ国、準加盟 3、2020 年 4 月現在）。

　IMO の目的は、主に次の 2 つである（IMO 条約第 1 条）。まずは、国際貿易に従事する海運に影響するすべての種類の技術的事項に関する政府の規制と慣行の分野において、政府間協力のための組織となり、また海上の安全、航行の能率、ならびに船舶による海上汚染の防止と規制に関する事項について最も有効な処置の採用を奨励し、また組織の目的に関連する法律事項を取り扱うことである。次に、海運業務が、世界の通商に差別なく利用されることを促進するため、政府による差別的な措置と不必要な制限の除去を奨励することである。

　これらの目的を実現するために、IMO には総会、理事会、事務局に加えて、海上安全委員会、海洋環境保護委員会、法律委員会、簡易化委員会、技術協力委員会などが設けられている。海上安全委員会の任務は、航海援助施設、船舶の構造および設備、衝突予防規則、海上における安全に関する手続要件など、海上の安全に直接影響のある事項を遂行することである。海洋環境保護委員会は、船舶からの海洋汚染の防止および規制に関する事項であって、関連する国際条約の採択、改正、科学的、技術的な情報の交換、他の国際機構、地域機構との協力などに関する業務を実施する。

　IMO による主要な活動の一つは、海上交通に関する条約の作成であり、これまで約 60 の条約が採択されてきた。また IMO の決議に基づき、100 トン以上の

表 13-1　IMO で作成された主な条約

＜船舶の航行の安全やトン数の測度に関するもの＞
・海上における人命の安全のための国際条約（SOLAS 条約）
・満載喫水線に関する国際条約（LL 条約）
・海上における衝突の予防のための国際規則に関する条約（COLREG）
・船舶のトン数の測度に関する国際条約（TONNAGE 条約）
・海洋航行不法行為防止条約（SUA 条約）

＜船舶に起因する汚染防止に関するもの＞
・船舶による汚染の防止のための国際条約（MARPOL 73/78 条約）

＜船員の資格などに関するもの＞
・船員の訓練及び資格証明並びに当直の基準に関する国際条約（STCW 条約）

＜船舶の出入港に係る手続に関するもの＞
・国際海上交通の簡易化に関する条約（FAL 条約）

＜海難発生時の措置、探索救助に関するもの＞
・海上における捜索及び救助に関する国際条約（SAR 条約）

＜海難に係る船舶所有者の責任制限、補償などに関するもの＞
・海事債権についての責任の制限に関する条約（LLMC 条約）
・油による汚染損害についての民事責任に関する国際条約（CLC 条約）

船舶と 300 トン以上の貨物船には、それぞれ IMO 識別番号が付けられることが定められ、100 トン以上の国際航海を行う船舶を所有、管理する会社と登録所有者にも会社・登録所有者識別番号が発行された。これらは、海上の安全を守り、汚染を防止したり詐欺行為を防止したりすることを目的とした措置である。

　さらに IMO は船舶の安全確保などを目指して、2000 年代後半に E-navigation 構想を立ち上げた。E-navigation とは、海上における安全と保安および海洋環境保護のため、すべての状況における航行とそれに関連する業務を向上させる電子的手段を用いた、船上および陸上での海事情報について、調和した収集、統合、交換、表示と分析のことである。船舶、陸上の関係当局、衛星などを活用し情報ネットワークを活用することにより、海上の障害物を早期発見し、他船の位置や行動の予定などを知り安全な行路を判断でき、海難事故の位置情報を双方向に通

信できるようになるなど、航行のさらなる安全が目指されている。

（2）　国際水路機関（IHO）

　航海の安全確保の面からも海上交通の技術的分野における国際協力が促進されている。まず、海図やその他の水路図誌が整備されていない状態が船舶の安全運行に支障をきたすおそれがあることから、各国の水路関係官庁間の効果的、継続的協力を確保する目的で、国際水路局がモナコに設立され、1921年から活動を開始した。国際水路局は、国際連盟規約第24条に基づいて国際連盟の指揮下に置かれ、海図、水路誌、灯台表、水路通報、潮見表、水路測量、大洋水深図の作成などに関して研究を行った。

　その後、国際水路局は、国際水路機関条約（1967年）に基づいて国際水路機関（IHO）に改組された。IHOは、水路図誌を改善することにより、全世界の航海を一層容易かつ安全にすることに貢献することを目的としており、①各国の水路官庁の間の活動の協調、②水路図誌の最大限の統一、③水路測量の実施および水深の確実かつ効果的な方法の採用、④水路業務に関連する科学および記述海洋学に用いる技術の開発を実現するための活動などを行っている。IHOは諮問的かつ技術的な性格の組織であり現業的な事業は行わない。

　またIHOにより開催された会議での審議や決定が政治的な影響をもつこともある。たとえば国際水路局は、海洋と海の境界に関する文書に「日本海」と表記してきた。1992年以降、韓国が日本海の名称を「東海」と改めるべきことを主張し、IHOの会合においても、文書への日本海と東海の併記を求めている。

　船舶の大型化と航路・港湾の過密化などが進みIHOの役割の重要性が増している。たとえば、上述のIMOによるE-navigation構想では、陸上と船舶の情報共有体制の構築が目指されており、IHOはE-navigationにおいて使用される情報の基本的仕様についてIMOと合意し、船舶に関わる規格にも関与しつつある。

　また地域的な水路業務に関する問題については、地域の水路委員会において処理されるように、地域水路委員会の設立に関する決議が採択された。同決議に基づき、世界中に14の地域水路委員会が設けられ、東アジアには1971年に東アジア水路委員会が設立された。

（3）　国際油濁補償基金（IOPCF）

　船舶の安全航行の確保における国際協力に加えて、事故が生じた場合の国際協力についても整備が進められている。海難事故は、その船舶の積み荷や乗組員に損害や生命の危険をもたらすばかりではなく、環境にも多大な影響を及ぼす。特に、大型タンカーなどの海難事故は、流出した原油が海流に乗り広範囲に拡散する場合が多く、漁業資源や生物資源に与える影響も計り知れない。また船会社が負担しなければならない民事責任に対する対処も求められる。

　1967 年に英仏近海で起きた大型タンカー「トリーキャニオン号」の海難事故を契機として、IMCO では、汚染損害についての民事責任に関する法的な問題が検討され、その結果、油による汚染損害についての民事責任に関する国際条約（CLC 条約）が 1969 年に採択された（同条約は 1992 年議定書により改正）。CLC 条約は船主の厳格責任を規定し、強制保険制度を導入した。一方で、この制度では、被害者の救済が不十分であることから、1971 年に、油による汚染損害の補償のための国際基金設立に関する国際条約（FC 条約、1992 年の議定書により改正）が制定された。また、この条約に基づく補償制度を運営するために、国際機構として国際油濁補償基金（IOPCF）が設立された。

　海上での石油の輸送の増加とタンカーの大型化に伴い、油濁事故に伴う補償額を増加する必要性が明らかになってきた。そこで 1992 年に CLC 条約と FC 条約がそれぞれ改正され、船主の責任限度額と基金の補償限度額が引き上げられた。

　1999 年にフランス沖合でエリカ号による事故が、2002 年にはスペインの沖合でプレステージ号の事故が発生し、油濁の被害総額が 1992 年に定められた補償限度額を超えることが明らかになった。そこで、1992 年の油による汚染損害の補償のための国際基金の設立に関する国際条約の 2003 年の議定書（2003 年議定書）が採択され、1992 年 FC 条約のもとでの補償に更に追加して補償する制度が設立された。現在の IOPCF は、2 つの基金、すなわち 1992 年 FC 条約上の基金と、2003 年議定書に基づく基金により構成される。基金の合同事務局はロンドンにある。IOPCF の目的は、タンカーからの持続性油の流出によって生じた、加盟国の汚染損害に金銭補償を行うことである。

　日本には、タンカーから流出した油などにより発生した汚染損害を賠償する制

度として油濁損害賠償保障法に基づく油濁損害賠償保障制度がある。これは、1992年CLC条約、1992年FC条約、2003年議定書を国内法化したものである。日本近海で生じた外国船を原因とする汚染事故としては、1997年のロシア船籍のナホトカ号による重油流出事故がある。この事件の際には被害を受けた漁業者などに対してIOPCFから補償金が支払われた。

2 航空交通に関する国際機構

第一次世界大戦後、航空交通が発展し実用化された。国境を越える航空交通に関しては、当初から、技術的な問題をはじめ国際的な取組みが行われた。国際民間航空に関する最初の条約は、1919年に締結されたパリ条約である。この条約は、ヨーロッパを中心とした33カ国を当事国とし、不定期の民間航空に関して「無害航空の自由」を定めた。その後、1928年には商業航空に関する汎米条約が米州諸国間に結ばれた。同条約は航空運送の諸規則を規定したものの、技術的標準や常設機関の設置を定めたものではなかった。

航空分野における技術は第二次世界大戦中に飛躍的に発展した。そこで、連合国を中心として、新しい条約の作成が行われた。大戦末期の1944年、アメリカは連合国や中立国など54カ国に対して、国際航空に関する国際会議の開催を呼びかけ、国際民間航空会議がシカゴで開催された。

この会議の主な議題は、空の自由と商業航空権の確立、国際民間航空条約の締結、国際民間航空機関の設置であった。航空輸送の統制については、参加国の意見の対立により成功しなかったが、国際民間航空機関の設立を予定する国際民間航空条約（シカゴ条約）が締結された。またこの会議で採択された最終文書は、①国際民間航空に関する暫定的協定、②国際民間航空条約、③国際航空業務通過協定、④国際航空運送協定であり、国際民間航空の原則を含んでいた。国際業務通過協定と国際航空運送協定は、定期航空の自由を拡大しようとするものであった。

シカゴ条約に基づいて、国際民間航空機関（ICAO）が1947年に設立された。ICAOの活動の目的は次の通りである。①世界を通じて国際民間航空の安全なか

つ整然たる発展を確保すること、②平和的目的のために航空機の設計および運航の技術を奨励すること、③国際民間航空のための航空路、空港および航空保安施設の発達を奨励すること、④安全な、正確な、能率的な、かつ経済的な航空運送に対する世界の諸国民の要求に応ずること、⑤不合理な競争によって生じる経済的浪費を防止すること、⑥締約国の権利が充分に尊重されることおよびすべての締約国が国際航空企業を運営する公正な機会をもつことを確保すること、⑦締約国間の差別待遇を避けること、⑧国際航空における飛行の安全を増進すること、⑨国際民間航空のすべての部面の発達を全般的に促進すること（シカゴ条約第44条）。

　ICAO の活動は、技術部門、航空運送、共同維持、技術協力、法律の各部門に分かれている。ICAO は、特に安全性の見地から、航空機の耐空性、運航関係および整備関係の航空従事者の免許、航空規則および航空交通管制方式、航空施設などに関する国際標準の作成に努めている。1960 年代に多発したハイジャックに関しては、総会および理事会において一連のハイジャック防止決議を採択した。また、ICAO はハイジャック防止関連三条約、すなわち、航空機内で行われた犯罪その他ある種の行為に関する条約（東京条約）、航空機の不法な奪取の防止に関する条約（ヘーグ条約）、民間航空の安全に対する不法な行為の防止に関する条約（モントリオール条約）の制定に役割を果たした（→第 7 章参照）。

　ICAO はまた各地域の特殊な状況に応じて国際航空の問題を具体的に処理するための地域航空会議を招集して、各地域に対する特殊な設備および手続きを確立することに努めている。地域航空会議として、北大西洋、ラテン・アメリカ、太平洋、ヨーロッパ、アフリカ・インド洋、北米、カリブ海、中東、アジアの 9 つが設けられ、議題によってはこれら各地域の合同地域航空会議が開催される。

　航空交通の分野においても国際機構がさまざまな役割を果たしているが、その一方で、定期的な国際航空輸送に関する基準の設定や航空会社の責任の統一などについては、二国間航空協定や国際航空業務通過協定、地域的な多数国間条約によって規定されている。国際航空の競争の激化・自由化の促進などにより、分野別あるいは航空会社相互の契約により基準が作成される可能性が高くなっている。

　民間航空に関しては、ICAO 加盟国に属する航空会社により組織された国際航空運送協会（IATA）がある。IATA は、航空券などの規格や発行手続き、運賃、サービス内容、事故における責任限度について統一化を行い、過当競争による安全性の低下の防止を目的とする。

3　観光に関する国際機構

　2003 年末に国連総会で連携協定が承認され、観光に関する国際機構として、国連世界観光機関（UNWTO）が、17 番目の国連の専門機関となった。世界観光機関の前身は、1925 年に開催された公的旅行交通連盟国際会議であり、その後、公的旅行機関国際連盟（IUOTO）として組織化された。IUOTO は観光分野における国際協力の促進を目的とした非政府機関であった。1960 年代半ばに、途上国の要請に応えて観光に関する政府間国際機構を設立しようとする動きがみられた。1969 年に国連総会は、決議を採択し、世界的な観光の分野に関する国際機構が国連と協力しながら、同分野で中心的な役割を担うことを確認し、また国際機構が設立された場合には、協力関係を樹立する用意がある旨を決定した。1970 年、IUOTO の総会において世界観光機関憲章が改正され 1975 年に発効し、世界観光機関は国際機構として発足した。

　世界観光機関の目的は、経済的発展、国際間の理解、平和および繁栄に寄与するため、観光を振興し発展させることである。世界観光機関の加盟国は 159 カ国、加盟地域は 7 である（2020 年 4 月現在）。また観光に関連する団体は、賛助加盟員として世界観光機関の会合に参加し連携することができ、500 以上の団体が参加している。世界観光機関の活動は、観光の地位向上、観光の協力強化、持続可能な観光開発を促進、観光の貧困軽減と社会開発における貢献度の拡大、知識の共有、教育、能力開発の支援、パートナーシップの構築である。また国連の専門機関として、国連が掲げる目標を達成するためにも事業を行う（→第 6 章参照）。

第 2 節　通信分野における国際機構

1　郵便に関する国際機構

　近代的な郵便制度を確立した最初の国はイギリスである。その後、各国で郵便制度が確立するにつれて、国家間の郵便は二国間条約で処理されてきたが、国際的に統一された制度の必要性は高まっていた。1874 年にはドイツの発案で、22 カ国の代表がスイスのベルンに集まり、国際郵便条約を締結すると同時に、一般郵便連合の設立を決定した。一般郵便連合は、翌年の 1875 年から活動を開始し、1878 年には、連合への加盟を希望する国の一方的な通告で加盟が実現できるように条約を改正して連合の普遍化を図るとともに名称も万国郵便連合（UPU）と変更した。連合は、欧米諸国ばかりでなく、日本を含むアジアの国々も加盟し世界的な組織となった。この連合活動は第二次世界大戦で一時中断したが、1947 年パリで新たな万国郵便条約が締結され、UPU の活動が再開された。同年 UPU は国連との間に連携協定を結び、国連の専門機関となった。

　UPU は 1964 年にウィーンで開催された万国郵便大会議（大会議と称され全加盟国による最高意思決定機関である総会にあたる）において、UPU の組織に永続性と安定性を与え、法制を合理化するために法体系の改編を行い、新たに「万国郵便連合憲章」と、その適用運営に関する規則である「万国郵便連合一般規則」を制定した。同憲章によれば、UPU の目的は、郵便業務の効果的運営によって諸国民の通信連絡を増進し、かつ、文化、社会および経済の分野における国際協力という崇高な目的の達成に貢献するために設立され、通常郵便物の相互交換のため、万国郵便連合の名称で、単一の郵便境域を形成し、継越しの自由は、連合の全境域において保障し、連合は、郵便業務の組織化および完成を確保し、かつ、この分野において国際協力の増進を助長することである。通常郵便物に関する規定と国際郵便業務に共通する規定は、万国郵便条約に定められており、小包郵便や為替郵便などの通常郵便物の業務以外の業務についてはそれぞれの約定で

表 13-2　限定連合

アジア・太平洋郵便連合（APPU）、ヨーロッパ公共郵便事業体協会（POSTEUROP）、中央アフリカ郵便電気通信主管庁会議（COPTAC）、アラブ常設郵便委員会（APPC）、郵便電気通信地域共同体（RCC）、ヨーロッパ郵便電気通信主管庁会議（CEPT）、米西葡郵便連合（PUASP）、アフリカ郵便連合（APU）、汎アフリカ郵便連合（PAPU）、北欧郵便連合（NPU）、バルト諸国郵便連合（BPU）、カリブ郵便連合（CPU）、ポルトガル語圏郵便電気通信国際共同体（AICEP）、南部アフリカ通信規則共同体（CRASA）、地中海郵便連合（PUMed）、南部アフリカ郵便事業協会（SAPOA）、西アフリカ郵便会議（WAPCO）　　　　　　　（2018 年 12 月現在、これらの 17 が設けられている。）

規定している。

　憲章第 8 条は、加盟国またはその郵政の事業体が、限定連合を設立し特別取極を結ぶことを認めている。この地域的な限定連合は、各国が地域的に特有な郵便に関する問題を検討して業務の改善や利便の増大をはかるとともに、UPU において当該地域内の共通の利益を守るために共同歩調をとりやすくすることを目的として設立されている。

2　電気通信に関する国際機構

（1）　国際電気通信連合（ITU）

　19 世紀初めに、有線電信が実用化されるとヨーロッパ諸国は通信方法の標準化などの技術的事項について条約を結んで協力するようになった。1865 年には、パリで 20 カ国を当事国とするパリ万国電信条約が締結され、これに基づいて有線電信に関する国際協力のための組織として国際電信連合（UTI）が設立された。この条約はその後改正され、同連合は電話と海底電線をその所轄事項に取り入れた。また、19 世紀末に無線電信が実用化されると、国際無線電信条約が 1906 年にベルリンで締結され、それに基づき国際無線電信連合（URI）が設立された。1932 年にマドリッドで締結された国際電気通信条約によりこの国際電信連合と国際無線電信連合の 2 つの国際機構は一本化され、国際電気通信連合（ITU）が設立された。

　第二次世界大戦後の 1947 年に、第二次世界大戦中の電信技術の飛躍的進歩に

対応できるように機構の組織の拡充と近代化をはかることを目的として、80カ国が参加してアメリカでITUの全権委員会議が開催された。同会議は新しい国際電気通信条約を採択し、機構の組織に抜本的な改正を加え、それと同時に国連との間に連携協定を締結し、国連の専門機関となった。それにともない、事務局が19世紀の設立当初から置かれていたベルンからジュネーブに移された。その後、1952年以降に開かれた全権委員会議のうち5回の会議において国際電気通信条約に若干の改正が加えられてきた。1992年のジュネーブ全権委員会議においては、海底電線による電話の国際化や有線電信から無線通信へといった電気通信の分野における著しい技術の進歩を背景に、ITU組織の全面的見直しを目的として、新たに国際電気通信連合憲章と国際電気通信連合条約が作成された。

ITUの目的は、①すべての種類の電気通信の改善および合理的利用のためすべての構成国の間の国際協力を維持し増進すること、並びに電気通信の分野において途上国に対する技術援助を促進し提供すること、②電気通信業務の能率を増進し、その有用性を増大し、公衆によるその利用をできる限り普及するため、技術的手段の発達およびその最も能率的な運用を促進することである。ITUは、これらの目的を実現するため、「①周波数スペクトルの分配および周波数割当の登録、②有害な混信の除去および周波数スペクトルの使用および無線通信業務に係る対地静止衛星軌道の使用を改善するための努力の調整、③途上国に対する技術援助、並びに途上国における電気通信設備および電気通信網の創設、拡充および整備の促進、④電気通信手段、特に宇宙技術を使用する電気通信手段が有する可能性の十分な利用、⑤通信料金の基準の設定、⑥電気通信業務の協力による人命の安全の確保、⑦電気通信に関する研究の実施、規則を制定し、決議を採択し、勧告及び希望を作成し、並びに情報の収集および発表を行うこと」などの活動を行っている。

ITUが取り組んできた重要案件に、宇宙通信に関する問題と、途上国に対する技術協力の問題がある。前者については、1970年代に入り宇宙技術の応用が各種無線通信業務に進んできたため、放送衛星、地球探査、海上移動、航空移動などの各衛星業務に周波数帯を分配するなど、宇宙通信に関する無線通信規則の規定を全般的に整備し、時代とともに改正を加えてきた。また、静止衛星軌道の

使用に関しても利害関係国の調整をはかってきた。後者については、ITU は途上国に対し電気通信分野における専門家の派遣や機材の供与、投資前基礎調査、訓練センターの設立などの技術援助活動を行っている。

今日、ITU が最も重点的に取り組んでいる分野として、サイバー空間の安全（サイバーセキュリティ）分野がある。ITU は 2001 年の国連総会決議 56/183 で世界情報社会サミット（WSIS）を主導することとなり、ジュネーブ（2003 年）、チュニス（2005 年）で 2 度の WSIS を開催した。この世界会議で、情報通信分野における国家、国連システム諸機関・地域的機構、NGO、民間企業、専門家などのさまざまなステークホルダーの協調が本格化した。そのなかで ITU は国際機構における中心的な役割を担うこととなった。WSIS は、ITU と国連教育科学文化機関（ユネスコ）、国連開発計画（UNDP）との共催により、WSIS フォーラムという国際会議の形で継続している。WSIS フォーラムは、各国政府をはじめとするすべてのステークホルダーに開放され、WSIS のフォローアップとともに情報交換がされている。

近年ますます問題となっているサイバーセキュリティとサイバーテロに関しては、2007 年に、ITU が、本分野の国際協力の基本枠組としてグローバルサイバーセキュリティアジェンダ（GCA）を設定した。翌 2008 年にはサイバーセキュリティ世界サミットを開催し、同年に、GCA を実施に向けるために、サイバーテロ対策を目的に組織された国際的な協力機関であるサイバー脅威に対する多国間連携（International Multilateral Partnership Against Cyber Threats: IMPACT）と協力関係を築いて対応している。サイバーセキュリティ分野はさまざまな側面について国際的な協議やプロジェクトが行われている。サイバーセキュリティ条約をはじめとする種々の国際規範の設定はその一つである。また、サイバー空間におけるリスク軽減のための国際協力、能力構築支援も重点分野であり、ITU はサイバー犯罪技術援助プロジェクトを国連薬物犯罪事務所（UNODC）とともに実施した（→第 7 章参照）。

（2） 国際海事衛星機構（INMARSAT）および国際移動通信衛星機構（IMSO）

主として短波通信に依存している海事通信の改善のために、静止衛星を利用し

た衛星通信技術を導入する必要性が、IMOにおいて認識されるようになり、1973年には国際海事衛星システムを設立するための会議の開催が決議された。1975年から数回の会議を経て国際海事衛星機構（INMARSAT）に関する条約が1976年に採択され、同条約は1979年に発効した。また、その後の条約改正により、航空通信業務を提供することとした。

INMARSATは「海事通信を改善するために必要な宇宙部分を提供し、これにより、海上における遭難および人命の安全にかかわる通信、船舶の効率および管理、海事公衆通信業務ならびに無線測定能力の改善に貢献すること」を目的とした。このためにINMARSATが所有しまたは賃貸する宇宙部分は、理事会が決定する条件で、すべての国の船舶による使用のために開放され、大西洋・インド洋・太平洋上に静止する衛星により活動が行われてきた。

INMARSATの衛星通信システムが航空通信や陸上移動通信にも提供されるようになったことから、1994年の総会において、INMARSATは名称を「国際移動通信衛星機構」（IMSO）に変更する条約改正を行った。さらに、1998年4月に行われた第12回総会において、移動衛星通信業務を民間企業に移管する条約の改正が行われ、1999年4月よりINMARSATの事業部門は新会社インマルサット社に移管され、海上における遭難および安全に係る全世界的な衛星通信業務を提供することなどの基本業務を提供している。IMSOは、このインマルサット社による公的業務が継続的に提供されるよう国際機構として監督業務を行っている。

（3）　電気通信衛星機構（INTELSAT）および国際電気通信衛星機構（ITSO）

宇宙空間に通信衛星を打ち上げて、電報・電話・放送番組などの電気通信を中継するという新しい通信系を確立しようとする動きは、1964年にワシントンで署名された通信衛星協定により、「暫定的制度」の名で具体化した。これが電気通信衛星機構（INTELSAT）である。INTELSATは、その後の活動を通じて当初の目的を確実に達成したため、数回にわたる政府間会議を経て暫定制度から常設の制度となった。INTELSATは、すべての国が利用できる「単一の世界商業電気通信衛星組織」を世界電気通信網の一部として完成すること、そのため、全人類の利益のために、無線周波数スペクトルと軌道空間の最善かつ最も公平な使

用に適合した、できる限り能率的かつ経済的な施設を提供することを、その目的としている。つまり、国際的な通信衛星の施設提供を行うことが目的だったのである。

INTERSAT の具体的な活動としては、①国際公衆電気通信業務に必要な宇宙部分を、商業的基礎の上に世界のすべての地域に対し無差別に提供すること、②国際公衆電気通信業務に対する宇宙部分の提供という、その主目標を阻害しない限り、国内電気通信業務のためにその宇宙部分を提供すること、③要請があれば適当な条件により、締約国総会の承認を得て、軍事目的以外の特殊電気通信業務（国際業務、国内業務を問わない）のためにもその宇宙部分を提供すること、などが協定3条に定められている。

その後、民間衛星による地球規模的なネットワークの出現や、光通信網の発達により競争環境が激化し、INTELSAT は機構改革を迫られた。そこで、INTELSAT は、機構改革の一環として子会社の設立を検討し、1998 年 3 月の第22回締約国総会において、子会社の設立（ニュー・スカイズ・サテライツ社）を決定し、6機の人工衛星を移転した。さらに、INTERSAT は、通信事業を民間会社にすべて移すという機構改革を行い、2000 年 12 月の第15回締約国総会において、事業部門を民間会社インテルサット社に移管することを決定した。この決定を受け、INTERSAT は、設立基本協定を改正し、国際電気通信衛星機構（ITSO）と改称し、民間会社による事業運営の監督機能のみを残すこととなった。ITSO による業務の監督は、①全世界的な接続および全世界的な範囲を維持すること、②ライフライン接続サービスの対象となる顧客に業務を提供すること、③会社のシステムへの無差別のアクセスを提供すること、の中核的原則に沿っているかどうかの監督とすることが決定された。

第3節　技術分野における国際機構

1　知的所有権保護に関する国際機構

（1）　世界知的所有権機関（WIPO）

　技術分野における国際協力の実現は、多くの困難を伴ってきた。特に、特許権や意匠権、商標権などの工業所有権に関しては、諸国の制度を統一する段階には至っていない。しかしながら、統一基準作成のための努力が全くなされなかったわけではない。1883年には、この工業所有権の分野におけるもっとも重要な多数国間条約である、工業所有権の保護に関するパリ条約が締結され、締約国間の内国民待遇の保証や優先権、共通規則を定めるに至った。これは、特許や登録の出願や審査の手続きを統合し、各国における特許や登録の事務の負担を軽減することとなったが、この条約も各国における外国人の保護を保証あるいは促進することを目的とするものであって、諸国の法律や制度の統一を定めているわけではない。このことは、1886年の文学的および技術的著作物の保護に関するベルヌ条約（著作権に関するベルヌ条約）においても同様である。

　工業所有権の保護に関しては、工業所有権の保護に関する1883年3月20日のパリ条約（工業所有権の保護に関するパリ条約）とそれに基づいて設立された工業所有権保護国際同盟（パリ同盟）が今日まで主要な役割を果たしている。同盟の一般的目的は、特許、実用新案、意匠、商標、サービス・マーク、商業、原産地表示または原産地名称および不正競争の防止に関するものなど工業所有権の国際的な保護である。特許についての保護も定められ、輸入特許、改良特許、追加特許などの同盟国の法令により認められる各種の特許が認められた。工業所有権に関するパリ条約の基本原則は内国民待遇である。これらの内容に関して、現行特許制度は必ずしも途上国にとって有利に作用していないので、パリ条約を改正すべきであるとの意見が途上国よりだされ、パリ条約を改正するための外交会議が開催されているが、決着をみるにいたっていない。一方、著作権に関するベル

ヌ条約については、途上国への著作物利用についての便宜供与などを目的として
1967 年にストックホルムで改正がなされたが、途上国についての議定書の内容
について先進諸国が不満の意向を表明したため、この改正条約は発効しなかっ
た。その後、1971 年にパリにおいて途上国保護を主目的とした改正会議が開催
され、途上国の文化の発展を企図した条約改正が行われた。

　最も古い知的所有権に関する条約である、工業所有権の保護に関するパリ条約
や著作権の保護に関するベルヌ条約を管理する事務局機能とスイス政府がもって
いた監督機能の移行を受け、1967 年にストックホルムで署名された世界知的所
有権機関を設立するための条約に基づき、世界知的所有権機関（WIPO）が 1970
年に設立された。WIPO は、1974 年に国連の 14 番目の専門機関となり、世界的
な知的所有権の保護の促進とそのための諸同盟国間の管理運営上の協力を確保す
ることを目的としている。WIPO は知的所有権に関する新しい条約の締結および
国内法との調和を促進し、途上国に法律面や技術面での援助を与え、各種情報の
収集と配布を行う。

　知的所有権に関する国際条約は増えている。まず、先にあげたパリ条約、ベル
ヌ条約に加えて、1994 年採択の知的所有権の貿易関連の側面に関する協定
（TRIPs 協定）の三本が知的所有権の調和のための基礎条約として位置づけられ
ている。新しい条約として、著作権に関する WIPO 条約（1996 年採択、2006 年
発効）は、TRIPs 協定が対応しなかったインタラクティブ送信などインターネッ
ト情報通信技術に対応したデジタルコンテンツの保護を規定した。特許法条約
（2000 年採択、2005 年発効）は、1970 年の特許協力条約を強化するものである。
特許協力条約は WIPO の特許、商標、意匠の登録手続きの一本化を実現したが
特許法条約はそれをより簡素化し、保護のコストの軽減も行った。

　知的所有権分野の具体的な事業活動としては、WIPO が工業所有権の近代化を
通して途上国の工業化を推進するために、工業所有権に関する技術を途上国が公
平かつ妥当な条件で取得することを容易にするための、工業所有権に関する開発
協力のための常設委員会の設置や特別な問題に関するセミナーの開催、途上国向
けのモデル法の作成、途上国の政府職員の訓練コースの実施、専門家の派遣を
行っている。途上国との関係で近年最も重要な問題は、知的財産と遺伝資源の問

題である。1992 年の生物多様性条約第 15 条は、各国が自国の植物、動物、微生物その他に由来するような素材である遺伝資源に原産国の主権的権利が及ぶとし、そのため、遺伝資源提供国に遺伝資源研究などからの利益が及ぶとした。そのため、WIPO 総会は、2001 年にはこの問題の包括的な検討機関として、知的財産と遺伝資源、伝統的知識およびフォークロアに関する政府間会合（IGC）を設立した。WIPO は、世界中の国家や地域の知的所有権関係の立法に関するデータを豊富に有しており、WIPONET を通じて情報共有の促進にも努めている。

（2）　その他の国際機構

　世界貿易機関を設立するマラケシュ協定に基づいて 1995 年 1 月に設立された世界貿易機関（WTO）は、物品の貿易以外に、サービス貿易、知的所有権および貿易関連投資措置といった新しい分野についても規律を策定している。前述の TRIPs 協定は WTO の附属協定であり、WIPO の枠外で知的財産を規定している。TRIPs 協定は、著作権、商標権、地理的表示、意匠、特許権、集積回路の配置図などの広範囲な分野にわたる知的所有権の実体的保護規範の強化とそのための効果的な執行手続きなどを規定している（→第 10 章参照）。

　また、国連総会の補助機関から専門機関となった国連工業開発機関（UNIDO）の主たる目的は、途上国の工業化を促進し援助することにある。この目的達成のため UNIDO は、途上国の長期的、中期的、短期的な工業化政策、工業計画の立案、企画およびそれに関連した具体的実施行動計画についての助言および勧告を行う。また、各国へ専門家を派遣し、現地における直接技術指導、エンジニア対象の企業内研修などの人材養成を行っている。また、工業化計画推進のため、外国融資が得られるような斡旋および研究機関間の交流促進や、工業技術、投資、財政、生産、経営、計画など工業化に関するデータの収集分析などの研究調査活動を行っている。

2　原子力に関する国際機構

　第二次世界大戦後原子力の平和利用が現実のものとなり国際的な基準の作成に

向けて、積極的に共通の原則を確立し協力のための機関を設ける動きが生じた。この結果1956年10月に成立したのが国際原子力機関（IAEA）である。IAEAは、原子力の平和利用のための開発が核兵器開発の可能性を包含することから、核兵器の拡散を防止することをもその目的としている（→第3章参照）。

IAEAの目的は、IAEA憲章において、①全世界における平和、保健、および繁栄に対する原子力の貢献を促進し、および増大するように努力すること、ならびに②IAEAを通じて提供された援助がいずれかの軍事目的を助長するような方法で利用されていないことをできる限り確保することである、と明記されている（第2条）。したがって、IAEAの活動は、原子力の平和利用に関する分野と、平和利用を担保するための保障措置の分野に分けられる。

原子力の平和利用を担保する措置の一環として、IAEAは機関の権限による査察を定めており、加盟国との協議の上実施する。1986年にソ連（現ウクライナ共和国）のチェルノブイリ原子力発電所の事故が発生した際には、事故原因の調査、被爆者への救済措置、対策などを調査しソ連（当時）へ勧告を行った。2011年3月の福島第一原発事故では、IAEAが緊急時から2018年末まで、技術支援などを継続してきた。事故発生時には、IAEAの自己・緊急システム（IES）に従った24時間の連絡体制を確立した。IAEAは技術的支援のための専門家チームを何度も日本に送り、原子力と放射線の安全性、食品安全と農業対策に関する地方と国への支援、事故後の緩和策への助言、国際事故調査団の派遣などを行ってきた。緊急時から復興にいたる放射線安全基準については、国際放射線防護委員会（ICRP）の勧告が参照された。IAEAはその後も、除染・汚染地域の環境回復、海洋モニタリング、廃炉計画などについて助言と勧告を行ってきた。

IAEAは基本安全原則により原子力に関する種々の厳しい国際基準を設け、1994年には陸上の原子力施設の事故の予防、防護、緩和、緊急対応についての原子力安全条約も成立させた。チェルノブイリ原子力発電所事故後、原子力事故の早期通報に関する条約（1986年発効）、原子力事故又は放射線緊急事態の場合における援助に関する条約（1987年発効）を成立させ、原子力発電所事故後の情報の速やかな共有、相互援助の推進を取り決めた。福島第一原子力発電所の事故を受け、IAEAは基本安全原則の向上を行い、原子力安全条約締約国会合にお

いて安全性向上策や国際協力の強化が合意された。また、同事故の教訓は、2011年9月のIAEA原子力安全行動計画の採択につながり、原子力緊急事態対応へのIAEAの役割が拡大された。

　IAEAの核の拡散防止における役割は、重要である。保障措置とは、IAEAが核不拡散条約（NPT）加盟国と協定を結んだ上で、当該NPT加盟国に対して物質、役務、設備、施設などが軍事目的に使用されないことを検証する措置である。上記は加盟国との間に締結される協定の中に規定され、定期的なIAEAによる査察が行われる。IAEAの保障措置は原子力発電の核兵器への転用が行われないよう北朝鮮に対しても長く行われてきたが、核兵器保有を未然にとめることはできなかった。

　原子力の平和利用に関する活動としては、平和利用に関する技術や知識の途上国への移転を促進し、世界全体の平和、健康、繁栄に対する原子力の貢献を強化拡大することを目的とした技術援助活動が行われている。また、原子力の安全な利用、放射線の有害な影響からの保護および原子力施設の放射線放出物質からの保護を確保するための基準を設定し援助し、放射線の安全性、原子力の施設安全性・危険評価なども行っている。さらに、原子力発電所については、その信頼性向上のための努力を行っている。

おわりに

　最近の科学技術の進歩は、短い周期で飛躍的に発展し続けている。しかも、その技術開発は、先進工業国の企業間の競争をもたらし、さらに、その競争が企業を通じて国家間の競争にまで発展してきている。そのため、国際的な基準作成にあたっては、各国の利害が衝突している。また、基準作成のための交渉を継続中に新たな技術が開発され、基準作成が現状に追いつかない状況も生まれている。さらに、インターネットの普及により、政府や自治体、企業活動はもちろん、私たちの日常生活にも科学技術が深く浸透している。サイバーセキュリティの問題は、国家や企業のみならず私たちの生活やプライバシーにも影響が及ぶ。

　このような状況のなかで、交渉の場となる国際機構も新たな対応を常に要求さ

れている。主要な意思決定を担う国家は、対応をめぐって必ずしも容易に合意ができるわけではない。先進国と途上国の利害対立のみならず、先進国間の対立も近年表面化し、国際機構の迅速な対応を妨げることもある。知的所有権と遺伝資源、また特に地域や共同体に伝わる伝統的知識、フォークロアの分野では、知識を利用しつつ知的所有権を駆使し、開発者の権利を主張する先進国に対し、原産物や知識の提供者を有し、原産地国としての主権的権利を主張する途上国は、その利益配分をめぐり法的拘束力を伴う強力な国際的基準を望むことも多い。このような立場の異なる国家の思惑の違いから、開発や知的所有権に関する対立が解消されないこともある。

　しかしながら、このような状況がこの分野における国際機構の存在を無意味にしていることにはならない。たとえば、航空機の安全に関する基準は私たちの生命に直接影響を及ぼす基準であり、途上国であれば緩い基準でよいということにはならない。また、タンカーなどの座礁事故による環境への影響も看過できないものであり、国を問わず加害国となりうる行為であり、その責任も加害国であれば一律に負うべきものと定められている。これらに対する基準は、先進国であろうと途上国であろうと遵守すべきものであり、その作成や調整は国際機構でなければできないことでもある。また国際協力も、地域的機構、国家、自治体、企業、NGO、市民社会による連携によるものに変わってきており、国際機構と民間企業との役割分担が行われる分野も出てきたが、公共財としてのサービスを国際機構が監督する役割は必要とされている。

　さらに、先端技術をめぐる問題は、先進国と途上国の経済格差がその大きな要因となっている。たとえば、IT（情報技術）を利用できる層と利用できない層に生じる情報格差（デジタルデバイド）の問題にも経済格差が影響し、情報機会の格差のみならず、機会の格差、さらには、貧富の格差のさらなる拡大を生んでいくことが問題である。持続可能な開発目標（SDGs）の目標9「レジリエントなインフラを整備し、包摂的で持続可能な産業化を推進するとともに、イノベーションをの拡大を図る」のなかのターゲットには、「後発開発途上国において情報通信技術へのアクセスを大幅に向上させ、2020年までに普遍的かつ安価なインターネット・アクセスを提供できるよう図る」と定められた。先端技術の利用

にあたっては、先進諸国にとってはそれほどでもない負担が、途上国にとっては大きな負担となることがある。したがってこの経済的問題を解決することがこれからの国際機構の役割として求められ、また、開発関係や金融関係の国際機構と協力して問題の解決をはかることもますます重要であろう。

〔参考文献〕

木棚照一『国際工業所有権法の研究』日本評論社、1989 年

小林寛『船舶油濁損害賠償・補償責任の構造—海洋汚染防止法との連関—』成文堂、2017 年

半田正夫・紋谷暢男編『著作権のノウハウ　第 3 版増補』有斐閣、1989 年

外務省総合外交政策局編『国際機関総覧　1996 年版』日本国際問題研究所、1996 年

外務省総合外交政策局編『国際機関総覧　2002 年版』日本国際問題研究所、2002 年

横田洋三編『国際機構入門』国際書院、1999 年

横田洋三編『国際組織法』有斐閣、1999 年

郵政省『通信白書（平成 11 年版）』ぎょうせい、1999 年

総務省『情報通信白書（平成 13 年版）』ぎょうせい、2001 年

『国際機構論［活動編］』主要略語一覧

ＡＢＡＣＣ	Brazilian–Argentine Agency for Accounting and Control of Nuclear Materials　ブラジル＝アルゼンチン共通核物質計量管理機関
ＡＢＨＳ	Advisory Board on Human Security　人間の安全保障諮問委員会
ＡＡＬＣＣ	Asian-African Legal Consultative Committee　アジア・アフリカ法律諮問委員会
ＡＣＡＢＱ	Advisory Committee on Administrative and Budgetary Questions　（国連）行政財政問題諮問委員会
ＡＣＳ	Association of Caribbean States　カリブ諸国連合
ＡＤＢ	Asian Development Bank　アジア開発銀行
ＡＤＦ	Asian Development Fund　アジア開発基金
ＡＥＣ	ASEAN Economic Community　アセアン経済共同体
ＡｆＤＢ	African Development Bank　アフリカ開発銀行
ＡｆＤＦ	African Development Fund　アフリカ開発基金
ＡＦＴＡ	ASEAN Free Trade Area　アセアン自由貿易地域
ＡＩＩＢ	Asian Infrastructure Investment Bank　アジアインフラ投資銀行
ＡＩＭＳ	ASEAN International Mobility for Students Programme　東南アジア国際学生モビリティプログラム
ＡＬＡＤＩ	Associación Latinoamerikacana de Integración（Latin American Integration Association：ＬＡＩＡ）ラテンアメリカ統合連合
ＡＭＩＢ	African Union Mission in Burundi　アフリカ・ブルンジ・ミッション
ＡＭＲＯ	ASEAN+3 Macroeconomic Research Office　ASEAN プラス３マクロ経済調査事務局
ＡＮＺＵＳ	Council of the Treaty between Australia, New Zealand and United States of America　アンザス会議
ＡＰＤＣ	Asian and Pacific Development Center　アジア太平洋開発センター
ＡＰＥＣ	Asia-Pacific Economic Cooperation Conference　アジア太平洋経済協力会議
ＡＰＧ	Asia/Pacific Group on Money Laundering　アジア太平洋マネー・ローンダリング地域グループ
ＡＰＯ	Asian Productivity Organization　アジア生産性機構
ＡＰＰＵ	Asian-Pacific Postal Union　アジア・太平洋郵便連合

APT	Asia-Pacific Telecommunity　アジア・太平洋電気通信共同体
ARF	ASEAN Regional Forum　アセアン地域フォーラム
ASEAN	Association of Southeast Asian Nations　東南アジア諸国連合（アセアン）
ASEM	Asia-Europe Meeting　アジア欧州会合
ATT	Arms Trade Treaty　武器貿易条約
AU	African Union　アフリカ連合（旧OAU）
BCBS	Basel Committee on Banking Supervision　バーゼル銀行監督委員会
BCSD	Business Council for Sustainable Development　持続的発展のための産業界会議
BHN	Basic Human Needs　基礎生活分野
BIPM	Bureau International des Poids et Mesures　国際度量衡局
BIS	Bank for International Settlements　国際決済銀行
BNUB	United Nations Office in Burundi　国連ブルンジ事務所
BSEC	Organization of the Black Sea Economic Cooperation　黒海経済協力機構
BTWC	Biological and Toxin Weapons Convention　生物毒素兵器禁止条約
BWI	Bretton Woods Institution　ブレトンウッズ機構
CAF	La Corporación Andina de Fomento　アンデス開発公社
CAP	Consolidated Appeals Process　国連統一人道アピール・プロセス
CARICOM	Caribbean Community（& Common Market）　カリブ共同体（および共同市場）
CCAQ	Consultative Committee on Administrative Questions　（国連）行政問題協議委員会
CCC	Customs Co-operation Council　関税協力理事会
CCD	Conference of the Committee on Disarmament　軍縮委員会会議
CCR	Catastrophe Containment and Relief　大災害抑制・救済
CD	Conference on Disarmament　（ジュネーブ）軍縮会議
CDF	Comprehensive Development Framework　（世銀グループ）包括的開発枠組み
CDP	Committee for Development Policy　（国連）開発政策委員会
CEB	Chief Executive Board for Coordination　国連システム事務局長調整委員会

ＣＥＣ	Commission for Environmental Cooperation　（ＮＡＦＴＡ）環境に関する協力委員会	
ＣＥＤＡＷ	Committee on the Elimination of Discrimination against Women　女子差別撤廃委員会	
ＣＥＮＴＯ	Central Treaty Organization　中央条約機構（旧バグダッド条約機構）	
ＣＥＰＡＬ	Comición Economica para América Latina y el Caribe　（＝ＥＣＬＡＣ　英　Economic Commission for Latin America and the Caribbean）（国連）ラテンアメリカ・カリブ委員会	
ＣＥＲＤ	Committee on the Elimination of Racial Discrimination　人種差別撤廃委員会	
ＣＥＲＦ	Central Emergency Relief Fund　中央緊急対応基金	
ＣＦＣ	Common Fund for Commodities　（ＵＮＣＴＡＤ）一次産品共通基金	
ＣＦＳＰ	Common Foreign and Security Policy　（ＥＵ）共通外交安全保障政策	
ＣＨＩＮＣＯＭ	China Committee　対中国貿易統制委員会	
ＣＨＲ	Commission on Human Rights　（国連）人権委員会	
ＣＨＳ	Commission on Human Security　人間の安全保障委員会	
ＣＩＣＰ	International Centre for the Prevention of Crime　国際犯罪防止センター	
ＣＩＤＩＥ	Committee on International Development Institutions on the Environment　（ＵＮＥＰ）環境に関する国際開発機関委員会	
ＣＩＳ	Commonwealth of Independent States　独立国家共同体	
ＣＭＣ	Cluster Munitions Coalition　クラスター爆弾連合	
ＣＮＤ	Commission on Narcotic Drugs　麻薬委員会	
ＣＭＩ	Chiang Mai Initiative　チェンマイ・イニシアティブ	
ＣＯＣＯＭ	Coordinating Committee for Multilateral Export Controls　対共産国圏輸出統制委員会、ココム	
ＣｏＥ	Council of Europe　欧州評議会	
ＣＯＩ	Commission of Inquiry　査問委員会	
ＣＯＭＥＣＯＮ	Council for Mutual Economic Assistance　経済相互援助協会議（コメコン）	
ＣＯＰ	Conference of the Parties　（気候変動枠組条約）締約国会議	
ＣＯＰＵＯＳ	Committee on the Peaceful Uses of Outer Space　（国連）宇宙平和利用委員会	

CPC	Committee for Programme and Coordination	（国連）計画調整委員会
CSCAP	Conference on Security and Cooperation in Asia and the Pacific アジア太平洋安全保障協力会議	
CSCE	Commission on Security and Co-operation in Europe 欧州安全保障協力会議（現OSCE）	
CSD	Commission on Sustainable Development （国連）持続可能な開発委員会	
CSR	Corporate Social Responsibility 企業の社会的責任	
CSTD	Commission on Science and Technology for Development （国連）開発のための科学技術委員会	
CSTO	Collective Security Treaty Organization 集団安全保障条約機構	
CSW	Commission on the Status of Women （国連）婦人の地位委員会	
CTBT	Comprehensive Nuclear Test Ban Treaty 包括的核実験禁止条約	
CTBTO	Comprehensive Nuclear Test Ban Treaty Organization 包括的核実験禁止条約機関	
CWC	Chemical Weapons Convention 化学兵器禁止条約	
DAC	Development Assistance Committee （OECD）開発援助委員会	
DAW	Division for the Advancement of Women （国連）女性の地位向上部（UN Women に統合）	
DDA	Department for Disarmament Affairs （国連）軍縮局	
DDR	Disarmament, Demobilization, and Reintegration 武装解除・動員解除・社会復帰	
DESA	Department of Economic and Social Affairs （国連）経済社会局	
DESD	UN Decade of Education for Sustainable Development 国連持続可能な開発のための教育の 10 年	
DFS	Department of Operational Support フィールド支援局	
DGS	Deposit Guarantee Scheme 預金保険制度	
DHA	Department of Humanitarian Affairs （国連）人道問題局	
DOMREP	Mission of the Representative of the Secretary-General in the Dominican Republic ドミニカ共和国国連事務総長代表使節団	
DPA	Department of Political Affairs （国連）政治局	
DPI	Department of Public Information （国連）広報局	
DPKO	Department of Peacekeeping Operations （国連）平和維持活動局	

DSU　　　　Dispute Settlement Understanding（= Understanding on Rules and Procedures Governing the Settlement of Disputes）（WTO）紛争解決に係る規則及び手続きに関する了解（紛争解決了解）

EAC　　　　East African Community　東アフリカ共同体

EAHC　　　East Asia Hydrographic Commission　東アジア水路委員会

EBA　　　　European Banking Authority　欧州銀行庁

EBRD　　　European Bank for Reconstruction and Development　欧州復興開発銀行

EC（ECn）　European Commission　（EU）欧州委員会

EC（ECs）　European Communities　欧州共同体

ECA　　　　Economic Commission for Africa　（国連）アフリカ経済委員会

ECAFE　　　Economic Commission for Asia and the Far East　（国連）アジア極東経済委員会（現ESCAP）

ECB　　　　European Central Bank　欧州中央銀行

ECE　　　　Economic Commission for Europe　（国連）欧州経済委員会

ECF　　　　Extended Credit Facility　拡大クレジット・ファシリティ

ECHA　　　Europe Chemicals Agency　欧州化学物質庁

ECOMIL　　ECOWAS Mission in Liberia　ECOWAS リベリア・ミッション

ECOMICI　　ECOWAS Mission in Côte d'Ivoire　ECOWAS 平和維持ミッション

ECOMOG　　Economic Community of West African States Monitoring Group　西アフリカ諸国経済共同体停戦監視団

ECOSOC　　Economic and Social Council　（国連）経済社会理事会

ECOWAS　　Economic Community of West African States　西アフリカ諸国経済共同体

ECSC　　　　European Coal and Steel Community　欧州石炭鉄鋼共同体

ECU　　　　European Currency Unit　欧州通貨単位

EDF　　　　European Development Fund　欧州開発基金

EEA　　　　European Economic Area　（EU）欧州経済領域

EEC　　　　European Economic Community　欧州経済共同体（現EC）

EFF　　　　Extended Fund Facility　拡大信用供与措置

EFSF　　　　European Financial Stability Facility　欧州金融安定ファシリティ

EFSM　　　European Financial Stabilisation Mechanism　欧州金融安定メカニズム

EFTA	European Free Trade Association	欧州自由貿易連合
EIB	European Investment Bank	欧州投資銀行
EIF	Enhanced Integrated Framework （WTO）後発途上国に対する貿易開発技術支援の拡大統合フレームワーク	
EIOPA	European Insurance and Occupational Pensions Authority	欧州保険職域年金庁
ELA	Emergency Liquidity Assistance	緊急流動性支援
EMCF	European Monetary Cooperation Fund	欧州通貨協力基金
EMS	European Monetary System	欧州通貨制度
EMU	Economic and Monetary Union	経済通貨同盟
ENDC	Eighteen-Nation Committee on Disarmament （軍縮会議）18 カ国軍縮委員会	
EP	European Parliament	欧州議会
ERASMUS	European Region Action Scheme for the Mobility of University Student エラスムス計画	
ERC	Emergency Relief Coordinator of the UN	国連緊急援助調整官
ERM	European Exchange Rate Mechanism	（EU）為替相場メカニズム
ESAs	European Supervisory Authorities	欧州監督当局
ESCAP	Economic and Social Commission for Asia and the Pacific （国連）アジア太平洋経済社会委員会	
ESCB	European System of Central Banks	欧州中央銀行制度
ESCWA	Economic and Social Commission for Western Asia （国連）西アジア経済社会委員会	
ESFS	European System of Financial Supervision	欧州金融監督制度
ESM	European Stability Mechanism	欧州安定化機構
ESMA	European Securities and Markets Authority	欧州証券市場庁
ESRB	European Systemic Risk Board	欧州システミックリスク理事会
EU	European Union	欧州連合
EURATOM	European Atomic Energy Community	欧州原子力共同体（ユートラム）
FAO	Food and Agriculture Organization	国連食糧農業機関
FATF	Financial Action Task Force	金融活動作業部会
FCL	Flexible Credit Line	フレキシブル・クレジットライン

F S B	Financial Stability Board　金融安定理事会	
F S C	Forum for Security Co-operation　（O S C E）安全保障協力フォーラム	
F S F	Financial Stability Forum　金融安定化フォーラム	
G 7	Group of Seven　主要 7 カ国首脳会議	
G 7	Conference of Ministers and Governors of the Group of Seven　先進 7 カ国蔵相・中央銀行総裁会議	
G 8	Group of Eight　主要 8 カ国首脳会議	
G A B	General Agreements to Borrow　一般借入取極	
G A T S	General Agreement on Trade in Services　（WTO）サービス貿易に関する一般協定	
G A T T	General Agreement on Tariff and Trade　関税及び貿易に関する一般協定（ガット）	
G C C	Cooperation Council for the Arab States of the Gulf（= Gulf Cooperation Council）　湾岸協力理事会	
G C F	Gulf Coalition Forces　湾岸多国籍軍	
G E F	Global Environmental Facility　地球環境ファシリティ	
G E M S	Global Environmental Monitoring System　（U N E P）地球環境モニタリングシステム	
G F M D	Global Forum on Migration and Development　移住と開発に関するグローバル・フォーラム	
G F S R	Global Financial Stability Report　国際金融安定性報告書	
G M G	Global Migration Group　グローバル移住問題グループ	
G S P	the Generalized System of Preferences　一般特恵制度	
H C	Humanitarian Coordinator　国連人道調整官	
H C T	Humanitarian Country Team　人道カントリー・チーム	
H D I	Human Development Index　人間開発指数	
H E U N I	European Institute for Crime Prevention and Control　欧州犯罪防止統制研究所（旧ヘルシンキ犯罪防止統制研究所）	
H I P C s	Heavily Indebted Poor Countries　重債務貧困国	
H R C	Human Rights Council　（国連）人権理事会	
I A C S D	Inter-Agency Committee on Women and Gender Equity　（国連）女性とジェンダー平等に関する機関間委員会	

I A E A	International Atomic Energy Agency　国際原子力機関
I A I S	International Association of Insurance Supervisors　保険監督者国際機構
I A P F	Inter-American Peace Force in the Dominican Republic　ドミニカ共和国米州平和軍
I A R R M	Inter-Agency Rapid Response Mechanism　機関間即応制度
I A S C	Inter-Agency Standing Committee　機関間常設委員会
I A T A	International Air Transport Association　国際航空運送協会
I B E	International Bureau of Education　国際教育局
I B R D	International Bank for Reconstruction and Development　国際復興開発銀行（= World Bank 世界銀行）
I C A N	International Campaign to Abolish Nuclear Weapons　核兵器廃絶国際キャンペーン
I C A O	International Civil Aviation Organization　国際民間航空機関
I C B L	International Campaign to Ban Landmines　地雷禁止国際キャンペーン
I C C	International Chamber of Commerce　国際商業会議所
I C C	International Criminal Court　国際刑事裁判所
I C C A T	International Commission for the Conservation of Atlantic Tunas　大西洋まぐろ類保存国際委員会
I C C O	International Cocoa Organization　国際ココア機関
I C C R O M	International Centre for the Study of the Preservation and Restoration of Cultural Property　国際文化財保存修復センター
I C I C	International Committee of Intellectual Cooperation　国際知的協力委員会
I C I D	International Commission on Irrigation and Drainage　国際灌漑排水委員会
I C J	International Commission of Jurists　国際法律家委員会
I C J	International Court of Justice　国際司法裁判所
I C L E I	Local Governments for Sustainability（International Council for Local Environmental Initiatives から改称）　持続可能性な都市と地域をめざす自治体協議会（イクレイ）
I C M A R	Inter-governmental Consultations on Migration, Asylum and

	Refugees　移民・亡命者・難民に関する政府間協議
ICMPD	International Centre for Migration Policy Development　国際移民政策開発センター
ICO	International Coffee Organization　国際コーヒー機関
ICOMOS	International Council on Monuments and Sites　国際記念物遺跡評議会
ICPO	International Criminal Police Organization　国際刑事警察機構（＝INTERPOL　インターポール）
ICRC	International Committee of the Red Cross　赤十字国際委員会
ICRP	International Commission on Radiological Protection　国際放射線防護委員会
ICSC	International Civil Service Commission　（国連）国際人事委員会
ICSID	International Centre for Settlement of Investment Disputes　投資紛争国際解決センター
ICSTD	Intergovernmental Committee on Science and Technology for Development　（国連）開発のための科学技術政府間委員会
ICSU	International Council of Scientific Union　国際学術会議連合
ICTR	International Criminal Tribunal for Rwanda　ルワンダ国際刑事裁判所
ICTY	International Criminal Tribunal for the former Yugoslavia　旧ユーゴスラビア国際刑事裁判所
IDA	International Development Association　（世銀グループ）国際開発協会
IDB	Inter-American Development Bank　米州開発銀行
IDC	International Data Centre　国際データセンター
IDP	Internally Displaced Person　国内避難民
IEA	International Energy Agency　国際エネルギー機関
IF	Integrated Framework　（WTO）後発途上国に対する貿易開発技術支援の統合フレームワーク
IFAD	International Fund for Agricultural Development　国際農業開発基金
IFC	International Finance Corporation　（世銀グループ）国際金融公社
IFIs	International Financial Institutions　国際金融機関
IFOR	Implementation Force　（駐ボスニア・ヘルツェゴビナ）和平履行部隊
IFRC	International Federation of Red Cross and Red Crescent Societies　国際赤十字・赤新月社連盟

ＩＧＣ International Grains Council 国際穀物理事会

ＩＨＯ International Hydrographic Organization 国際水路機関

ＩＩＣ Inter-American Investment Corporation 米州投資公社

ＩＩＥＤ International Institute for Environment and Development 国際環境開発研究所

ＩＩＩＣ International Institute of Intellectual Cooperation 国際知的協力機関

ＩＩＬＳ International Institute for Labour Studies （国連）国際労働問題研究所

ＩＪＯ International Jute Organization 国際ジュート機関

ＩＪＳＧ International Jute Study Group 国際ジュート研究会

ＩＬＡ International Law Association 国際法協会

ＩＬＣ International Law Committee （国連）国際法委員会

ＩＬＯ International Labour Organization 国際労働機関

ＩＭＣＯ Intergovernmental Maritime Consultative Organization 政府間海事協議機関（現ＩＭＯ）

ＩＭＦ International Monetary Fund 国際通貨基金

ＩＭＯ International Maritime Organization 国際海事機関

ＩＭＳ International Monitoring System 国際監視ネットワーク

ＩＭＳＯ International Mobile Satellite Organization 国際移動通信衛星機構

ＩＮＣ Intergovernmental Negotiating Committee （ＵＮＥＰ）政府間交渉委員会

ＩＮＣＢ International Narcotics Control Board （国連）国際麻薬統制委員会

ＩＮＦＯＴＥＲＲＡ Global Environmental Information Exchange Network（International Referral System：ＩＲＳより改称）（ＵＮＥＰ）国際環境情報源照会制度

ＩＮＩＳ International Nuclear Information System 国際原子力情報システム

ＩＮＲＯ International Natural Rubber Agreement 国際天然ゴム理事会

ＩＮＳＴＲＡＷ International Research and Training Institute for the Advancement of Women （国連）国際婦人調査訓練研修所（ＵＮ Women に統合）

ＩＮＴＥＬＳＡＴ International Telecommunications Satellite Organization 国際電気通信衛星機構（元国際機構、2001 年より私企業）

ＩＮＴＥＲＦＥＴ International Force for East Timor 東ティモール多国籍軍

ＩＮＴＥＲＳＰＵＴＮＩＫ International Organization of Space Communications 国際宇宙通信機構

ＩＯＣ Intergovernmental Oceanographic Commission 政府間海洋学委員会

I O C	International Olive Council	国際オリーブ理事会
I O C	International Olympic Committee	国際オリンピック委員会
I O E	International Organization for Employers	国際経営者団体連盟
I O M	International Organization for Migration	国際移住機関
I O O C	International Olive Oil Council	国際オリーブオイル理事会
I O P C F	International Oil Pollution Compensation Funds	国際油濁補償基金
I O S C O	International Organization of Securities Commissions　証券監督者国際機構	
I P C C	Intergovernmental Panel on Climate Change　気候変動に関する政府間パネル	
I P P F	International Planned Parenthood Federation	国際家族計画連盟
I R O	International Refugee Organization	国際難民機関
I R P T C	International Register of Potentially Toxic Chemicals　（UNEP）国際有害化学物質登録制度	
I R S G	International Rubber Study Group	国際ゴム研究会
I S A	International Seabed Authority	国際海底機構
I S A F	International Security Assistance Force　（駐アフガニスタン）国際治安支援部隊	
I S C	International Science Council	国際学術会議
I S O	International Organization for Standardization	国際標準化機構
I S O	International Sugar Organization	国際砂糖機関
I S T C	International Science and Technology Center　（CIS）国際科学技術センター	
I T C	International Trade Center　（UNCTAD／WTO）国際貿易センター	
I T C	International Tin Council	国際すず理事会
I T L O S	International Tribunal for the Law of the Sea	国際海洋法裁判所
I T O	International Trade Organization	国際貿易機構
I T S O	International Telecommunications Satellite Organization　国際電気通信衛星機構	
I T T O	International Tropical Timber Organization	国際熱帯木材機関
I T U	International Telecommunication Union	国際電気通信連合
I U C N	International Union for Conservation of Nature and Natural	

	Resources　国際自然保護連合	
ＩＵＯＴＯ	International Union of Official Travel Organizations　公的旅行機関国際同盟	
ＩＷＣ	International Whaling Commission　国際捕鯨委員会	
ＩＷＣ	International Wheat Council　国際小麦理事会	
ＫＥＤＯ	Korean Peninsula Energy Development Organization　朝鮮半島エネルギー開発機構	
ＫＦＯＲ	Kosovo Force　（ＮＡＴＯ）コソボ治安維持部隊	
ＪＩＵ	Joint Inspection Unit　（国連）合同監査団	
ＪＰＯ	Junior Professional Officer　ジュニア・プロフェッショナル・オフィサー	
ＬＡＦＴＡ	Latin America Free Trade Association　ラテンアメリカ自由貿易連合（現ＡＬＡＤＩ）	
ＬＡＳ	League of Arab States　アラブ連盟	
ＬＤＣ／ＬＬＤＣ	Least Developed Countries（＝Least among Less Developed Countries）　後発開発途上国	
ＬＮ	League of Nations　国際連盟	
ＬＴＲＯ	Long-term Refinancing Operations　長期資金供給オペレーション	
ＭＤＧｓ	Millennium Development Goals　ミレニアム開発目標	
ＭＤＲＩ	Multilateral Debt Relief Initiative　マルチ債務救済イニシアティブ	
ＭＥＰＣ	Marine Environment Protection Committee　（ＩＭＯ）海洋環境保護委員会	
ＭＥＲＣＯＳＵＲ	Mercdo Común del Sur（Southern Common Market）　南米南部共同市場（メルコスール）	
ＭＩＦ	Multilateral Investment Fund　（世銀グループ）多数国間投資基金	
ＭＩＧＡ	Multilateral Investment Guarantee Agency　（世銀グループ）多国間投資保証機関	
ＭＩＮＵＣＩ	United Nations Mission in Côte d'Ivoire　国連コートジボワールミッション	
ＭＩＮＵＧＵＡ	United Nations Mission for the Verification in Guatemala　国連グアテマラ和平検証団	
ＭＩＮＵＪＵＳＴＨＭ	United Nations Mission for Justice Support in Haiti　国連ハイチ司法支援ミッション	

MINURCA	United Nations Mission in the Central African Republic　国連中央アフリカミッション
MINURCAT	United Nations Mission in the Central African Republic and Chad　国連中央アフリカ共和国＝チャドミッション
MINURSO	Mission des Nations Unis pour l'organisation d'un référendum au Sahara occidental（United Nations Mission for the Referendum in Western Sahara）　国連西サハラ住民投票監視団
MINUSCA	United Nations Multidimensional Integrated Stabilization Mission in the Central African Republic　国連中央アフリカ共和国多面的統合安定ミッション
MINUSMA	United Nations Multidimensional Integrated Stabilization Mission in Mali　国連マリ多面的統合安定化ミッション
MINUSTAH	United Nations Stabilization Mission in Haiti　国連ハイチ安定化ミッション
MIPONUH	United Nations Civilian Police Mission in Haiti　国連ハイチ文民警察ミッション
MNC（＝TNC）	Multinational（Transnational）Corporation　多国籍企業
MONUA	United Nations Observer Mission in Angola　国連アンゴラ監視団
MONUC	United Nations Organization Mission in the Democratic Republic of the Congo　国連コンゴ民主共和国監視団
MONUSCO	United Nations Organization Stabilization Mission in the Democratic Republic of the Congo　国連コンゴ民主共和国安定化ミッション
MOU	Memorandum of Understanding　了解覚書
MRC	Mekong River Commission　メコン河委員会
MTCR	Missile Technology Control Regime　ミサイル関連技術輸出規制
MWL	Muslim World League　イスラム世界連盟
NAAEC	North American Agreement on Environmental Cooperation（NAFTA）環境問題に関する補完協定
NAB	New Arrangements to Borrow　新規借入取極
NAFTA	North American Free Trade Agreement　北米貿易自由協定
NATO	North Atlantic Treaty Organization　北大西洋条約機構
NC	Nordic Council　北欧協議会
NEA	Nuclear Energy Agency　（OECD）原子力機関

N G O	Non-governmental Organization　非政府機関(非政府組織／民間団体)
N I E O	New International Economic Order　新国際経済秩序
N P O	Nonprofit Organization　非営利団体
N P T	Treaty on the Non-Proliferation of Nuclear Weapons　核不拡散条約
N S G	Nuclear Suppliers Group　原子力供給国グループ
N T M	National Technical Means　自国の検証技術手段
O A P E C	Organization of Arab Petroleum Exporting Countries　アラブ石油輸出国機構
O A S	Organization of American States　米州機構
O A U	Organization of African Unity　アフリカ統一機構（現ＡＵ）
O C A S (＝ O D E C A)	Organization of Central American States Organización de Estados Centroamericanos　中米機構
O C H A	Office for the Coordination of Humanitarian Affairs　（国連）人道問題調整局
O D A	Official Development Assistance　政府開発援助
O D C C P	Office for Drug Control and Crime Prevention　（国連）薬物統制犯罪防止事務所
O E C D	Organisation for Economic Co-operation and Development　経済協力開発機構
O E C S	Organization of Eastern Caribbean States　東カリブ海諸国機構
O E E C	Organization for European Economic Cooperation　欧州経済協力機構（現ＯＥＣＤ）
O E W G	Open Ended Working Group　国連総会第一委員会公開作業部会
O H C H R	Office of the United Nations High Commissioner for Human Rights　国連人権高等弁務官事務所
O I C	Organisation of Islamic Cooperation　イスラム協力機構（イスラム諸国会議機構 Organization of the Islamic Conference より改称）
O I M L	Organisation Internationale de Métrologie Légale（International Organization of Legal Metrology）　国際法定計量機関
O I V	Organisation Internationale de la Vigne et du Vin　国際ブドウ・ワイン機構
O M T	Outright Monetary Transactions　国債購入プログラム
O N U B	United Nations Operation in Burundi　国連ブルンジ活動

ONUC　　　　l'Opération des Nations Unies au Congo（United Nations Operation in the Congo）　国連コンゴ活動（コンゴ国連軍）

ONUCA　　　Group de Observadores de las Nationes Unidas en Centroamerica（United Nations Observer Group in Central America）　国連中米監視団

ONUMOZ　　l'Opération des Nations Unies au Mozambique（United Nations Operation in Mozambique）　国連モザンビーク活動

ONUSAL　　Misión de Observadores de la Naciones Unidas en El Salvador（United Nations Observer Mission in El Salvador）　国連エルサルバドル監視団

ONUVEH　　United Nations Observer Mission for the Verification of the Elections in Nicaragua　国連ニカラグア選挙検証監視団

OOF　　　　Other Official Flows　政府開発援助以外の公的資金

OPANAL　　Organismo para la Proscripción de las Armas Nucleares en la América Latina y el Caribe（Agency for the Prohibition of Nuclear Weapons in Latin America and the Caribbean）　ラテンアメリカ及びカリブ海核兵器禁止機構

OPCW　　　Organisation for the Prohibitions of Chemical Weapons　化学兵器禁止機関

OPEC　　　Organization of Petroleum Exporting Countries　石油輸出国機構

OSAGI　　　Office of the Special Adviser on Gender Issues and Advancement of Women　ジェンダー問題と女性の地位向上に関する事務総長特別顧問室（UNウィメンに統合）

OSCE　　　Organization for Security and Cooperation in Europe　欧州安全保障協力機構（旧CSCE）

PAHO　　　Pan American Health Organization　米州衛生機関

PBC　　　　Peacebuilding Commission　（国連）平和構築委員会

PBF　　　　Peacebuilding Fund　（国連）平和構築基金

PBSO　　　Peacebuilding Support Office　（国連）平和構築支援事務局

PCA　　　　Permanent Court of Arbitration　常設仲裁裁判所

PCIJ　　　Permanent Court of International Justice　（国際連盟）常設国際司法裁判所

PFP　　　　Policy Framework Paper　政策枠組文書

ＰＩＦ	Pacific Islands Forum	太平洋諸島フォーラム
ＰＩＳＡ	Programme for International Student Assessment	（ＯＥＣＤ）生徒の学習到達度調査
ＰＫＦ	Peacekeeping Forces	平和維持部隊
ＰＫＯ	Peacekeeping Operation	平和維持活動
ＰＬＡＮＥＴ	Package Learning Materials on Environment	ユネスコ・アジア文化センターによる教材
ＰＬＬ	Precautionary and Liquidity Line	予防的流動性枠
ＰＲＧＦ	Poverty Reduction and Growth Facility	貧困削減・成長ファシリティ
ＰＲＧＴ	Poverty Reduction and Growth Trust	貧困削減・成長トラスト
ＰＲＳＰ	Poverty Reduction Strategy Papers	（ＩＭＦ・世界銀行）貧困削減戦略文書
ＰＴＢＴ	Partial Nuclear Test Ban Treaty	部分的核実験禁止条約
ＲＣＦ	Rapid Credit Facility	ラピッド・クレジット・ファシリティ
ＲＥＡＣＨ	Registration, Evaluation, Authorisation & Restriction of Chemicals	（ＥＵ）化学物質登録・評価・許可および制限規制
ＲｅＣＡＰＰ	Regional Cooperation Agreement on Combating Piracy and Robbery and Armed Robbery against Ships in Asia	アジア海賊対策地域協力協定
ＲＦＩ	Rapid Financing Instrument	ラピッド・ファイナンシング・インストルメント
ＲＩＬＯ	Regional Intelligence Liaison Office	（WCO）地域情報連絡事務所
Ｒ to Ｐ，Ｒ２Ｐ	Responsibility to Protect	保護する責任
ＳＡＡＲＣ	South Asian Association for Regional Cooperation	南アジア地域協力連合
ＳＡＤＣ	South African Development Community	南アフリカ開発共同体
ＳＢＡ	Stand-By Arrangement	スタンド・バイ取極
ＳＣＦ	Standby Credit Facility	スタンドバイ・クレジット・ファシリティ
ＳＣＯ	Shanghai Cooperation Organisation	上海条約機構
Ｓ＆Ｄ	Special and Differential Treatment	（ＷＴＯ）特別のかつ異なる待遇
ＳＤＤＳプラス	Special Data Dissemination Standard Plus	特別データ公表基準プラス
ＳＤＧｓ	Sustainable Development Goals	持続可能な開発目標
ＳＤＲ	Special Drawing Rights	（ＩＭＦ）特別引出権

S E A M E O	Southeast Asian Ministers of Education Organization　東南アジア文部大臣機構
S E A T O	Southeast Asia Treaty Organization　東南アジア条約機構
S E L A	El Sistema Económico Latinoamericano y del Caribe（Latin American and the Caribbean Economic System）　ラテンアメリカ経済機構
S F O R	Multinational Military Stabilization Force　安定化部隊（ＮＡＴＯを中心とした多国籍軍）
S I A P	United Nations Statistical Institute for Asia and the Pacific　国連アジア太平洋統計研修所
S M P	Securities Markets Programme　証券市場プログラム
S P M	Special Political Mission　特別政治ミッション
S R M	Single Resolution Mechanism　単一破綻処理機構
S S M	Single Supervisory Mechanism　単一銀行監督機構
S S O D	Special Session on Disarmament　国連軍縮特別総会
T D B	Trade and Development Board　（ＵＮＣＴＡＤ）貿易開発理事会
T N C（＝M N C）	Transnational（Multinational）Corporation　多国籍企業
T N D C	Ten Nation Committee on Disarmament　10ヵ国軍縮委員会
T P P	Trans-Pacific Partnership　環太平洋パートナーシップ協定
T P R M	Trade Policy Review Mechanism　（ＷＴＯ）貿易政策検討制度
T R I P s	Trade-Related Aspects of Intellectual Property Rights　（ＷＴＯ）知的所有権の貿易関連の側面
U I C	Union Internationale des Chemins de fer　国際鉄道連合
U I T P	Union Internationale des Transports Publics　国際公共交通連合
U N	United Nations　国際連合（＝国連）
U N A F E I	United Nations Asia and Far East Institute for the Prevention of Crime and the Treatment of Offenders　国連アジア極東犯罪防止研修所
U N A F R I	United Nations African Institute for the Prevention of Crime and the Treatment of the Offenders　国連アフリカ犯罪防止研究所
U N A I D S	Joint United Nations Programme on HIV/AIDS　国連合同エイズ計画
U N A M A	United Nations Assistance Mission in Afghanistan　国連アフガニ

スタン支援ミッション

UNAMET	United Nations Mission in East Timor	国連東ティモールミッション
UNAMI	United Nations Assistance Mission for Iraq	国連イラク支援ミッション
UNAMIC	United Nations Advance Mission in Cambodia	国連カンボジア先遣隊
UNAMID	United Nations–African Union Mission in Darfur	国連AUダルフール合同ミッション
UNAMIR	United Nations Assistance Mission for Rwanda	国連ルワンダ支援団
UNAMSIL	United Nations Mission in Sierra Leone	国連シエラレオネミッション
UNASOG	United Nations Aousou Strip Observer Group	国連アオズ地帯監視団
UNAVEM	United Nations Angola Verification Mission	国連アンゴラ監視団
UNC	United Nations Command	国連軍司令部
UNCC	United Nations Compensation Commission	国連賠償委員会
UNCDF	United Nations Capital Development Fund	国連資本開発基金
UNCED	United Nations Conference on Environment and Development	国連環境開発会議（地球サミット）
UNCITRAL	United Nations Commission on International Trade Law	国連国際商取引法委員会
UNCRD	United Nations Centre for Regional Development	国連地域開発センター
UNCRO	United Nations Confidence Restoration Operation in Croatia	国連クロアチア信頼回復活動
UNCTAD	United Nations Conference on Trade and Development	国連貿易開発会議
UNDCP	United Nations International Drug Control Programme	国連薬物統制計画
UNDG	United Nations Development Group	国連開発グループ
UNDOF	United Nations Disengagement Observer Force	（イスラエル＝シリア）国連兵力引き離し監視軍
UNDP	United Nations Development Programme	国連開発計画
UNECE	United Nations Economic Commission for Europe	（国連）欧州経

済員会

UNEFI	United Nations Emergency Force I	第一次国連緊急軍
UNEFII	United Nations Emergency Force II	第二次国連緊急軍
UNEP	United Nations Environment Programme	国連環境計画
UNEP FI	UNEP Finance Initiative	国連環境計画・金融イニシアティブ

UNESCO　United Nations Educational, Scientific and Cultural Organization　国連教育科学文化機関（ユネスコ）

UNFCCC　United Nations Framework Convention on Climate Change　気候変動に関する国際連合枠組条約（気候変動枠組条約）

UNFICYP　United Nations Peacekeeping Force in Cyprus　国連キプロス平和維持軍

UNFPA　United Nations Population Fund　国連人口基金

UNGC　UN Global Compact　国連グローバル・コンパクト

UNGOMAP　United Nations Good Offices Mission in Afghanistan and Pakistan　国連アフガニスタン＝パキスタン仲介ミッション

UN-Habitat　United Nations Human Settlements Programme　国連人間居住計画

UNHCR　United Nations High Commissioner for Refugees　国連難民高等弁務官（同事務所）

UNIC　United Nations Information Centre　国連広報センター

UNICEF　United Nations Children's Fund（United Nations International Children's Emergency Fund から改称）　国連児童基金（ユニセフ）

UNICRI　United Nations Interregional Crime and Justice Research Institute　国連地域間犯罪司法研究所

UNIDIR　United Nations Institute for Disarmament Research　国連軍縮研究所

UNIDO　United Nations Industrial Development Organization　国連工業開発機関

UNIDROIT　International Institute for the Unification of Private Law　私法統一国際協会

UNIFEM　United Nations Development Fund for Women　国連婦人開発基金（UN Women に統合）

UNIFIL　United Nations Interim Force in Lebanon　国連レバノン暫定軍

UNIKOM	United Nations Iraq-Kuwait Observation Mission　国連イラク＝クウェート監視団
UNIMOG	United Nations Iran-Iraq Military Observer Group　国連イラン＝イラク軍事監視団
UNIOGBIS	United Nations Integrated Peace-Building Office in Guinea-Bissau 国連ギニアビサウ平和構築事務所
UNIOSIL	United Nations Integrated Office in Sierra Leone　国連シエラレオネ統合事務所
UNISFA	United Nations Interim Security Force for Abyei　国連アビエ暫定治安部隊
UNIPOM	United Nations India-Pakistan Observation Mission　国連インド＝パキスタン監視団
UNIPSIL	United Nations Integrated Peacebuilding Office in Sierra Leone 国連シエラレオネ統合平和構築事務所
UNITAR	UN Institute for Training and Research　国連訓練調査研究所（ユニタール）
UNMAC	United Nations Mine Action Center　国連地雷対策センター
UNMEE	United Nations Mission in Ethiopia and Eritrea　国連エチオピア＝エリトリアミッション
UNMIBH	United Nations Mission in Bosnia and Herzegovina　国連ボスニア・ヘルツェゴビナミッション
UNMIH	United Nations Mission in Haiti　国連ハイチミッション
UNMIK	United Nations Interim Administration Mission in Kosovo　国連コソボ暫定行政ミッション
UNMIL	United Nations Mission in Liberia　国連リベリアミッション
UNMIN	United Nations Mission in Nepal　国連ネパールミッション
UNMIS	UN Mission in the Sudan　国連スーダンミッション
UNMISET	United Nations Mission of Support in East Timor　国連東ティモール支援団
UNMISS	United Nations Mission in the Republic of South Sudan　国連南スーダン共和国ミッション
UNMIT	UN Integrated Mission in Timor-Leste　国連東ティモール統合ミッション

U N M O G I P	United Nations Military Observer Group in India and Pakistan　国連インド＝パキスタン軍事監視団
U N M O P	United Nations Mission of Observers in Prevlaka　国連プレブラカ監視団
U N M O T	United Nations Mission of Observers in Tajikistan　国連タジキスタン監視団
U N M O V I C	United Nations Monitoring, Verification and Inspection Commission（対イラク）国連監視検証査察委員会
U N O C A	United Nations Regional Office for Central Africa　国連中央アフリカ地域事務所
U N O D A	United Nations Office for Disarmament Affairs　国連軍縮部
U N O D C	United Nations Office on Drugs and Crime　国連薬物犯罪事務所
U N O C H A	United Nations Office for the Coordination of Humanitarian Affairs　国連人道問題調整事務所
U N O C I	United Nations Operation in Côte d'Ivoire　国連コートジボワール活動
U N O D C	United Nations Office on Drugs and Crime　国連薬物犯罪事務所
U N O G I L	United Nations Observation Group in Lebanon　国連レバノン監視団
U N O H C H R	Office of the United Nations High Commissioner for Human Rights　国連人権高等弁務官事務所
U N O H C I	United Nations Office of the Humanitarian Coordination for Iraq　国連イラク人道調整官事務所
U N O M I G	United Nations Observer Mission in Georgia　国連グルジア監視団
U N O M I L	United Nations Observer Mission in Liberia　国連リベリア監視団
U N O M S A	United Nations Observer Mission in South Africa　国連南アフリカ監視団
U N O M S I L	United Nations Observer Mission in Sierra Leone　国連シエラレオネ監視団
U N O M U R	United Nations Observer Mission in Uganda-Rwanda　国連ウガンダ＝ルワンダ監視団
U N O O S A	United Nations Office for Outer Space Affairs　（国連）宇宙部
U N O P S	United Nations Office for Project Services　国連プロジェクトサービス
U N O S D P	United Nations Office on Sport for Development and Peace　国連開

発と平和のためのスポーツ局

UNOSOM	United Nations Operation in Somalia　国連ソマリア活動	
UNOSOMII	United Nations Operation in Somalia II　第二次国連ソマリア活動	
UNOVER	United Nations Observer Mission to Verify Referendum in Eritrea　国連エリトリア住民投票検証監視団	
UNOWA	United Nations Office in West Africa　国連西アフリカ事務所	
UNPREDEP	United Nations Preventive Deployment Force　（駐旧ユーゴスラビア）国連予防展開軍	
UNPROFOR	United Nations Protection Force　（駐旧ユーゴスラビア）国連防護軍	
UNPSG	United Nations Civilian Police Support Group　（駐クロアチア）国連文民警察支援団	
UNRCCA	United Nations Regional Centre for Preventive Diplomacy for Central Asia　国連中央アジア予防外交地域センター	
UNRCPD	United Nations Regional Centre for Peace and Disarmament in Asia and the Pacific　国連アジア太平洋平和軍縮センター	
UNRFNRE	United Nations Revolving Fund for Natural Resources Exploration （UNEP）国連天然資源探査回転基金	
UNRISD	United Nations Research Institute for Social Development　国連社会開発研究所	
UNRWA	United Nations Relief and Works Agency for Palestine Refugees in the Near East　国連パレスチナ難民救済事業機関	
UNSCEAR	United Nations Scientific Committee on the Effect of Atomic Radiation　放射線の影響に関する国連科学委員会	
UNSCO	Office of the Special Coordinator for the Middle East Peace Process　国連中東平和プロセス特別調整官事務所	
UNSCOL	Office of the United Nations Special Coordinator for Lebanon　国連レバノン特別調整官事務所	
UNSCOM	United Nations Special Commission　（イラクの大量破壊兵器の廃棄に関する）国連特別委員会	
UNSF	United Nations Security Force in West Irian（West New Guinea）国連西イリアン（西ニューギニア）保安隊	
UNSMA	United Nations Special Mission to Afghanistan　国連アフガニスタン特別ミッション	

UNSMIH	United Nations Support Mission in Haiti	国連ハイチ支援団
UNSMIL	United Nations Support Mission in Libya	国連リビア支援ミッション
UNSMIS	UN Supervision Mission in Syria	国連シリア監視ミッション
UNSOM	United Nations Assistance Mission in Somalia	国連ソマリア支援ミッション
UNTAC	United Nations Transitional Authority in Cambodia	国連カンボジア暫定統治機構
UNTAES	United Nations Transitional Administration for Eastern Slavonia , Baranja and Western Sirmium	国連東スラボニア、バラニャ及び西スレム暫定統治機構
UNTAET	United Nations Transitional Administration in East Timor	国連東ティモール暫定行政機構
UNTAG	United Nations Transition Assistance Group for Namibia	国連ナミビア独立支援グループ
UNTEA	United Nations Temporary Executive Authority	（西イリアン）国連暫定管理機関
UNTFHS	United Nations Trust Fund for Human Security	人間の安全保障基金
UNTMIH	United Nations Transition Mission in Haiti	国連ハイチ暫定ミッション
UNTSO	United Nations Truce Supervision Organization	国連パレスチナ休戦監視機構
UNU	United Nations University	国連大学
UNU-IAS	United Nations University Institute for the Advanced Study of Sustainability	国連大学サステイナビリティ高等研究所
UNV	United Nations Volunteers	国連ボランティア計画
UN Women	United Nations Entity for Gender Equality and the Empowerment of Women	UNウィメン（国連ジェンダー平等と女性のエンパワーメント機関）
UNWTO	World Tourism Organization	国連世界観光機関
UNYOM	United Nations Yemen Observation Mission	国連イエメン監視団
UPEACE	University for Peace	国連平和大学
UPR	Universal Periodic Review	（国連人権理事会）普遍的定期的審査

U P U	Universal Postal Union	万国郵便連合
W A D A	World Anti-Doping Agency	世界アンチドーピング機構
W C E D	World Commission on Environment and Development	環境と開発に関する世界委員会（＝ブルントラント委員会）
W C O	World Customs Organization	世界税関機構
W C P	World Climate Programme	世界気候計画
W E O	World Economic Outlook	世界経済見通し
W E U	Western European Union	西欧同盟
W F C	World Food Conference	（国連）世界食糧会議
W F P	World Food Programme	世界食糧計画
W F U N A	World Federation of United Nations Association	国連協会世界連盟
W H C	World Heritage Centre	（ユネスコ）世界遺産センター
W H O	World Health Organization	世界保健機関
W I P O	World Intellectual Property Organization	世界知的所有権機関
W M O	World Meteorological Organization	世界気象機関
W S S D	World Summit on Sustainable Development	国連持続可能な開発会議（リオ＋10）
W T O	World Trade Organization	世界貿易機関
W T O	Warsaw Treaty Organization	ワルシャワ条約機構
W W F	World Wide Fund for Nature	世界自然保護基金（世界野生生物基金 World Wildlife Fund から改名）
Y P P	Young Professional Programme	ヤング・プロフェッショナル・プログラム

注1. 機構名等の欧文による正式な表記は当該組織の HP に従った。邦訳は、原則として、外務省または当該機関の日本支部など関連組織が使用する訳を適用した。それらの邦訳の中には必ずしも逐語訳とはなっていない場合もある。他方、PKO 等について派遣先の明記がない場合などには、括弧で地域名を付け足して読者の便宜を図った。

注2. 地域限定的、あるいは対象限定的な国際機構については、本編に言及がある機構を中心に選択的に取り上げていて、必ずしも網羅的にはなっていない。

索引

あ 行

か 行

は　行

執筆者紹介（執筆順、＊は編者）

横田　洋三（よこた・ようぞう）†　元公益財団法人人権教育啓発推進センター理事長。元法務省特別顧問、中央大学・東京大学・国際基督教大学教授、ILO 条約勧告適用専門家委員会委員および委員長。（はしがき）

渡部　茂己（わたなべ・しげみ）常磐大学総合政策学部教授、常任理事。日本国連学会監事、元事務局長。（第 1 章）

則武　輝幸（のりたけ・てるゆき）帝京大学法学部教授。（第 2 章）

広瀬　訓（ひろせ・さとし）　長崎大学核兵器廃絶研究センター教授。元ジュネーブ軍縮会議日本政府代表部専門調査員および UNDP プログラム・オフィサー。（第 3 章）

秋月　弘子（あきづき・ひろこ）亜細亜大学国際関係学部教授、国連女性差別撤廃委員会委員。元国連開発計画（UNDP）プログラム・オフィサー。（第 4 章）

滝澤　美佐子（たきざわ・みさこ）桜美林大学大学院国際学研究科教授。元中部大学助教授一橋大学・ロンドンスクールオブエコノミクス客員研究員。（第 5 章、第 8 章第 3 節、第 13 章第 2、3 節）

本多　美樹（ほんだ・みき）法政大学法学部教授。（第 6 章、第 11 章）

＊望月　康恵（もちづき・やすえ）関西学院大学法学部教授。元国連大学プログラム・アソシエイトおよびコロンビア大学客員研究員。（第 7 章、第 8 章第 1 節、第 13 章第 1 節）

＊吉村　祥子（よしむら・さちこ）関西学院大学国際学部教授。元広島修道大学教授およびオックスフォード大学・ニューヨーク市立大学客員研究員。（第 8 章第 2、4 節、第 10 章）

二宮　正人（にのみや・まさと）北九州市立大学法学部教授。（第 9 章第 1、2 節）

柳生　一成（やぎゅう・かずしげ）広島修道大学国際コミュニティ学部教授、日本法令外国語訳推進会議構成員。（第 9 章第 3 節）

阿曽村　智子（あそむら・ともこ）学習院女子大学非常勤講師、元 UNDP ハノイ事務所文化教育顧問。元国連教育科学文化機関（ユネスコ）プログラム・オフィサー。（第 12 章第 1、3、4 節）

高橋　暁（たかはし・あかつき）国連教育科学文化機関（ユネスコ）文化企画専門官。（第 12 章第 2 節）

山村　恒雄（やまむら・つねお）元宮崎国際大学助教授。元駒澤大学法科大学院非常勤講師。（第 13 章）

国際機構論 ［活動編］

編者　吉村祥子・望月康恵

2020 年 7 月 20 日初版第 1 刷発行

・発行者──石井　彰　　　　　・発行所＿＿＿＿＿＿＿

印刷・製本／モリモト印刷株式会社

KOKUSAI SHOIN Co., Ltd.
3-32-5, HONGO, BUNKYO-KU, TOKYO, JAPAN.

Ⓒ 2020 by Sachiko Yoshimura &
Yasue Mochizuki

株式会社 **国際書院**
〒113-0033 東京都文京区本郷 3-32-6-1001

（定価＝本体価格 3,200 円＋税）

TEL 03-5684-5803　　　FAX 03-5684-2610

ISBN978-4-87791-305-2 C3032 Printed in Japaqn

E メール：kokusai@aa.bcom. ne.jp
http://www.kokusai-shoin.co.jp

横田洋三訳・編

国際社会における法の支配と市民生活

87791-182-9　C1032　　　　四六判　131 頁　1,400 円

[*jf*UNU レクチャー・シリーズ①]　東京の国際連合大学でおこなわれたシンポジウム「より良い世界に向かって－国際社会と法の支配」の記録である。本書は国際法、国際司法裁判所が市民の日常生活に深いかかわりがあることを知る機会を提供する。　　　　　　　　　　　　　　　　　(2008.3)

内田孟男編

平和と開発のための教育
—アジアの視点から

87791-205-5　C1032　　　　A5 判　155 頁　1,400 円

[*jf*UNU レクチャー・シリーズ②]　地球規模の課題を調査研究、世界に提言し、それに携わる若い人材の育成に尽力する国連大学の活動を支援する国連大学協力会 (jfUNU) のレクチャー・シリーズ②はアジアの視点からの「平和と開発のための教育」　　　　　　　　　　　　　　　　　(2010.2)

井村秀文編

資源としての生物多様性

87791-211-6　C1032　　　　A5 判　181 頁　1,400 円

[*jf*UNU レクチャー・シリーズ③]　気候変動枠組み条約との関連を視野にいれた「遺伝資源としての生物多様性」をさまざまな角度から論じており、地球の生態から人類が学ぶことの広さおよび深さを知らされる。　　　　　　　　　　　　　　(2010.8)

加来恒壽編

グローバル化した保健と医療
—アジアの発展と疾病の変化

87791-222-2　C3032　　　　A5 判　177 頁　1,400 円

[*jf*UNU レクチャー・シリーズ④]　地球規模で解決が求められている緊急課題である保健・医療の問題を実践的な視点から、地域における人々の生活と疾病・保健の現状に焦点を当て社会的な問題にも光を当てる。　　　　　　　　　　　　(2011.11)

武内和彦・勝間　靖編

サステイナビリティと平和
—国連大学新大学院創設記念シンポジウム

87791-224-6　C3021　　　　四六判　175 頁　1,470 円

[*jf*UNU レクチャー・シリーズ⑤]　エネルギー問題、生物多様性、環境保護、国際法といった視点から、人間活動が生態系のなかで将来にわたって継続されることは、平和の実現と統一されていることを示唆する。　　　　　　　　　　　(2012.4)

武内和彦・佐土原聡編

持続可能性とリスクマネジメント
—地球環境・防災を融合したアプローチ

87791-240-6　C3032　　　　四六判　203 頁　2,000 円

[*jf*UNU レクチャー・シリーズ⑥]　生態系が持っている多機能性・回復力とともに、異常気象、東日本大震災・フクシマ原発事故など災害リスクの高まりを踏まえ、かつグローバル経済の進展をも考慮しつつ自然共生社会の方向性と課題を考える。　　　　　　　　　　　　(2012.12)

武内和彦・中静　透編

震災復興と生態適応
—国連生物多様性の 10 年と RIO + 20 に向けて

87791-248-2　C1036　　　　四六判　192 頁　2,000 円

[*jf*UNU レクチャーシリーズ⑦]　三陸復興国立公園 (仮称) の活かし方、生態適応の課題、地域資源経営、海と田からのグリーン復興プロジェクトなど、創造的復興を目指した提言を展開する。　　　　　　　　　　　　　　　　　(2013.8)

武内和彦・松隈潤編

人間の安全保障
—新たな展開を目指して

87791-254-3　C3031　　　　A5 判　133 頁　2,000 円

[*jf*UNU レクチャー・シリーズ⑧]　人間の安全保障概念の国際法に与える影響をベースに、平和構築、自然災害、教育開発の視点から、市民社会を形成していく人間そのものに焦点を当てた人材を育てていく必要性を論ずる。　　　　　(2013.11)

武内和彦編

環境と平和
—より包括的なサステイナビリティを目指して

87791-261-1　C3036　　　　四六判　153 頁　2,000 円

[*jf*UNU レクチャー・シリーズ⑨]　「環境・開発」と「平和」を「未来共生」の観点から現在、地球上に存在する重大な課題を統合的に捉え、未来へバトンタッチするため人類と地球環境の持続可能性を総合的に探究する。　　　　　　　(2014.10)

勝間　靖編

持続可能な地球社会めざして：わたしのSDGsへの取組み

87791-292-5　C3032　￥2000E　　　四六判　219頁　2,000円

[*if*UNU レクチャー・シリーズ⑩] 本書ではSDGs実現に向けて世界各地で政府のみならず草の根にいたるさまざまなレベルでの取組みが紹介されており、国連大学の修了生たちの活動が生き生きと語られている。　　　　　　　　　　　　(2018.9)

日本国際連合学会編

21世紀における国連システムの役割と展望

87791-097-2　C3031　　　　A5判　241頁　2,800円

[国連研究①] 平和・人権・開発問題等における国連の果たす役割、最近の国連の動きと日本外交のゆくへなど「21世紀の世界における国連の役割と展望」を日本国際連合学会に集う研究者たちが縦横に提言する。　　　　　　　　　　　(2000.3)

日本国際連合学会編

人道的介入と国連

87791-106-5　C3031　　　　A5判　265頁　2,800円

[国連研究②] ソマリア、ボスニア・ヘルツェゴビナ、東ティモールなどの事例研究を通じ、現代国際政治が変容する過程での「人道的介入」の可否、基準、法的評価などを論じ、国連の果たすべき役割そして改革と強化の可能性を探る。　　　(2001.3)

日本国際連合学会編

グローバル・アクターとしての国連事務局

87791-115-4　C3032　　　　A5判　315頁　2,800円

[国連研究③] 国連システム内で勤務経験を持つ専門家の論文と、研究者としてシステムの外から観察した論文によって、国際公務員制度の辿ってきた道筋を振り返り、国連事務局が直面する数々の挑戦と課題とに光を当てる。　　　(2001.5)

日本国際連合学会編

国際社会の新たな脅威と国連

87791-125-1　C1032　　　　A5判　281頁　2,800円

[国連研究④] 国際社会の新たな脅威と武力による対応を巡って、「人間の安全保障」を確保する上で今日、国際法を実現するために国際連合の果たすべき役割を本書では、様々な角度から追究・検討する。　　　　　　　　　　　(2003.5)

日本国際連合学会編

民主化と国連

87791-135-9　C3032　　　　A5判　344頁　3,200円

[国連研究⑤] 国連を初めとした国際組織と加盟国の内・外における民主化問題について、国際連合および国際組織の将来展望を見据えながら、歴史的、理論的に、さらに現場の眼から考察し、改めて「国際民主主義」を追究する。　　　(2004.5)

日本国際連合学会編

市民社会と国連

87791-147-2　C3032　　　　A5判　311頁　3,200円

[国連研究⑥] 本書では、21世紀市民社会の要求を実現するため、主権国家、国際機構、市民社会が建設的な対話を進め、知的資源を提供し合い、よりよい国際社会を築いていく上での知的作用が展開される。　　　　　　　　　　　(2005.5)

日本国際連合学会編

持続可能な開発の新展開

87791-159-6　C3200E　　　　A5判　339頁　3,200円

[国連研究⑦] 国連による国家構築活動での人的側面・信頼醸成活動、平和構築活動、あるいは持続可能性の目標および指標などから、持続可能的開発の新しい理論的、実践的な展開過程を描き出す。　　　　　　　　　　　(2006.5)

日本国際連合学会編

平和構築と国連

87791-171-3　C3032　　　　A5判　321頁　3,200円

[国連研究⑧] 包括的な紛争予防、平和構築の重要性が広く認識されている今日、国連平和活動と人道援助活動との矛盾の克服など平和構築活動の現場からの提言を踏まえ、国連による平和と安全の維持を理論的にも追究する。　　　(2007.6)

日本国際連合学会編

国連憲章体制への挑戦

87791-185-0　C3032　　　　A5判　305頁　3,200円

[国連研究⑨] とりわけ今世紀に入り、変動著しい世界社会において国連もまた質的変容を迫られている。「国連憲章体制への挑戦」とも言える今日的課題に向け、特集とともに独立論文、研究ノートなどが理論的追究を展開する。　　（2008.6）

日本国際連合学会編

国連研究の課題と展望

87791-195-9　C3032　　　　A5判　309頁　3,200円

[国連研究⑩] 地球的・人類的課題に取り組み、国際社会で独自に行動する行為主体としての国連行動をたどり未来を展望してきた本シリーズの第10巻目の本書では、改めて国連に関する「研究」に光を当て学問的発展を期す。　　（2009.6）

日本国際連合学会編

新たな地球規範と国連

87791-210-9　C3032　　　　A5判　297頁　3,200円

[国連研究⑪] 新たな局面に入った国連の地球規範：感染症の問題、被害者の視点からの難民問題、保護する責任論、企業による人権侵害と平和構築、核なき世界の課題など。人や周囲への思いやりの観点から考える。　　（2010.6）

日本国際連合学会編

安全保障をめぐる地域と国連

87791-220-8　C3032　　　　A5判　285頁　3,200円

[国連研究⑫] 人間の安全保障など、これまでの安全保障の再検討が要請され、地域機構、準地域機構と国連の果たす役割が新たに問われている。本書では国際機構論、国際政治学などの立場から貴重な議論が実現した。　　（2011.6）

日本国際連合学会編

日本と国連
― 多元的視点からの再考

87791-230-7　C3032　　　　A5判　301頁　3,200円

[国連研究⑬] 第13巻目を迎えた本研究は、多元的な視点、多様な学問領域、学会内外の研究者と実務経験者の立場から展開され、本学会が国際的使命を果たすべく「日本と国連」との関係を整理・分析し展望を試みる。　　（2012.6）

日本国際連合学会編

「法の支配」と国際機構
― その過去・現在・未来

87791-250-5　C3032　　　　A5判　281頁　3,200円

[国連研究⑭] 国連ならびに国連と接点を有する領域における「法の支配」の創造、執行、監視などの諸活動に関する過去と現在を検証し、「法の支配」が国際機構において持つ現代的意味とその未来を探る。　　（2013.6）

日本国際連合学会編

グローバル・コモンズと国連

87791-260-4　C3032　　　　A5判　315頁　3,200円

[国連研究⑮] 公共圏、金融、環境、安全保障の分野から地球公共財・共有資源「グローバル・コモンズ」をさまざまな角度から分析し、国連をはじめとした国際機関の課題および運動の方向を追究する。　　（2014.6）

日本国際連合学会編

ジェンダーと国連

87791-269-7　C3032　　　　A5判　301頁　3,200円

[国連研究第⑯] 国連で採択された人権文書、国連と国際社会の動き、「女性・平和・安全保障」の制度化、国連におけるジェンダー主流化と貿易自由化による試み、国連と性的指向・性自認など国連におけるジェンダー課題提起の書。　　（2016.6）

日本国際連合学会編

『国連：戦後70年の歩み、課題、展望』
（『国連研究』第17号）

87791-274-1　C3032　　　　A5判　329頁　3,200円

[国連研究⑰] 創設70周年を迎えた国連は第二次世界大戦の惨禍を繰り返さない人類の決意として「平和的生存」の実現を掲げた。しかし絶えない紛争の下、「国連不要論」を乗り越え、いま国連の「課題」および「展望」を追う。　　（2016.6）